U1017409

外国信托法经典译丛　石俊志 主编

PROTECTORS OF TRUSTS

By Mark Hubbard，John Eidinow

信托保护人

[英] 马克 · 哈伯德
[英] 约翰 · 尼迪诺 | 著

彭晓娟 | 译

法律出版社
LAW PRESS · CHINA

PROTECTORS OF TRUSTS, FIRST EDITION
By Mark Hubbard and John Eidinow
© Mark Hubbard and John Eidinow 2013
PROTECTORS OF TRUSTS, FIRST EDITION was originally published in English in 2013. This translation is published by arrangement with Oxford University Press. Law Press China is solely responsible for this translation from the original work and Oxford University Press shall have no liability for any errors, omissions or inaccuracies or ambiguities in such translation or for any losses caused by reliance thereon.
英文原著著作权归属于牛津大学出版社，最初于2013年以英文版出版。中译本经由牛津大学出版社授权法律出版社独家出版发行。法律出版社全权负责翻译原作，牛津大学出版社对此类翻译中的任何错误，遗漏，不准确或含糊之处，或因其所造成的任何损失，不负任何责任。

著作权合同登记号
图字：01—2021—2980

国民信托博士后工作站课题组

外国信托法经典译丛（第二辑）
编委会

主　任　石俊志

委　员（按姓氏音序排列）

陈雪萍　付　然　葛伟军　李晓龙　刘文科
欧家路　彭晓娟　沈朝晖　似　玉　宋　海
孙　林　汤淑梅　田　圆　王　琛　王天玉
吴志诚　谢雪凯　查　松　张劲松　张　林
张　生　张淞纶　张雪楳　周小明　朱大明
邹海林

总　序

现代信托制度的建立，是人类社会法律制度上的一个伟大进步。

中世纪黑暗中的英国社会，为了克服普通法的烦琐和僵化，转向由法官凭借公平和良知判案形成的法律制度，由此产生了与普通法并行的衡平法。正是衡平法的出现和实施，催生和哺育了现代信托制度。

“溥天之下，莫非王土；率土之滨，莫非王臣。”中世纪后期，英国君王和各地领主对百姓及其财产的封建占有，严重地阻碍了财产的市场流转和效益的提高。为了打破这种封建桎梏，经历了一个漫长的过程，用益制度在英国逐步演化形成。用益制度实现了财产上的所有权与收益权的分离：所有权继续遵循封建传统的规定，收益权转向符合市场经济的需求，从而实现了承上启下、促进社会平稳发展转变的作用。

英国法律史学家和衡平法律师梅特兰(Frederic William Maitland)高度评价英国人创立信托概念的贡献：“如果有人要问，英国人在法学领域取得的最伟大、最杰出的成就是什么，那就是历经数百年发展起来的信托概念。”

信托的发展，是在不断挑战原有法律的约束，又在不断促进法律修正的过程中，传播衡平法的公平、公理、良知、正义等理念，并不断促进经济和社会的发展和进步。

美国、日本等国家和地区，在引入现代信托制度的同时，结合本土的信托实践，相继建立了完善的信托法律体系。

现代信托制度传入中国，发生在辛亥革命推翻皇帝专制制度之后。

1921 年，中国历史上第一家标明为“信托公司”的企业——中国商业信托公司在上海成立。此后，在短短数年里，先后有十余家信托公司成立。

1949 年，新中国成立，开始实行集中统一的计划经济。信托失去了市场经济环境，被全面停办。

1978 年，党的十一届三中全会揭开了改革开放的序幕，我国信托业重新起步。

1979 年，中国国际信托投资公司成立。随后，各种类型的信托投资公司在全国各地如同雨后春笋般诞生，我国信托业进入了一个崭新的时期。但是，由于缺少法规和监管约束，再加上没有明确的业务范围和主营定位，信托投资公司迅速切入经济发展和金融发展的各个领域，催生了我国债券、证券、基金业的发展，而其自身却由于缺乏规范而成为治理整顿的对象。

2001 年 4 月，全国人民代表大会常务委员会通过了《中华人民共和国信托法》，由此奠定了我国信托法律的基石。随后，中国人民银行陆续颁布实施了《信托投资公司管理办法》和《信托投资公司资金信托管理暂行办法》，由此构成了我国信托业“一法两规”的基本法律法规框架，结束了我国引入现代信托制度以来近一个世纪无法可依的历史。

2007 年 3 月 1 日，原中国银行业监督管理委员会颁布施行了《信托公司管理办法》和《信托公司集合资金信托计划管理办法》。从此，我国信托业开启从“融资平台”向“受人之托，代人理财”的专业机构之转变。在上述规章引导下，我国信托业飞速发展。截至 2012 年年底，我国信托业管理信托资产规模超过了证券业、保险业、基金业等金融行业的业务规模，成为仅次于银行业的第二大金融行业。

目前，我国信托业管理信托资产规模超过 26 万亿元。投资信托产品，已经成为我国居民最重要的理财方式之一。信托业在我国经济建设和社会发展中发挥着越来越重要的作用。然而，与国外成熟市场经济国家相比较，我国信托业在功能定位、法律制度、社会实践等方面还存在较大的差距。

“他山之石，可以攻玉。”国外成熟市场经济国家的信托业历史悠久，经验丰富，法律法规体系健全。特别是相关法律制度，对我国信托业的发展，具有十分重要的借鉴意义。为此，国民信托博士后工作站与中国社会科学院法学研究所联合招收博士后，重点研究信托法律问题。在此基础上，我们邀请了一批国内从事信托法教学、研究的学者以及具有实践经验的信托业专家，经过认真地调查研究，筛选出一批国外信托法规和经典著作，翻译成中文，介绍给国内读者。

我们相信，这套《外国信托法经典译丛》的出版，对于我国普及信托法律知识、完善信托法律体系，繁荣信托市场，促进信托业更好地服务于实体经济、社会发展和改善民生，具有一定的参考价值。

石俊志

2018 年 1 月 1 日

序　言

过去30年内,信托保护人的应用、信托保护人权利的多样性以及相关规定(根据保护人的应用设立)的复杂性已急剧扩大。这就要求从业人员充分意识到由保护人制度的应用而引起的问题,由此或许使信托能够被全面起草,以妥善应对可能出现的问题,或实际已经出现的难题。马克·哈伯德是大法官办公室中一名业务繁忙的出色法官,为使从业人员全面了解信托保护人,他编著了这本书。

这本著作研究深入,令人印象深刻,书中全面论述了与信托保护人职位相关的衡平法原则及其权力和角色的多样性,并就许多尚待解决的问题提出了宝贵的指导意见。作为一名经验丰富的出庭律师,作者提出了极有见地的起草切入点。其可见于:各章节末尾深入考察信托保护人角色核心方面的提示;附录1中关于起草的提示(附录中包含作者的检查清单和一些示范条款)。

正如马克·哈伯德所强调的那样,人们必

须清楚,信托起草的具体情况必须建立在某一特定法域的法律之上。马克·哈伯德还展现出了他关于多个法域的丰富学识。他指出,尽管他的示范条款可为信托保护人相关条款的起草提供有用的出发点,但是起草者应针对不同情况作出相应的调整。如果起草者已阅读此书并已将其完全消化,就可达到专业标准。

此书对于诉讼律师和起草者均大有裨益,无论是作为起诉或辩护的信托保护人,还是在特定情况下为信托保护人寻求保障其出庭申诉的权利。起草者应阅读整本书——其可读性很高——而诉讼律师只需查阅相关章节即可,当然他们还应与其同行们交流意见。

这本书对越来越多地引入信托立法的非普通法国家的私人客户律师,或愿意使用(受外国法律管辖的)信托的人而言相当有用,可为他们提供必要的背景知识。借助其所在法域颁布的新基础法,普通法律师很有可能在基础结构中找到一个相当于保护人的位置,由此在起草相关条款方面获得帮助。

我为这本书的出版感到欣慰,我相信这本书一定值得与信托专著一起放置在从业人员的书架上。

大卫·海顿

加勒比海法院,特立尼达,2013 年 3 月

前　言

2006 年年底,我有了写这本书的想法,当时我在巴哈马参与有关共同保护人辞任及资格的诉讼。当时,有关保护人的讨论似乎散见于一些学术论文和这个国家关于信托法教材中一些简短章节或个别段落,这些信托法教材涉及国际信托和纯粹的国内信托。起初,我不确定是否有足够的材料来填充一本哪怕页数不多但主要给从业人员就这一议题提供全面论述的书。事实证明这些担心毫无必要,目前的难题在于如何在有限的篇幅里满足前述所有的要求。在我写作的过程中,保护人法在相关法域的判例法和成文法方面都取得了重大发展,所以我希望这本书至少会有一些迟来的优点。

如下文第 11 章所述,因其适用于国际信托,这本书从所定义的国际信托法的语境下审视保护人。虽然本书植根于英国的立法和实践,但是本书并未打算全面论述主要提及的 24 个左右的法域中某一特定法域的法律。为使本书覆盖尽可能大的范围,其中包含了 2013 年 2 月 1 日之前的制定法。基于一些专家在某一特定法域方面的专业知识，他们会发现我遗漏了一些最新的进展，对此表示歉意。对此书下一版中应添加的案例和其他材料提出建议的读者，本人感激不尽。

两项至关重要的判决已被报道，但收入此书第一版已为时较晚。第一项是泽西皇家法院的判决，该案涉及罢免保护人的法院管辖权基础，以及保护人对受益人应尽的义务与尊重委托人意愿的义务之间错综复杂的关系。[1] 第二项是英国最高法院对 *Pitt v. Holt* 案件的判决，对上诉法院有关下文第 5 章讨论的"哈斯汀·巴斯"原则[2]的判决进行了确认，但明显地使法律中自愿处分语境下的误解不受某些概念上的限制，尤其是在误解带来的财政损失方面（至少在英国法律中）一直如此。[3]

与所有写这类著作的作者一样，之前的信托法著作让我受益匪浅，我由衷感谢以前及现在的信托法教科书作者：Lewin，Thomas，Hudson 和 Underhill，并由衷感谢 Thomas 教授在保护人权力方面及 James Kessler QC 在信托起草方面的贡献。

我对编写第 10 章有关执行人内容的 John Eidinow 致以衷心感谢。我还要感谢所有一直帮助和鼓励我的人，包括 Dawn Goodman，Toby Graham，Shan Warnock-Smith QC，David Pollard，Rupert Ticehurst，Anthony Duckworth，Paul Buckle，Graeme Kleiner，John Mowbray QC，Nick Le Poidevin QC，Rodney Stewart Smith，James Brightwell，Caley Wright。事实证明，此书的出版过程十分漫长。我要感谢所有的编辑——Roxanne Selby，Eleanor Walter，Fiona Sinclair，Amy Jones 以及牛津大学出版社的所有工作人员，感谢他们的耐心和支持。

马克·哈伯德
林肯律师学院
2013 年 2 月

---

〔1〕 A Trust [2012] JRC 169 A(Jersey).
〔2〕 见下文第 5.94 段及以下。
〔3〕 Futter v. HMRC, Pitt v. HMRC [2013] UKSC 26.

缩略语表

Farwell	G. Farwell, *A Concise Treatise on Powers* (3rd edn, Stevens & Sons, 1916)
Kessler	J. Kessler and L. Sartin, *Drafting Trusts and Will Trusts: A Modern Approach* (11th edn, Sweet & Maxwell, 2012)
Lewin	J. Mowbrayetal, *Lewin on Trusts* (18th edn, Tomson Sweet & Maxwell, 2008)
Tomas	G. Tomas, *Tomas on Powers* (2nd edn, Oxford University Press, 2012)
Tomas and Hudson	G. Tomas and A. Hudson, *The Law of Trusts* (2nd edn, Oxford University Press, 2010)
Underhill	D. Hayton, P. Matthews and C. Mitchell, *Underhill and Hayton: Law of Trusts and Trustees* (18th edn, Lexis Nexis Butterworths, 2010)

目录

第1章　序章

1. 现代信托中保护人的应用 1

(1)信托中保护人的兴起

1.01　在过去至少40年内,许多相关法域中设立国际信托的法律文件通常会指定一名信托保护人和一名受托人。[1] 受英国法律管辖的信托中保护人也会被指定,但他们在国内的应用还未普及。

1.02　值得注意的是,发表于1987年 *Underhill* 一书的第14版未曾提及任何相关信息。[2] 发表于1995年 *Underhill* 一书的第15版成为首次提及保护人的版本。[3] 这种变化反映了从20世纪80年代后期保护人迅速增长而普及的情况。此后,保护人成为国际信托案例中广为接受的(如果不是标准的)特征。保

---

〔1〕 第11章论述国际信托,第1.21段解释相关法域。

〔2〕 D. Hayton, *Underhill and Hayton*: *Law Relating to Trusts and Trustees*(14th edn, Butterworths, 1987).

〔3〕 D. Hayton, *Underhill and Hayton*: *Law Relating to Trusts and Trustees*(15th edn, Butterworths, 1995).

护人在实际操作中的普及所带来的结果是，自20世纪90年代早期，保护人开始出现在成文法中，尽管这个过程非常不顺利，并且至今仍不完善。在过去20年里，已经报道的特别是与保护人相关的案件大多已判决。总体来说，这些案例已由普遍指定了保护人的有管辖权的
2 法院判决，例如，开曼群岛、马恩岛和泽西。近期成文法和已判决案例所依据的基础是一项国际信托法，该法基于英国国内信托实践的英国信托法，且该基础根深蒂固，本书将重点说明这一点。[4]

(2)国际信托中委托人的担忧事项

1.03　指定保护人成为国际信托文件的典型特征，几乎同一时间在相关法域被广泛应用。有观点认为，出现这一现象的原因是，无论委托人打算用哪一准据法来设立信托，委托人都可能因为普遍关心的担心事项而放弃设立此类信托。[5] 而保护人也许会对委托人普遍关心的事项提供答案。

1.04　委托人通常希望能够确认他们打算设立的信托得到预期的管理。在国内信托中，受托人通常会通过明示或暗示向委托人提供保证。无论受托人是专业人士还是外行人士，受托人通常是委托人熟知或信任的人。通常情况下，国际信托设立的目的是减少缴税、保护资产或其他目的（如果信托根据委托人和受益人住所地所在法域的国内法设立或在该法域内进行管理，那么这些目的将不可实现）。但是，为实现这些目的，大多数情况下需要受托人是海外居民。[6] 就事情的本质而言，委托人几乎不可能与对其而言处于海外法域的受托人建立个人信任的关系。对于信托的源地法域而言，委托人不大可能与其有较多的联系，除非委托人被告知且想要利用这一点——根据当地法设立信托具备的有利的财政利益或其他利益。

---

[4] 下文第1章论述该信托法的国际性特征。

[5] Rawcliffe v. Steele [1993－95] MLR 426, 509 (Isle of Man).

[6] 所有所给案例中“海外”的构成取决于当地法、委托人的情况以及调查的目的。

1.05 国际信托的销售对象是全球潜在的委托人。因此,委托人通常居住在某些国内法不承认信托的国家,或至少在这些国家的国内法中,信托不是其传统特征,由此不被普遍接受。信托要求一旦资产设定在信托中,受托人就对"他们的"资产享有所有权,当此类委托人明白这一点时,通常他们感兴趣的是如何对受托人施加一定程度的控制。

1.06 国际信托的受托制度通常是一种由相关法域内公司化的专业信托服务提供商提供的服务。委托人通常对这类信托服务提供商缺乏了解和信任。此外,由于信托服务提供商的职位担当人(尤其是在有更大考虑的案例中)可能会不断流动,因此无法确保某一特定 3
人员会持续参与信托的管理。

1.07 另一个担忧可能是,由于受托人在物理意义上和法律意义上远离委托人和受益人的所属国法域,所以委托人难免担心,一旦出现问题,受托人是否会承担责任,或受托人是否会按照委托人的意愿行事。若确有此种担忧,委托人可能会倾向于对受托人的活动进行一定程度的监督和控制。

1.08 国际信托的受托人通常被赋予广泛的自由裁量权。受托人的权力可能(且通常如此)包括从或多或少无限的潜在受益人成员中增加或罢免受益人。此外还有修改信托文件条款的广泛权力。若受托人拥有非常广泛的权力,但是权力的行使超出委托人的预期导致委托人不赞同,那么委托人有更进一步的理由希望保留对财产授予的控制。

1.09 大量国际信托设立的前提也有可能是因为委托人的意愿与信托法的要求之间存在某种程度上无法解决的冲突。委托人可能难以接受将信托资产(如建议委托人"因税收原因"设立的信托中的资产)的所有权交予受托人,致使委托人不再是"他的"资产的所有权人。我们可以很容易找出国际信托和其他类似"产品"文字营销的例子,这些例子多少导致了对这一基本要点的误解。[7]

---

[7] J. Wadham, *Willoughby's Misplaced Trust* (2nd edn, Gostick Hall, 2002), app 2.

1.10　委托人担忧自己死亡后或出现精神缺陷时信托的处境，这些担忧也可能会影响委托人的判断。

(3)保留权力的问题

1.11　由于上文第1.03段至第1.10段所提到的所有原因或某一原因，委托人对于一旦将资产设为信托，就无法控制其指定的受托人的行为可能会感到不安。对委托人而言，一个明显又普遍的解决措施是，根据信托文件的条款，保留对财产授予的权力。

1.12　若委托人保留权力，或委托人保留的权力包括或可证实包括有效信托设立中必须授予受托人的权力，那么信托的有效性则会受
4 到质疑。[8] 为解决这些担忧，一些相关法域已有立法规定，即使广泛保留委托人的权力，也不会危及信托的有效性。[9] 这类成文法规定，用于防止委托人保留了广泛权力的信托被认定是无效的，至少其所属国法域的法院是这样认可这些规定的。若这类成文法允许委托人侵犯受托人不可削减的核心利益(至少在英国法律中)，那么在信托所属国法域之外的法院中，这类制定法可能不具有相同的效力。[10]

1.13　另一个解决措施是，由委托人指定一名受托人，且受托人的决策制定须基于大多数人的决定，由委托人和受托人做决定性投票(采用加权多数条款)。

1.14　但是，委托人经常收到这样的建议，即他们不应该通过保留权力或指定自己作为受托人对国际信托进行任何控制。这种建议的依据通常是，即使通过指定或罢免受托人的权力，保留控制权可能危及海外信托设立的目标。[11] 委托人控制权通常是与税收法、婚姻法或法域内其他法相关的问题，由于委托人的住所地或居住地或其他

---

〔8〕 Armitage v. Nurse [1998] Ch 241.

〔9〕 例如，《1984年信托法》第9A条(泽西)。

〔10〕 见下文第11章。

〔11〕 Green v. Cobham [2000] WTLR 1101.

原因,委托人受到这些法律的限制。因此,这种控制的存在或效力或许会造成信托的准据法对委托人帮助有限甚至没有帮助。而且,如果问题是关于委托人的死亡或失去能力后信托的处境,那么委托人即使保留权力也无济于事。

(4)解决措施:指定一个保护人

1.15 现代信托保护人的应用可以看作委托人保留权力的替代方法,以及在委托人去世后延续其权力保留的方式。[12] 提议建立国际信托的人士建议,委托人应该指定自己信任的人担任信托保护人,以便仔细审查并在必要情况下否决受托人作出的决定,尤其要拥有指定和罢免此受托人的威慑权。[13] 由于被指定的人不能拥有授予给他的信托资产,因此,被指定的人不能作为受托人。这一点意味着,通常情况下,保护人不存在任何财政或其他原因而须居住在海外。被指定的人是,或看起来是独立于委托人的,所以委托人不能宣称保留对信托资产的控制权。

1.16 有人认为,“一般而言,保护人是由委托人指定,反映委托 5
人的意见”,但是在法律上独立于委托人的个人或公司。[14] 若受托人不遵守“信托文书精神”,保护人有权阻止受托人行使其处置性权力。[15] 如上文第1.08段所述,因为国际信托文书形式的普及赋予受托人极为广泛的处置性权力,所以对许多受托人来说,重要的是信托文书精神,而非其中的文字。

1.17 在信托中,委托人与受托人之间的个人联系甚少,受托人有权使其选定的任何人员或对象受益,并在最大范围内控制资产,因此,可以想象,委托人将大量资产设立为信托的种种不情愿。因此,保

---

〔12〕 事实上,这已被描述为“传统解决办法”:Kessler 7.29。

〔13〕 见下文第6.1节。

〔14〕 J. Glassonetal, *Trusts, Tax and Estate Planning through the Isle of Man* (Key Haven, 1989)3.2.

〔15〕 Rawcliffe v. Steele [1993 - 95] MLR 426,509(Isle of Man).

护人被许多委托人看作能够确保财产授予既不受受托人的破坏，也免遭因故意不明确或欠明确的目的而给予受托人广泛权力所带来的意想不到的后果。

1.18　本书在对判例法和成文法中的讨论将会愈加清楚：指定保护人是为反映委托人的观点这一假定，与相关法域的法院将保护人的权力（与其义务）描述为信义义务这一倾向之间存在冲突。[16] 这可能意味着，如果有必要排除委托人的观点，则要求保护人反映受益人的观点（或至少是利益）。

2. 关于本书

(1)本书内容和范围

1.19　本书对相关判例法和成文法都进行了审视和分析。对有关保护人的应用和错误应用及由此产生的争议提供了实际指导。本书讨论了起草文书方面的问题并提供了示范条款。关键制定法节选包含在附录 2 中。本书还描述了非慈善目的信托执行人的角色，既将其作为一个主题，也将其与其他信托中常见的保护人角色进行对比。对英国信托法的情况作出假设，并对其在何种程度上对保护人适用进行了仔细探究。

1.20　虽然许多（或许是大多数）国际信托至少在一定程度上将其存在归功于财政问题，但是本书与税收无关。无论如何，如果应用保护人可能产生有关税收的具体后果，那么将从每个相关人员和每个
6 相关法域的角度来分析这些后果。[17]

---

〔16〕 见下文第 4 章。

〔17〕 J. Kessler, *Taxation of Non-Residents and Foreign Domiciliaries* 2012 - 2013 (11th edn, Key Haven, 2012) 4.13.

(2)覆盖的法域

1.21　正如第11章中详细讨论的那样,保护人的指定依据受许多不同法律管辖的信托文书。这些法律各不相同,但是所有法律的来源都是英国衡平法,并都已形成大致相同的信托法,这尤其得益于全球市场中国际信托服务商业趋势的同化影响。这种做法是切实可行的,在某一特定信托及其保护人可能受到多种法律的限制时,这些不同的法律可看作基本相同的法律,即国际信托法;当然本书同时也试图识别和分析各法域在保护人问题上的差异,这一问题在特定法域的成文法和判例法中表现得很明显。[18]

1.22　本书主要考虑英国和英联邦的信托法中与主题相关的内容,特别是通常作为国际信托中的所属国法域的信托法(本书将其定义为“相关法域”)。由此,本书试图包括以下地区的相关材料:安圭拉、安提瓜和巴布达、巴哈马、巴巴多斯、伯利兹、百慕大、英属维尔京群岛、文莱达鲁萨兰国、开曼群岛、库克群岛、塞浦路斯、多米尼加、迪拜国际金融中心、根西岛、马恩岛、泽西、纳闽岛、马耳他、毛里求斯、蒙特塞拉特、圣马力诺、塞舌尔、圣基茨和尼维斯、[19]圣文森特和格林纳丁斯、特克斯和凯科斯群岛。[20]

〔18〕 见下文第11章。

〔19〕 皆有关于尼维斯国际信托、圣基茨和尼维斯本国信托的相关法律。

〔20〕 根据美国法对信托保护人的评价见下文第11章。

7 # 第2章　什么是保护人

1. 引言

(1)本章

2.01　本章探讨关于保护人是什么和不是什么,并考察与定义和语境相关的问题。

(2)本书中保护人的定义

2.02　在本书中,非受托人,但拥有信托文书条款中并不完全基于自身利益的权力的人,被称为保护人。

(3)并非每一个拥有权力的人即为保护人

2.03　许多情况下,法律或信托条文(无论是否以法律文书的形式表述或提出)都要求
8 在实施具体权力前须征得第三人的同意。同意或不同意之权利本身就是一种权力,它可能由保护人拥有。[1] 但是,正如上述第2.02段中的定义,拥有同意权的人通常不是保护人。这

〔1〕 见下文第6.6节。

是因为,权力经常是完全为了权力拥有者的利益而实施的,例如,《1925年限制授予土地法》中终身地产保有人所享有的权力。拥有其他纯粹个人权力(如撤销财产授予权)的人,也非本书中所称的保护人。[2]

(4)成文法中的保护人

2.04 自20世纪90年代初,涉及保护人的法律条款传遍了加勒比海和其他地区。这一过程多见于热衷为国际客户提供商业信托服务,或是热衷于在该类服务的法律条文中保留被视为竞争优势的法域。这导致了大多数相关法域现在也采用这些规定。但也存在显著的例外(包括百慕大群岛和马恩岛)。成文法之间关于采用的方式和具体规定的细致程度各不相同,没有一个法域可称得上提供了处理保护人问题的综合性法典。

2. 术语

(1)曾用称谓("保护人""顾问""执行人"等)

2.05 大多数保护人在现代信托文书和成文法中采用的就是"保护人"这个称谓。这也是近期的判决中唯一被广泛使用的术语。在信托文书(尤其是在"保护人"这个术语被广为使用之前草拟的)及其相关的立法中能找到其他术语,这些术语包括"顾问"、[3]"指定人"、[4]"委员会"、[5]

〔2〕 见下文第4章。

〔3〕 见下文第2.36段及以下。

〔4〕 Gomez v. Gomez-Monche Vives [2008] EWCA Civ 1065.

〔5〕 《1998年受托人法》第2条(巴哈马)。

"监护人"、[6]"守护人"、[7]"提名人"、[8]"管理受托人"、[9]"管理委员会"[10]和"代理人"。[11] 有时也会用"执行人"这个术语,虽然它通常用来描述在非慈善目的信托中拥有权力的法定被指定人(但是,让人费解的是,在一些成文法中这些执行人被称为保护人)。[12]

(2)仅以人名指定保护人

2.06 虽然这是通行做法,但信托文书中保护人不需要被给予任
9 何头衔。如果保护人仅以名字指定,则可能暗示着对于委托人而言,那个人的个人特质具有异常重要的意义。这进一步表明,例如,除非信托条款中有规定,否则这个保护人无可替代。[13] 一位被指定的人被赋予权力(区别于暂时享有保护人地位或"职位"的人),还暗示着这些权力是对人的而不是对信义关系的。[14]

(3)"保护人"作为特定术语使用的范围

2.07 1990年巴哈马国 *Rawson Trust v. Perlman* 案判决是这样认为的:"'保护人'不是一个特定术语,在我们的法律中也是如此。"[15] 特定术语指的是具有特殊法律意义的词,该意义通常是由制定法衍生

---

〔6〕《1995年国际信托法》第26条(巴巴多斯)。

〔7〕《2010年信托制度》第52条(圣马力诺)。

〔8〕《1998年受托人法》第2条(巴哈马);《1961年受托人条例》第86条(英属维尔京群岛)。

〔9〕Edward's Will Trusts [1947]2 AllER 52.

〔10〕IRC v. Schroder [1983]STC 480;The Z Trust [1997]CILR 248(Cayman).

〔11〕《1998年受托人法》第2条(巴哈马)。

〔12〕见下文第10章。

〔13〕见下文第3章。

〔14〕Rawcliffe v. Steele [1993-95]MLR 426,499(Isle of Man).见下文第4.75段及以下。

〔15〕Rawson Trust Co v. Perlman (1990) 1BOC 31 (Bahamas); Rawcliffe v. Steele [1993-95] MLR 426,509 (Isle of Man); Murray Group Holdings v. Revenue and Customs Commissioners [2012] UKFTT 692(TC),[116].

而来,因此不具备通常(普通)的含义。[16] 相应地,在巴哈马国,“保护人”是一个特定术语。[17] 有时候,法院要对保护人权力的本质进行裁决,在制定法中还没有认可“保护人”这个术语或没有认可承担该角色的人的概念时,法院会参照信托文书中这个词的普通含义进行裁决。

2.08 根据信托文书中该词的普通含义,判决认为,保护人表示委托人所信任的、不为其自身利益保护财产授予的人。[18] 另外,“保护人”这个术语还表示享有保护人权力的人有资格作为受益人保护他们自身的利益。[19]

2.09 这些判决体现了通过信托起草者所使用的普通含义推断保护人的企图会导致不合理及不足以使人信服的结果。在保护人还没有成为特定术语的法域(以及因为某种目的,即便是在它已成为专业术语的法域),一个更为成功的方法是在财产授予的语境中整体分析信托文书给予那个人的特殊权力。[20]

2.10 尽管把“保护人”作为特定术语进行讨论较为方便(如今在大部分相关法域,它已被看作专业术语),但这个术语本身蕴藏的关于保护人的权力、义务、权利和责任的信息却很少,即便在有可适用的地 10
方法定条款的情况下也是如此。[21] 就如 Acting Deemster Hegarty 在给出马恩岛上诉法院(政府部门的组成部分)关于 *Rawcliffe v. Steele* 案的判决时承认的那样:[22]

……受托人一方的权力与义务,历经多年已被衡平法院完善,各

---

〔16〕 Prescold(Central)Ltd v. Minister of Labour [1969]1 AllER 69,75.

〔17〕《1998年受托人法》第81条(巴哈马)。

〔18〕 Rogers(1928)63 OLR 180,189(Ontario).

〔19〕 Rawson Trust Co v. Perlman (1990)1 BOC 31(Bahamas).

〔20〕 The Bird Charitable Trust [2008]JLR 1,[82](Jersey);The Z Trust [1997]CILR 248(Cayman);The Circle Trust(2006)9 ITELR 676(Cayman);Murray Group Holdings v. Revenue and Customs Commissioners [2012]UKFTT 692(TC),[116].

〔21〕 而术语“保护人”中蕴含的确切信息在不同的法域是不一样的。

〔22〕 Rawcliffe v. Steele [1993-95]MLR 426,499(Isle of Man).

法院能够准确地确定受托人在何种特定情况下应该如何行事,但是信托财产的法律体系还没有建立,这样的体系能够为作为处于其他立场(默认情况下是法院)的个人提供法律指引。

虽然在当下与保护人有关的法律比较少,但这没有阻止法院在该案中研究和查明保护人权力的内容;并且自此时起,保护人的法律得到了实质性的发展。然而,无论是专门的英国法还是本书所涉及的国际信托法,至今在法律上有关受托人的法律的确定性,普遍远多于有关保护人的法律的确定性。

3. 法定定义

(1)普遍适用的法定定义

2.11　即使在成文法明确承认保护人的法域,也往往没有一般的法定定义。在尝试作出一般定义的过程中也没有达成一致意见。在库克群岛,多米尼加和尼维斯的法律中,国际信托的保护人被成文法定义为:

……拥有并实施权力时,能就信托事项与受托人拥有裁量权的受托相关事项中指示受托人,以及包括能指定和撤销受托人的人。[23]

而在拉班和塞舌尔的法律中,保护人被定义为由信托条款指定的:

---

〔23〕《1989年国际信托法修订案》第3条(库克岛);《1997年国际豁免信托条例》第2条(多米尼加);《1994年国际豁免信托条例》(尼维斯);《1996年信托法》第2条第(1)款(圣基茨和尼维斯);《2007年国际信托法》第2条(安提瓜岛和巴布达岛)。

……受托人在实施全部或某些具体权力时应当与其协商的人……〔24〕

安圭拉(在这里,“保护人”包括保护人和执行人)将保护人 11
定义为:

……被信托条款指定为保护人并能执行保护人权力,且不论其是否具有与该信托相关的其他职能的人。〔25〕

2.12 值得注意的是,这些定义中的任意一保护人在表面上并不必然是另一种定义中的保护人。至少在表面上,在这些制定法中保护人的角色确实看起来是不同的。事实上,有些法域以一种明显的循环方式将保护人定义为如此被指定的人。〔26〕

2.13 因此,不能说在相关的法域中对保护人的一般法定义已经达成一致意见。

(2)具体的法定权力、责任和权利

2.14 在大多相关的法域,信托制定法限制由其自身去确认因信托条款指定的保护人,然后列举出一定权力、义务以及(在某些情况下)权利或限制,这些有可能是附加于该指定或者是附加于信托文书中其他条款没有涉及的指定。不同制定法规定的细节和列举的内容有较大差异。〔27〕

2.15 另一种法定处理方式是在规定委托人保留或授予权力的

---

〔24〕《1996年离岸信托法》第35条第(1)款(纳闽岛)。另见《1994年国际信托法》第36条第(2)款(塞舌尔)和《2001年信托法》第24条第(1)款第(a)项(毛里求斯)。

〔25〕《2000年信托法》第1条第(1)款(安圭拉)。

〔26〕《1998年受托人法》第2条(巴哈马);《2000年国际豁免信托法》第2条(文莱达鲁萨兰国);《2010年信托制度》第1条第(k)款(圣马力诺)。

〔27〕见下文第4.7节。

法定条款中囊括保护人(不以此方式表达)的规定。这种方式已经被开曼群岛、塞浦路斯、根西岛和泽西在与此密切联系的法律规定中采用。[28] 泽西法律曾正式作出过一个判断,将保护人与保留指定和罢免的权力联系在一起;[29] 这一种现象已被"享有与信托相联系或与信托财产有关的权力、裁量权或权利的其他人"的提法所替代;[30] 根西岛法律甚至避免了这一提法,但在同等的条款中确实提及罢免"信托官员"。

(3)为监管目的而作出的保护人定义

2.16 在一些没有信托成文法的法域中,处理这种保护人立场问题时,难免要为了监管目的对保护人作出定义。

12 例如,在马恩岛,当地信托立法中没有提及保护人,但作为保护人行事被纳入监管信托服务所作的定义中。为此,保护人的相关法定定义是:

> ……除受托人外,根据明示信托的条款规定或设立的职位的享有者,其被授权或被要求参与到信托的管理中来。[31]

鉴于该定义的目的,毫无疑问,该定义被广义解读了,尽管可以说在其他语境中"职位享有者"只倾向于拥有信义权力的保护人。[32]

---

〔28〕《2011 年信托法》第 14 条(开曼群岛);《1992 年国际信托法》第 4A 条(塞浦路斯);《1984 年信托法》第 9A 条(泽西);《2007 年信托法》第 15 条(根西岛)。

〔29〕《1984 年泽西信托法》第 9A 条第(2)款第(e)项。

〔30〕《2012 年国际信托法(第五修正案)》(泽西)。

〔31〕《2009 年受监管活动令》附表 1,739/09 号(马恩岛)。

〔32〕见下文第 4.75 段及以下。

4. 英国限制授予土地信托中“保护人”术语的应用

2.17　人们经常认为，现代信托的保护人（或至少与现代信托有关的“保护人”这个术语的应用）起源于 19 世纪的英国土地法。[33] 在为了土地的限嗣继承利益而设立财产授予的案例中，根据《1833 年拟诉弃权法》的规定，同意限嗣继承地产保有人的某种行为是“财产授予保护人”被授予的权力。[34]

2.18　该法最初规定两种保护人：自然保护人和特殊保护人。自然保护人对涉案土地享有优先利益，且凭借此土地利益享有保护人的权力。特殊保护人可以由委托人指定替代自然保护人而享有保护人的权力，因此，这可能与现代信托保护人的概念有更密切的联系。1926 年后，特殊保护人的任命由于《1833 年拟诉弃权法》中相关条款的废除而被禁止。[35] 或许自然保护人仍然存在，可能也还有在职的特殊保护人。

2.19　无论现代信托中使用的“保护人”这一术语是否源自这些大多现在已经废除的法定条款（现在看起来不无可能），这些财产授予保护人的地位和权力与本书讨论的信托保护人的地位和权力之间（不幸的是，或许）没有明确的关联。然而，财产授予保护人的法定权力是对明确同意行使另一权力的个人权力的一个非常清晰的例子。[36]

---

〔33〕 Kessler 7.29。

〔34〕 《1833 年拟诉弃权法》第 22 ~ 37 条。

〔35〕 《1925 年财产法》附表 7。欲了解更多《1833 年拟诉弃权法》，见 R. Megarry and H. Wade, *The Law of Real Property* (4th edn, Stevens, 1975)。

〔36〕 见下文第 6.129 段。

13 ## 5. 遗嘱保护人

2.20 比起生前信托的保护人指定,与遗嘱信托有关的保护人指定不具备特别需要说明的地方。[37] 但是,当死者遗产仍然被委托于遗产执行人时,会出现一个与管理死者遗产有关的不寻常问题:立遗嘱人可否指定一位保护人并赋予其遗嘱执行人责任相关的权力?

2.21 过去,人们习惯于任命一位监督者或助手来监管死者的遗产以及遗嘱执行人。例如,1611 年,威廉·莎士比亚指定其遗嘱的监督者:

> ……我恳请并指定之前提到的 Thomas Russell 和 Francis Collins 先生成为本遗嘱的监督人。同时,撤销之前的所有遗嘱,以这份遗嘱作为我最后的遗愿。在他们的见证下,我在此盖上手印并注明遗嘱的日期和年份。
>
> ——威廉·莎士比亚[38]

2.22 监督人没有权力处理死者的遗产或干扰遗产执行人的遗产管理。监督人的职能是为遗产执行人提供咨询、服务。监督人的唯一权力是在遗产执行人没有履行其义务时向法院申请,他有权将该申请的费用从立遗嘱人的遗产中扣除。虽然监督人大都是未知的,但现代英国遗嘱并不妨碍指定监督人。

2.23 英国遗嘱管理法规定,像这样的死者,其个人代表(区别于其后来作为由任何遗嘱宣布的信托中的受托人)的权利和责任,不因

---

〔37〕 尽管指定方法本身与应用于当事人活着时有效的信托方法不同,见下文第 3 章。

〔38〕 http://www.nationalarchives.gov.uk/documents/shakespeare.pdf.

“声称将包括指定或撤销个人代表在内的与死者遗产有关的权力授予其他人”而减缩。由此可见,至少在英国,就死者遗产的管理来说没有可作为保护人的。[39] 其他法域的继承法不在本书讨论的范围内。

6. 保护人和受托人的区别

(1)区别

2.24 在衡平法和相关法域的法律规定中,保护人明显地区别于受托人。最基本的差异在于受托人持有信托资产而保护人不享有。

2.25 授予受托人信托资产是私益信托构成中的必要因素。[40] 14
因此,在私益信托中,从所有案例中可得出受托人(通过或由于信托文书而授予受托人信托资产)和保护人(没有被授予任何信托资产)的区别[41](英国慈善信托与此并不必然相同,成文法扩展了其受托人的定义)。[42]

2.26 由此得出,无论保护人有多少权力,也无论这些权力有多大,保护人都不能替代受托人。同样地,将信托文书中被授予信托资产的受托人称呼为保护人也不会改变受托人的地位。即便如此,保护人的权力越大,在其违反义务的情况下责任也越大,该义务是(或被认为是)拥有这些权力的必然结果。[43]

2.27 就特定问题中保护人和受托人的类比程度将在后面的章节中作具体讨论。从本章的目的来看,仅仅有必要声明,在判例法中,

---

〔39〕 例如,加拿大法可能会不同,见下文第6.113段及以下。

〔40〕 Milroy v. Lord (1862)4 De GF & J 264.

〔41〕 Bridge Trustees v. Noel Penny (Turbines) [2008] EWHC 2054 (Ch); Rawcliffe v. Steele[1993-95]MLR 426(Isle of Man).类似地,委托人保留受托人权力,见 The HHH Trust [2012]JRC 127 B,[21]-[29](Jersey)。

〔42〕 《1993年慈善法》第97条第(1)款。

〔43〕 见下文第8章。

保护人的运用并不像受托人那样自主或普遍。事实上,保护人并不必然是任何类型的受信人。[44]

(2)法定条款中的区别导致的结果

2.28 所有相关法域都会对受托人的权力和责任制定成文法,并规定法院对他们的管辖权。两个英国判决表明,专门适用于受托人的一般法律规定通常不适用于保护人。

2.29 与拥有指定和其他权力的非受托人相关的英国案例法要追溯到许多年以前。然而,*Bridge Trustees v. Noel Penny*(*Turbines*)案是英国极少数直接规定保护人服从司法审查的判决案之一。[45]《1925年受托人法》的第41条规定:"法院可依职权指定一位或多位新的受托人……"在Bridge Trustees案中,法院认为该条法律没有规定指定保护人的权力。信托文书(养老金信托契据)下的保护人权力是由保护人以信托身份持有,但拥有这些受信人权力的人并非出于该原因,也不与受托人产生更多联系。[46] 法院认为,鉴于《1925年受托人法》的目的,受信人应予以区分,被授予或被打算授予信托资产的人是受托人,不拥有也不打算拥有信托资产的人不是受托人。[47]

2.30 在*Gomez v. Gomez-Monche Vives*案中,保护人(信托文书中用的是术语"指定人")在信托期限终止前(但不包括其他权力)享有像信义人一样的指定权力。[48] 其认为,鉴于2001年44号委员会条例(EC)第5条第(6)款规定的管辖权之目的,保护人不"以……受托人……被起诉"是在该条例规定的意义之内。[49] 上诉法官Lawrence Collins在其判决的第99段称:

---

〔44〕 此观点并不会引起争议;见下文第4章。

〔45〕 Bridge Trustees v. Noel Penny(Turbines)[2008]EWHC 2054(Ch).

〔46〕 同上注23。

〔47〕 同上注23。

〔48〕 Gomez v. Gomez-Monche Vives [2008]EWCA Civ 1065.

〔49〕 见下文第9.19段及以下。

鉴于对第5条第(6)款作必要的限制性解释,我找不到依据将第5条第(6)款的规定扩大适用于指定人或保护人,或其他拥有受托人权力却不是通常表达中"受托人"意义的人。如此将第5条第(6)款扩大解释后,会与欧洲法院要求国内法院所采用的针对第5条解释的方法完全相反。

2.31　虽然 *Gomez* 案中上诉法院的判决是明确的,但只限于该案的一个狭隘解释。法院不加批判地记录了初审法官的附带意见:

在一些情况下,这种信托文书中,甚至是法律规定中对"受托人"这一用词作出的反应或许是正确的。信托文书或执行机关的各方意图不仅包括被恰当称作受托人的人,还包括在广泛的信义义务范畴下承担着与受托人的义务类似或相似的义务的人。[50]

2.32　在这种情况下,保护人可能需要承担与受托人类似的信托责任,这种情况很可能是不寻常的。[51] 在任何案件中,很少将《1925年受托人法》和相关法域的类似规定中的受托人解释为包括保护人。[52]

2.33　相关法域涉及保护人的法规中,保护人(或者是处于保护人立场的人)与受托人有明显的区别。[53] 这种规定的效果将在第8章讨论。[54]

---

〔50〕 Gomez v. Gomez-Monche Vives [2008] EWCA Civ 1065, [94].

〔51〕 见下文第4章。

〔52〕 X's Settlement (1994) 1 BOC 600 (Jersey); The HHH Trust [2012] JRC 127B, [21] – [29] (Jersey).

〔53〕 例如,《1998年受托人法》第2条第(81)款第(3)项(巴哈马)。

〔54〕 见下文第8.70段及以下。

16 ## 7. 商业信托的保护人

2.34 指定保护人常见于商业信托中,包括养老金信托和雇员受益信托。[55] 商业信托常涉及不同利益以及有潜在的利益冲突的当事人,且受益人的权利可能因某种目的被认为是基于准契约性的基础。[56] 尽管商业信托原则上大多无异于其他信托,[57] 但行使权力过程中有其特定的不同之处,同时,在适用从家族信托到商业信托的规定时需谨慎,反之亦然。[58]

8. 保护人和顾问

2.35 在一些法域,法规设想出一种被称为顾问的被指定者,其在信托中的权力不同于或附加于保护人。

2.36 新西兰法律和库克群岛的法律对由信托文书、委托人、受托人或法院指定的顾问受托人或顾问作出规定:

在受托人与一个顾问受托人共事时,信托财产应授予第一次提及的受托人(在本条中是指责任受托人),并应作为完全有效的唯一受托人单独经营、管理遗产和信托:

---

〔55〕 International Group Trust(1992)Unrep(Jersey)(用于银行重组中的信托);Bridge Trustees v. Noel Penny (Turbines)[2008]EWHC 2054(Ch)(养老金信托);Murray Group Holdings v. Revenue and Customs Commissioners [2012]UKFTT 692(TC)(雇员受益信托);The HHH Trust[2012]JRC 127 B[22],[26]-[28](Jersey)(雇员受益信托)。

〔56〕 Stannard v. Fisons Pension Trust [1991]PLR 225.

〔57〕 Wilson v. Law Debenture Trust Corp [1995]2 AllER 337.

〔58〕 见下文第4.52段、第6.25段。

(1)假设——责任受托人可向顾问受托人咨询任何与信托或遗产有关的事项。

(2)顾问受托人可就任何与信托或遗产有关的事项向责任受托人提出建议,但不得成为信托中的受托人。

(3)当顾问受托人向责任受托人提供或给出建议、指示后,责任信托人可以接受并按此实施,但是不承担由于遵从该建议或指示造成的或不作为的责任。

(4)在任何情况下,责任受托人认为该建议或指示有悖于信托或任何法律法规,或令其承担责任,或有其他异议的,可诉诸法院请求指示,该判决和法令是终局且约束责任受托人和顾问受托人的,同时,法院可就看似合理的费用作出裁决。假设本段中没有任何导致责任信 17
托人必须向法院请求相关指示的事项。[59]

2.37　这些条款中指定的顾问受托人与保护人的核心区别在于,受托人没有义务按照顾问的建议或似乎被顾问错误命名的“指示”去行动。[60] 所以,顾问似乎不被认为拥有任何权力(相应地,或许也不承担任何责任)。这些条款的法律效果主要是限制受托人在根据一个被提名人的意见行事时的责任。[61]

9. 保护人和执行人

2.38　在本书中,执行人是指根据法律规定指定的,享有与非慈善目的信托相关权力的人。顾名思义,在没有受益人或具有平等权利

---

〔59〕《1956 年受托人法》第 49 条第(3)款(新西兰);《1984 年国际信托法》第 19G 条(库克群岛)。

〔60〕 New Zealand Law Commission, Report 79, *Some Problems in the Law of Trusts*, April 2002, [23].

〔61〕 关于受托人遵从保护人指示时对其责任的影响的讨论,见下文第 9 章。

的受益人时,他们的主要作用是作为一个能够对受托人执行信托条款的人。而保护人可能也是由信托条款指定(也可能显然是同一个人),但总体上,保护人的作用不是执行信托条款,例如,当受托人违反信托时向其提出赔偿。[62] 执行人以及其与保护人、受托人的关系将在第10章中讨论。

10. 保护人和受托人之间的积极保护人和潜在冲突

2.39 在某种程度上,至少取决于他们所拥有的权力,可以设想保护人在极端情况(只有在极少和意外状况)下,才打算被召唤。例如,当需要指定或撤销受托人的时候;在其他情况下,委托人期望保护人积极、定时地参与信托管理,例如,在保护人拥有的权力与投资有关,且该信托有效涉及投资与贸易的情况下。

18 2.40 可以设想,至少从受托人的角度来看,保护人参与信托事务可视为无根据地干扰或纯属无益。赋予保护人的权力,无论其还有其他什么特点,都可能是自由裁量的。相应地,保护人行使那些权力并不是简单地限定于信托文书中。[63] 也不能简单地从保护人的权力本身预测保护人认为其应怎样积极地参与到信托管理中。

2.41 为免于潜在的矛盾,委托人应考虑是否将意愿信交给保护人(同时将复印件交给受托人),以应对保护人行使权力以及充当角色方式的问题。同时,为了受托人的利益,委托人或许也会提供如何处理受托人与保护人关系的补充意愿信。[64] 以这种方式,希望建立起受托人和保护人都会遵守的规则。

2.42 除此之外也须考虑如何处理保护人在有关补偿和薪酬上

---

〔62〕 见下文第6.9节和第9.2节。

〔63〕 见下文第4章和第5章。

〔64〕 见下文第5.9节。

的权利。打算积极参与信托管理的保护人有可能要求数目可观的薪酬或补偿。如果没有获得补偿或薪酬的权利或者该权利被严格限制，那么本不打算忙于信托事务的保护人也许就不会参与进来。[65]

11. 起草要点

2.43　鉴于涉及保护人的国际信托法的内容不断增加且合理清晰，对于起草人而言，除非有特殊原因，否则都应当采用"保护人"这个术语。

2.44　当地成文法或许会要求起草人采用"保护人"以外的术语，并提供相应的理由，可能因为采用其他术语对当地法律更合适，或因为"保护人"这一术语已被定义，而该定义基于某种原因不适用当下讨论主体的权力和责任。这种情况似乎较为少见（如前文第 2.14 段所述），大部分涉及保护人的法律包含保护人可能拥有的非穷尽的权力清单，而不是规定该法域的成文法指定保护人的除信托文书表达相反意图时必须拥有或已拥有的权力。[66]

2.45　无论采用什么术语，起草人都须注意，所作出的假设是基 19
于当地成文法有关保护人的条文中所提及或未提及的规定。[67] 起草人还须考虑"保护人"这一术语作为特定术语（即便是法律规定中使用该词）所包含的信息是有限的（以及对信托文书中保护人的权力、义务、权利和责任作大量规定的相应需求的有限性）。本书剩余部分将涵盖这些话题。

---

〔65〕 见下文第 7 章。

〔66〕 《2001 年信托法》第 24 条（毛里求斯）是个例外。

〔67〕 见下文第 4.7 节。

20 # 第3章　指定与罢免

1. 谁可能成为保护人?

(1)一般情况

①衡平法和信托文书

3.01　一般来说,成为保护人无须特别的资格,也不存在丧失保护人资格的情况。信托
21 文书(通常是遗嘱)至少会指定第一保护人或载有额外的或替代的关于谁可能或不能被指定为保护人的规定。

②法律规定

3.02　相关有管辖权的法律对保护人指定的法定限制非常罕见。在毛里求斯的法律中,个人保护人必须"成年且心智健康"。[1] 根据圣基茨和尼维斯法律,国内信托保护人必须是成年专业人士(主要是律师或会计师)且与受托人没有关联。[2] 相比之下,《1994年尼维斯国际豁免信托条例》没有诸如此类的限制,且

---

〔1〕《2001年信托法》第24条第(2)款(毛里求斯)。

〔2〕《1996年信托法》第25条(圣基茨和尼维斯)。

明确规定受托人可以是保护人。[3]

3.03　大量相关法域的法律明确准许指定信托的委托人、受托人、受益人兼任保护人。[4]

③能够担当保护人的人

3.04　根据信托文书条款和相关法律规定,下列均可被指定为保护人:

a. 自然人;

b. 合伙成员和非法人组织;

c. 委托人;

d. 受益人;

e. 受托人;

f. 公司或其他依财产授予而有法人资格的实体。

(2)共同保护人

3.05　信托文书条款没有限制可被指定为共同保护人的人数。同一时间指定产生的结果将在下文讨论。[5]

(3)未成年人

3.06　在衡平法中,理论上未成年人可被指定为保护人,尽管授予未成年人权力所带来的影响往往显示这并非有意为之。[6] 在一些相关法域中,法律要求保护人已成年。[7] 22

---

〔3〕《1994年国际豁免信托条例》第9条(尼维斯)。

〔4〕见下文第3.09段及以下。

〔5〕见下文第3.30段及以下。

〔6〕见下文第5.27段及以下。

〔7〕《2001年信托法》第24条第(2)款(毛里求斯);《1996年信托法》第25条(圣基茨和尼维斯)。

(4)合伙成员和非法人组织

3.07 指定公司合伙人(而非个人)作为保护人并无异议,尽管只有该合伙人被接受才会成为共同保护人——至少在权力以受信人身份所持有方面。

3.08 指定的非法人组织作为保护人须经其管理委员会通过指定才能生效,成为共同保护人,至少在权力以受信人身份所持有方面是这样的。[8]

(5)委托人

3.09 大量法域的法律明确认可指定委托人兼任保护人,而且没有相关法域禁止。[9] 委托人兼任财产授予的第一保护人并非不常见。[10]

3.10 指定保护人通常由于财产或其他原因,委托人不应为自身保留权力或兼任受托人。[11] 如果不是出于这样的原因,至少在委托人还在世时,一开始就指定保护人似乎不能达到任何目的。若有相关授权法律规定,该规定一般适用于委托人保留的权力,就如同赋予保护人的权力一般。[12]

3.11 如果存在委托人不应将权力保留给自己的原因,该原因也应同样适用于委托人兼任保护人不能持有相同权力的情况。一些委托人兼任保护人的指定可能是未经思考而采用指定保护人先例的结果。委托人指定兼任保护人也可能源于任何国际信托"都应"有保护人的这种未经分析的错误观点。

---

〔8〕 见下文第3.58段及以下。

〔9〕 《1984年国际信托法》第20条第(3)款(库克群岛)。

〔10〕 Te Esteem Settlement[2003]WTLR 1,[205(viii)](Jersey).

〔11〕 Rawcliffe v. Steele [1993-95]MLR 426,509(Isle of Man).见上文第1.11段及以下。

〔12〕 《1984年信托法》第9A条(泽西)。

3.12　在一种情形下,委托人有可能在实际操作中希望被指定为保护人——从信托文书外观上无法识别出委托人是委托人保护人。这可能因为(通常出现于离岸法域)信托文书中只有原始受托人一方。这也有可能出现在信托文书的委托人只是代理人或被提名人,他们与真正的委托人之间的关系并不清楚。 23

3.13　因此隐藏委托人将其指定为保护人可能是由于委托人意图而保留自身权利,同时造成委托人和保护人无关的假象。这种策略是否合理有待讨论。正如 Walker 法官在信托委托人意图藏匿真正的受益人身份和利益的 *Schmidt v. Rosewood* 案中所言,法院的一个反应可能意在:"如果故意采用充满伪装的方式,据此获利的人基本上不会抱怨这个方法不透明。"[13] 虽然枢密院在这种情况下并没有采信这种说法,但其他法院在其他案件中采信的危险是真实存在的。这种方式可能对被要求作为财产授予的受托人或保护人的提议人和专业信托服务商带来道德和监管问题。

3.14　委托人指定兼任保护人可能导致意料之外的结果。委托人保留的部分权力可能成为不受限的个人权力。同样的权力,当授予兼任保护人的委托人时,可能被解释为受限的个人权力或受信人权力,例如,修改协议的权力。[14] 如果这些区别的重要性被充分解释,这也许和委托人所希望的大相径庭。此外,如果委托人被指定为保护人,但也是受益人,则可能会出现以下问题:

a. 委托人在何种程度上可以利用保护人的权力为自身牟利;[15]

b. 执行特定行为的身份。[16]

3.15　总而言之,如果委托人不能保留相同权力的话,指定自己为保护人似乎没有什么好处。但是,如果采取措施确保结果符合预

---

〔13〕 Schmidt v. Rosewood Trust [2003]2 AC 709,[36](Isle of Man).

〔14〕 The HHH Trust [2012]JRC 127 B[22],[26]-[28](Jersey).

〔15〕 见第3.16段及以下。

〔16〕 见第5.37段及以下。

期，例如，明确地规定委托人作为第一保护人的和任何继任保护人之间的任何权力的区别，那么这样的指定会十分普遍，且不应认为有任何坏处。

(6)受益人

3.16 根据判例法，受益人可以成为保护人。[17] 大量相关法域也有相同规定。[18] 这种指定的优势需要在个案中根据案例基础进行
24 评估。如果是这种指定，则须谨慎考虑给予受益人保护人什么权力和他们为谁持有财产利益。

3.17 同时如果权力人表面上是权力对象，则反权力欺诈规则和受信人自身一般无权从其职权行使获利的规则中发挥作用。[19] 这可能又需要对保护人是否以及在何种程度上能从权力行使中获利进行解释。

3.18 在泽西 *Alhamrani v. Russa Management* 案中，受益人被指定兼任有权修改信托契据的保护人。[20] 在其声称的权力行使后，随之而来的是关于该权力依据的条款问题。法院判定（部分基于特许）上述权力为受信人持有，基于解释其信义关系特征使其能延伸至管理被授权人和（但不限于）其他受益人利益。[21] 本案强调了界定信托文书中受益人保护人权力的性质和范围的重要性。

(7)受托人

3.19 一些相关法律包含一项条款，即允许受托人成为保护人，

---

〔17〕 Rawson Trust v. Perlman (1990) 1 BOC 31 (Bahamas); The Z Trust [1997] CLR 248 (Cayman); Alhamrani v. Russa Management [2010] WTLR 443 (Jersey).

〔18〕《1984 年国际信托法》第 20 条第(3)款(库克群岛)。安圭拉、伯利兹、多米尼加、毛里求斯、蒙特塞拉特、尼维斯、圣文森特和格林纳丁斯的法律都有相同的规定；见本书附件 2。

〔19〕 见下文第 5.6 节和第 8.5 节。

〔20〕 Alhamrani v. Russa Management [2010] WTLR 443 (Jersey).

〔21〕 The Z Trust [1997] CILR 248 (Cayman).

而判例法也似乎没有指出这样的指定违反原则。[22]

3.20　建议将受托人指定为保护人(反之亦然)的情形似乎相当有限。一般而言,保护人的权力是根据受托人持有或能行使的权力创设出来的。因此指定受托人兼任保护人不太可能产生任何实际作用,至少在该两项指定旨在同时生效的情况下亦是如此。此外,保护人通常也由国际信托文书的条款具体指定,这正是因为委托人希望持有除受托人以外的人以及无须居住海外的人(不像受托人)所持有的权力。[23]

3.21　受托人一般和保护人没有联系。[24] 将二者联系所造成的风险在澳大利亚 *Pope v. DRP Nominees Pty* 案中阐述得十分清楚。[25] 25
在该案中保护人指明享有指定受托人的权力。该保护人同时是公司的主管,该公司是财产授予的受托人,在这种情况下,保护人似乎控制了受托人。法人受托人被指违反信托规定,因此被法院罢免。受托人违反信托被发现是由保护人作为受托人的主管而造成的。在这种情况下,法院将认为保护人不能履行其指定继任受托人的权力,法院有权自由裁量指定新受托人。[26]

(8)参与信托业务的保护人

3.22　保护人可能用这种身份或其他身份亲自参与信托业务。例如,保护人可能是或者成为持有信托利益的公司管理人。*Re*

---

〔22〕 例如,《1984年国际信托法》第20条第(3)款(库克群岛)。安圭拉、伯利兹、多米尼加、毛里求斯、蒙特塞拉特、尼维斯、圣文森特和格林纳丁斯的法律都有相同的规定;见本书附件2。

〔23〕 见上文第1.11段。

〔24〕 The C Trust [2012] JRC 086 B, [151(iii)] (Jersey); International Exempt Trusts Order 2000, sch 2, s. 23.6(b) (Brunei Darussalam).

〔25〕 Pope v. DRP Nominees Pty [1998] SASC 6933 (South Australia).

〔26〕 见第3.16段及以下。

International Group Trust 案[27]和 *Rogers* 案[28]表明,如果信托利益和保护人的个人利益发生冲突,则可能出现上述情况。这些判例将在第6章详述。

(9)公司

3.23　毫无无疑,部分基于保密的原因,公司经常被指定为保护人。这些公司可能是基于特定财产授予成立的公司,或是为无关联财产授予提供专业信托服务而作为保护人的公司。本书中涉及的所有法域都认为公司作为保护人的指定有效。在文莱达鲁萨兰国和毛里求斯,法律明确存在上述规定。[29]

3.24　正如上文所述,许多法域对可成为财产授予的受托人公司种类和该法人受托人的权力进行了法定限制。但是上述制定法,除监管要求外,不太会适用于法人保护人。[30]

3.25　对于授权或受监管的信托服务提供商,被指定为保护人则可能意味着为监管目的提供信托服务。[31] 在这种情况下,可能导致管辖权上的相关问题,因为保护人不大可能和受托人同是一个法域的
26 居民且专业保护人可能受或不受当地信托法或其他法律管辖。

3.26　公司保护人的指定可能会导致大量作为管理人和股东的个人干预保护人决定的情况。这种问题能方便地解决,即确有需要指定共同保护人但信托文书禁止了同时指定。在管理人和股东之间或公司内部,当然存在出现这种冲突的固有可能性。[32] 一旦指定一名公司保护人,还需要为这种保护人出于某种原因暂时或永久停止行动

---

〔27〕 Re International Group Trust (1992) unrep (Jersey).

〔28〕 Rogers (1928) 63 OLR 180 (Ontario).

〔29〕 《2000年国际豁免信托法令》附件2,第23条第(3)款(文莱达鲁萨兰国)。《2001年信托法》第24条第(2)款(毛里求斯)。

〔30〕 见上文第2.6节。

〔31〕 《2009年受监管活动法令》,SD No. 738/09(马恩岛)。

〔32〕 见第3.87段及以下。

的情形作出规定。[33]

2. 谁应成为保护人？

3.27　保护人的身份可能对委托人相当重要，在国内财产授予中，绝大多数国际信托中的明显选择对象是请求充当其受托人的委托人。由此，很明显，保护人的指定候选人包括与委托人相关的律师、会计师、财务顾问以及扮演委托人和其家庭的“信托顾问”。委托人的家庭成员也可能在考虑范围内。委托人、受益人或受托人兼任保护人的优点和指定法人保护人的优劣将不再赘述。[34]

3.28　对保护人的需求日益增加创造了提供专业保护人服务的市场。这个市场可能会出现以保护人服务作为其扩展信托业务的公司或专门提供保护人信托服务的公司。在某些信托结构或情况中，出于某种原因，指定委托人知晓的个人或专门成立的法人不切实际，就有了专业保护人的用武之地。专业保护人也可以和非专业保护人被指定为共同保护人。如果要指定一名专业保护人，对上文第 3.21 段关于保护人和受托人之间存在联系的潜在问题应保持警惕。

3.29　鉴于上文对保护人指定的顾虑，在有必要或应当指定专业保护人的情况下，应对指定财产授予的保护人三思而后行，以确保未来不会出现任何纰漏。[35] 27

---

〔33〕 见第 3.88 段及以下。

〔34〕 见上文第 3.09 段。

〔35〕 见上文第 1.11 段及以下。

3. 共同保护人

(1)引言

3.30 除信托文书有相反规定外,可以同时指定多人为财产授予的保护人。[36] 对可委任为共同保护人的数量和组合,并无法律或其他的限制规定。成文法和判例法中也没有规定在特定或一般情况下必须或应当指定多位保护人。

3.31 显然,一个简单的指定多位保护人同时履行职责的行为会产生下列问题:

a. 共同保护人是否只能共同或者也可以单独行使权力;

b. 如果权力须共同行使,则如何作出共同决策;

c. 如果一名共同保护人丧失行为能力或拒绝履行职责会发生什么。

3.32 除非委托人和信托起草者审慎地考虑了这些问题,否则很有可能出现困难,尤其是因不能假定信托文书中的任何"缺口"都可以从适用于受托人的法律中填补。共同保护人指定后相互发生争执产生的问题在巴哈马岛的 *Rawson Trust Co v. Perlman* 案中得以阐明。[37] 在该案中,4 名共同保护人同时也是受益人。他们(或他们的继承人)的指定是基于共同行使权力的这个前提,除非有明确与之相反的规定,默认他们的行为一致。任何受托人权力均应经共同保护人同意。一名共同保护人死亡后,"其中两名保护人却不能达成一致"。[38] 毫无疑问,这导致了诉讼。

---

〔36〕 IRC v. Schroder [1983] STC 480; The Z Trust [1997] CLR 248 (Cayman); Alhamrani v. Russa Management [2010] WTLR 443 (Jersey)。

〔37〕 Rawson Trust Co v. Perlman (1990) 1 BOC 31 (Bahamas).

〔38〕 Ibid., 34.

(2)共同或单独的共同保护人权力

3.33 为有效行使权力,除非信托文书有例外规定,受托人必须共同决策并经一致同意。[39] 一般没有适用于保护人的相同衡平法规则:保护人可能持有的权力原则上能共同[40]或单独[41]行使。因此,若信托文书中无明示,则需要根据具体情形对保护人是否有权共同或 28
单独行使权力进行解释。

3.34 委托人意图共同保护人单独行使权力的情况十分少见。[42] 这种情况的出现即为陷阱(即使在特定案件中可能有正当理由),这在关于兼任受托人的保护人是否有权修改信托文书的 *Alhamarani* 案中有所阐述:

> 一方如若不实施其持有的修改权力这种极端措施来剔除另一方,两个平级的各自拥有全权代表权的司令——这是任何一位军人的噩梦——在发生冲突的时候如何处理,是一个有待解决的问题。基于后见之明,显然很容易看出这总存在潜在的严重争端。"这是拥有两名权力广泛的人共同'保护'信托的优势在任何情况下都可接受的代价",这是未经审慎思考的后果,还是充分考量以后承认的,我无从得知。但我明白,鉴于信托在外国投资的本质和潜在的地域分布,可能更多是后者。以这种方式看来,在极端的情况下,如果为保护信托所必须,且在所有其他方面都可以从信托考虑方面得以论证,任一第一保护人应能够削弱其他人的权力,甚至可以完全将其彻底移除,且这样的做法远非不合理或悖于常识。[43]

---

〔39〕 Cowan v. Scargill [1985] Ch 270,279.

〔40〕 Churston Settled Estates [1954] Ch 334;Earl of Coventry's Indentures [1974] Ch 77.

〔41〕 Alhamrani v. Russa Management [2010] WTLR 443(Jersey).

〔42〕 除非,可能有一种权力允许共同保护人指定自己的继任人。

〔43〕 Alhamrani v. Russa Management [2010] WTLR 443,[80](Jersey).

3.35　为避免委托人寻求这样的结果,法院可能认为,若不止指定一名保护人同时履行职责,则保护人权力须经共同行使。除非在信托文书的表面上或事实上存在明确的相反规定外,该结论才会被取代(正如在 *Alhamrani* 案中)。

(3)共同保护人的决策

3.36　如果共同保护人共同行使保护人权力,那么问题是他们是否只能一致同意再行使或可以以其他方式行使(如经多数同意)。

3.37　如果共同保护人行使决策的问题由制定法规定(在许多有关法域并非如此),则默认立场通常是假定权力只能共同行使,或经多数共同保护人同意行使。例如,毛里求斯的法律规定:

> 如果有多名信托保护人,按照信托条款规定,赋予保护人的职责由多数保护人行使。[44]

29 安圭拉、[45]巴巴多斯、[46]伯利兹、[47]库克群岛、[48]多米尼加、[49]蒙特塞拉特、[50]尼维斯[51]以及圣马力诺的信托法中有非常相似的规定。[52] 依据文莱达鲁萨兰国法律,有关保护人权力的共同行使依据法定先例处理,并可能纳入信托文书,[53]但没有包括多数决策的规定。[54]

3.38　多数决策可能会导致权力的行使背离某个共同保护人的

---

〔44〕《2001 年信托法》第 24 条第(6)款(毛里求斯)。

〔45〕《2000 年信托法》第 15 条第(6)款(安圭拉)。

〔46〕《1995 年国际信托法》第 26 条第(4)款(巴巴多斯)。

〔47〕《1992 年国际信托法》第 16 条第(7)款(伯利兹)。

〔48〕《1984 年国际信托法》第 20 条第(5)款(库克群岛)。

〔49〕《1997 年国际豁免信托条例》第 9 条第(6)款(多米尼加)。

〔50〕《1998 年信托法》(蒙特塞拉特)。

〔51〕《1994 年国际豁免信托条例》第 9 条第(6)款(尼维斯)。

〔52〕《信托机构法》第 52 条第(8)款(圣马力诺)。

〔53〕如果需要的话,或见于依其他相关法域法律的信托文件。

〔54〕《2000 年国际豁免信托法令》附件 2,第 23 条第 6 条第(a)款(文莱达鲁萨兰国)。

想法。因此,有必要考虑持反对意见的共同保护人的立场。这种情况在某些法域受到特定法规条例的管辖。例如,库克群岛规定如下:

> 在多数决策中持反对意见的保护人可能要求将其反对意见以书面形式记录并归档在信托注册办公室,以及根据信托文书,对多数保护人基于该决策作出的行为不负责任。[55]

3.39　安圭拉的信托法包含关于记录反对意见的相同条款,但对反对者的责任没有任何规定。[56] 在巴巴多斯、[57] 伯利兹、[58] 多米尼加、[59] 毛里求斯、[60] 蒙特塞拉特、[61] 尼维斯[62] 以及圣马力诺[63] 的信托法中,有类似的规定(不涉及责任)。但是,这种要求不同意见以书面形式记录的法定权力的实际运用不会立即出现。共同保护人责任和持反对意见保护人责任将在第 8 章详述。[64]

3.40　如果出于意外或有意安排,存在有偶数数目的共同保护人有权投票,或在共同保护人之间存在僵局的可能性,或其后果还须满足信托文书的特定条件,则保护人在多数同意的前提下行使权力很难实现。[65] 30

(4)共同保护人死亡或丧失行为能力的影响

3.41　共同保护人的死亡或丧失行为能力可能会产生相当不确

---

[55] 《1984 年国际信托法》第 20 条第(6)款(库克群岛)。
[56] 《2000 年信托法》第 15 条第(7)款(安圭拉)。
[57] 《1995 年国际信托法》第 26 条第(5)款(巴巴多斯)。
[58] 《1992 年国际信托法》第 16 条第(7)款(伯利兹)。
[59] 《1997 年国际豁免信托条例》第 9 条第(7)款(多米尼加)。
[60] 《2001 年信托法》第 24 条第(7)款(毛里求斯)。
[61] 《1998 年信托法》第 10 条第(6)款(蒙特塞拉特)。
[62] 《1994 年国际豁免信托条例》第 9 条第(7)款(尼维斯)。
[63] 《2010 年信托制度》第 52 条第(8)款(圣马力诺)。
[64] 见下文第 8.8 节。
[65] 见第 3.88 段及以下。

定的情况,除非信托起草者已经预见(与受托人的情况不同)这是一个需要明确规定的问题。

3.42　对于受托人而言,其权力常见于由受任的受托人行使,即受托人依职权行使权力。这条受托人规则的目的是在受托人死亡或丧失行为能力时,幸存受托人可以不受影响继续行使权力。

3.43　受托人依职权行使受托人职责的规则源于判例法的传统:

> 受托人处理或影响信托财产的权力被初步推定依职权授予,作为受托人职位的附带权力,并依职位转移给继任人或暂时持有人。无论该权力是依职权授予或不取决于个案中信托文件的规定,但该权力是一种需要广泛自由裁量权的事实仍不足以排除上述推定。〔66〕

3.44　这个衡平法上的规则(依靠考虑该权力是否授予个人而非职位而得出)〔67〕现在已经很大程度上被规定在法律中。〔68〕然而,适用于受托人的法律规定不大可能适用于保护人。〔69〕

3.45　在《1833年拟诉弃权法》〔70〕中指定的财产授予保护人,因此被视为职务人,所以幸存或有资格的职权持有人能够行使他们的法定权利。〔71〕遗憾的是,在现代信托保护人规定中似乎没有相似的规定。

3.46　如果信托文件明确规定权力在整个财产授予期间存续的保护人的职位继承,则某种程度上反映出委托人的意图为当时所有能够履行职责的共同保护人应当能够行使保护人权力。〔72〕

---

〔66〕 Smith [1904]1 Ch 139,144.

〔67〕 Crawford v. Forshaw [1891]2 Ch 261.

〔68〕 例如,《1925年受托人法》第18条、第36条第(7)款、第43条,相同规定可见于许多法域。

〔69〕 见上文第2.6节。

〔70〕 见上文第2.4节。

〔71〕 Bell v. Holtby (1873)15 Eq 178.

〔72〕 The Freiberg Trust (2004)6 ITELR 1078(Jersey).

3.47　另一种情形，也可能是衡平法下的默认规则，是通过指名（而不是通过他们职位）进行授予但不涉及有关任何财产或财产性利益的权力，也不能由他们的幸存者或继任人行使。[73] 31

3.48　过去法院认为，凡涉及广泛自由裁量权都是非同寻常的权力，这也表明委托人不想使被继任人或幸存者行使权力。[74] 但在当下，授予受托人或其他人广泛自由裁量权已是信托文书的一大特色，尤其是在国际信托中。所以，从这个角度来看，保护人享有自由裁量权这一点仍然存疑。

3.49　因此，在许多情况下，很难决定一名共同保护人死亡或丧失行为能力意味着：

a. 永久终结保护人权力；

b. 中止指定继任人；或

c. 允许幸存共同保护人或继任人行使权力，并作受托人处理。

3.50　将保护人权力视为个人权力或受信人权力可能会影响这个问题。[75] 如果一个权力被认为是受托人权力，则也可能会被认为依保护人地位或职权所有，因此该权利可由幸存者或继任人行使。也有可能，当被认为是个人权力时，法院会得出相反结论。

4. 庭外指定

（1）引言

3.51　虽然信托文书中通常指定第一保护人，但如果有必要或出于权宜之计需要替换或增加保护人，且信托文书允许的情况下，则有可能出现庭外指定的情况。

---

〔73〕 Mansell v. Mansell (1757) Wilm 36,50.

〔74〕 Cole v. Wade (1807) 16 Ves 27,44.

〔75〕 见第4.3节及以下。

3.52　如果要庭外指定一名保护人,必须确有明示的指定权力,且有先例可循。[76] 对于保护人而言,没有明显类似于《1925 年受托人法》第 36 条的条款,授权不同的人可庭外指定受托人并补充明确规定指定权的法律条款。[77] 允许庭外指定受托人的法定条文不大可能被认为适用于庭外指定保护人。[78]

3.53　如果信托文书包含保护人指定权力的规定,想要指定有
32 效,则指定时须认真遵守该条款。正如变更受托人一样,有效的指定往往取决于即将离职的保护人的有效辞任。[79]

(2)指定保护人的信义权力和个人权力

3.54　指定保护人权力的正确行使可能涉及确定指定人持有的权力是个人权力还是受信人权力。[80]

3.55　关于普遍涉及和属于保护人的权力,Smellie 首席法官在 *The Z Trust* 案中表示:

> ……财产授予的事实和情形千变万化,委托人意图无法随意通过参考理论适用的明显原则辨明。该权力是依个人权力还是受信人之职权而被授予需要在个案中解释。[81]

这段话被 Henderson 法官在关于授予信托受益人指定保护人权力的 *The Circle Trust*[82] 案中被认可并被引用。

3.56　一些情况下会得出该权力是以受信人身份持有的结论,例

---

〔76〕 The Centre Trustees [2009] JRC 109, [22] (Jersey).

〔77〕 或许多其他法域的相似信托法律规定。

〔78〕 见上文第 2.6 节。

〔79〕 Rawson Trust v. Perlman (1990) 1 BOC 31 (Bahamas); The Bird Charitable Trust [2008] JLR 1 (Jersey). 见第 3.70 段及以下。

〔80〕 见第 4.3 节及以下。

〔81〕 The Z Trust [1997] CILR 24, 275 (Cayman).

〔82〕 The Circle Trust (2006) 9 ITELR 676, [15] (Cayman).

如,当指定保护人权力被授予受托人或临时保护人时,则比委托人或受益人持有该权力时更有可能被认为是受信人权力。[83] 如果指定的保护人作为受信人持有权力时,更有可能指定保护人的权力本身是受信人权力。[84]

3.57 除非该权力为个人权力(明示或明确暗示同意这种指定),指定人可能不会指定自身。[85] 如果该权力为受信人权力,法院在"指定人以不合理、非善意及以不正当目的的方式行使"[86]而无效的情况下,可能有权管理该权力的实施。然而即便认为指定权是个人权力,权力也应当遵循反欺诈原则的条款,善意地、符合信托目的地行使。[87]

(3)接受指定 33

3.58 无论从实践的角度来看,还是从保护人持有的是受信人权力而使指定生效来看,可能有必要确保保护人已经接受指定。[88]

3.59 基于适用于受托人的法律条文,可以得知:

a. 保护人的接受可以通过一些正式行为,例如,保护人的同意声明或在信托文书中签字;[89]

b. 也可以通过清楚明白的表示接受的行为进行推定;[90] 以及

c. 一旦保护人接受指定,除非根据信托文书中的相关规定或者一般法律,否则不能主动辞任。[91]

3.60 被指定和被给予个人权力的保护人出于不同的情况。被

---

[83] The Circle Trust (2006)9 ITELR 676(Cayman).

[84] Ibid. ,[23] -[25].

[85] Skeats' Settlement (1889)42 Ch D 522,526 -27.

[86] The Circle Trust (2006)9 ITELR 676,[28](Cayman).

[87] 见下文第4.4节。

[88] 见第12章。

[89] Jones v. Higgins (1866)LR 2 Eq 538;Vickers v. Bell (1864)4 De GJ & S274.

[90] Clout and Frewers Contract [1924]2 Ch 230.

[91] 见下文第3.6节、第3.7节、第3.8节。

授权人当然持有权力，除非他有权放弃并且确实放弃该权力。[92] 如果属于此类情况，保护人不需要作出积极的接受行为，虽然信托文件可能（或应当）规定接受作为指定的条件，也因此作为上述权力授予的条件。

5. 法庭指定

(1) 指定持有信义权力的保护人

3.61 现已确立的做法是：如果保护人持有受信人权力，且如果保护人职位空缺不能通过信托文书的机制来填补，法院将在行使衡平法对信托的管辖权时[93]指定保护人。[94] 法院拒绝此种做法的情形相当罕见，除非存在自身管辖权基于相似事实，然而法院没有指定受托人的情况。

3.62 因此，如果能肯定保护人是凭借自身品质获得指定，且这
34 些品质对委托人非常重要，则法院显然不能替换保护人（被指定人的权力更可能是个人权力，如果这样的话，这也可能是法院不会指定继任人的原因）。[95] 法院发现其自身不具备管辖权的后果显然是不理想的，因为如果新的保护人无法被指定的话，则可能无法管理信托。[96] 或许这就是委托人实际考虑过原始保护人的独特品质且以此作为指定他的主要理由，若真是这样，则需要大量的说辞以说服法院。[97]

---

〔92〕 关于解除个人权力，见下文第3.6节。

〔93〕 也常被称为法院的固有管辖权。这两种表达方式都是指独立于任何特定法定权力的法院对信托的衡平管辖权。

〔94〕 Bridge Trustees v. Noel Penny (Turbines) [2008] EWHC 2054 (Ch); Rawcliffe v. Steele [1993－95] MLR 426 (Isle of Man); The Circle Trust (2006) 9 ITELR 676 (Cayman).

〔95〕 Rawcliffe v. Steele [1993－95] MLR 426, 513 (Isle of Man).

〔96〕 见下文第3.8节。

〔97〕 Rawcliffe v. Steele [1993－95] MLR 426, 504－5 (Isle of Man).

(2)指定持有个人权力的保护人

3.63　法院是否具备权限指定不以受信人身份持有权力的保护人目前尚不清楚。这可能取决于保护人个人权力是否受限,如果是,还涉及受限的范围。[98]

3.64　*Park* 案被认为是法院不能替换个人权力持有人这一观点的权威判例。[99] 该案中法院附带的意见认为,具有混合处分权[100]的持有人不是受托人(暗示不以受信人身份持有权力),并且如果“……她在这种情况下拒绝行使权力,法院将不能指定其他人代为行使”。[101] 这或许只在权利持有人能行使权力但拒绝行使权力时存在(或者如果是个人权力,权力人拒绝行使)。[102]

3.65　因为 *Park* 案中的权力被认为是纯粹的个人权力,持有人没有义务行使或考虑行使权力,所以拒绝行使也不会导致任何法院可救济的侵害。[103] 如果法院被要求去救济的是无人有权行使权力的情况,结果或许会不一样。

(3)法定指定

3.66　在相关法域中法院没有明确的指定保护人的法定权力。虽然在巴巴多斯法院有上述权力,[104]但这种权力被限定在目的信托中。令人不解的是,“保护人”这个术语被用来描述目的信托的执行 35
人。[105] 允许法庭指定受托人的法律规定不大可能被解释为法庭有权

〔98〕 见下文第4.4节。
〔99〕 Park [1932]1 Ch 580.
〔100〕 见第4.17段及以下。
〔101〕 Park [1932]1 Ch 580,582.
〔102〕 见下文第4.4节。
〔103〕 同上。
〔104〕 《1995年国际信托法》第10条、第12条(巴巴多斯),也见于该法第26条。
〔105〕 见下文第10章。

指定保护人。[106]

6. 辞任

(1)持有信义权力的保护人的辞任

3.67　对于保护人，辞任意味着放弃被信托文书授予的权力。[107]受信人不能放弃自身权力，除非经法院的法令或信托文书的条款批准。[108] 因此，如果保护人以受信人身份持有至少一项权力的话，他可能无法自主辞任，至少作为该权力的持有人，在没有信托文书载明的和法院允许的确切权力的情况下，不能如此。

(2)持有个人权力的保护人的辞任

3.68　在英国和任何有等同《1925 年财产法》第 156 条第(1)款规定的法域，任何非以受信人身份持有的权力都可以放弃。该规定改变了相关法律，或其前身法条早在 1882 年 1 月 1 日就发生了变化。根据衡平法规则，与信托有关的财产[109]没有利益关系的人持有的权力不可放弃，除非该权力是为被授权人个人利益持有，而不是为其他人的利益持有。[110] 由此可见，假设这方面信托准据法和英国现行法是一致的，则仅持有个人权力的保护人能自由地有效辞任。这种情况下保护人能辞任，且无须经任何信托文书规定同意。

(3)辞任的条款和后果

3.69　由于部分保护人没有获得信托财产，所以在辞任时，他也

---

[106] Bridge Trustees v. Noel Penny(Turbines)[2008]EWHC 2054(Ch)；见上文第 2.6 节。

[107] Rawson Trust v. Perlman (1990)1 BOC 31,46(Bahamas).

[108] Eyre (1883)49 LT 259,260.

[109] 见下文第 4.36 段。

[110] West v. Berney (1819)1 Russ & M 431,434.

许不需要像受托人一样确保或免除与信托财产相关的赔偿权利或补偿。这些问题以及保护人为确保该权利可能会采取的步骤将在第7章中讨论。保护人没有获得信托财产的另一后果是,在辞任时,不需要考虑授予替换保护人信托财产。

(4)有效辞任 36

3.70 即将辞任的保护人的有效辞任通常是继任人指定有效的先决条件,法院经常被请求判定保护人是否有效辞任。这个问题通常有关证明辞任的非正式文件是否有效。在 *Rawson Trust v. Perlman* 案中,法院认为,即便是附条件辞任电报也满足信托文书的规定,"保护人应有权以书面形式宣布放弃保护人权力并传达受托人,受托人应据此作备忘录标注于财产授予协议中"。[111]

3.71 *The Bird Charitable Trust* 案涉及泽西的两种信托(分别是目的信托和慈善信托),二者有着实质区别的保护人继承条款。[112] 该案中 Kaplan 先生为真实委托人,同时也是两个信托的保护人。在同一天,Kaplan 先生签署了两份实质条款相同的文书,这些条款随后被用于主张有效地免除保护人地位并在他的职位上指定继任保护人。两个信托的继任保护人又声称指定了新的受托人。

3.72 从目的信托的角度来看,根据其条款的解释,Kaplan 先生指定继任保护人的行为暂时未能有效改变保护人的身份。这是基于目的信托的条款,假设每个保护人在未来指定的继任人只有在指定人不再是保护人的情况下,才能行使保护人权力。Kaplan 先生所做的一切被认为仅仅是指定了未来的继任人。[113]

3.73 相比之下,从慈善信托的角度来看,形式相同的文书在

---

〔111〕 Rawson Trust v. Perlman (1990) 1 BOC 31,33,45 – 46(Bahamas).

〔112〕 The Bird Charitable Trust [2008] JLR 1(Jersey).

〔113〕 Ibid.,[4] – [13].

Kaplan 先生辞任和对继任人的指定上同时有效。[114] 这个结论基于慈善信托的规定,只有现存的保护人不能(基于死亡、没有行为能力或类似原因)或将不再履行职责的情况下,继任保护人才会被指定(除非对指定有相反规定)。因此,指定被解释为只在 Kaplan 先生的辞任后立即生效。由此可见,仅仅是信托文书中相似条款的相当微小的文字区别却产生了显著不同的结果。

3.74 这两个裁决说明,在起草保护人试图辞任时的文书中解释清楚的重要性,以及在制定意图影响保护人辞任的文书时确保财产授予的条款得到援引和遵守的重要性。

37

7. 庭外罢免

3.75 正如上文第 3.52 段所述,等同于《1925 年受托人法》第 36 条的规定不适用于保护人。因此,具备罢免保护人的权力并不想当然地意味着具备指定保护人的权力,尽管作为对特定权力的解释这种暗示可能是符合法理的。明确的罢免保护人的权力可能是以个人身份,也可能是以受信人身份。罢免持有受信人权力的保护人的权力更可能被解释为受信人权力。[115] 罢免持有受信人身份的保护人应为受益人整体利益服务,并可能受限于适用受托人的受信人权力的正当行使规则。[116] 罢免持有个人身份的保护人受限于有效行使个人权力的一般规则,可能包括反权力欺诈原则。[117]

---

[114] The Bird Charitable Trust [2008] JLR 1 (Jersey), [14] - [28].

[115] The Circle Trust (2006) 9 ITELR 676, [24] - [25] (Cayman).

[116] 见下文第 4.5 节和第 5.8 节。

[117] 见下文第 4.4 节和第 5.6 节。

8. 法庭罢免

(1) 罢免持有受信人权力的保护人

3.76 如情势所迫，法院可能罢免持有受信人权力的保护人。下列是应当罢免受托人的情况[118]及例外。[119] 法院是否会替换保护人[120]和是否会指令受托人在无保护人的情况下继续履行职责将取决于各种情况和信托条款。[121]

3.77 当保护人被罢免，在不指定替换保护人的情况下，法院可能意图亲自行使保护人的受信人权力。此类情况更多出现在：如果信托管理问题能够只通过行使单一涉案权力解决且出于信托利益考虑，法院认为有权如此。然而，即便只须行使涉案的单一权力，法院也可能认为，因缺乏对信托受益人情况的了解或缺乏保护人行使自由裁量 38
所要求的专业能力而拒绝行使。法庭基于后者在 *Bridge Trustees v. Noel Penney Turbines* 案中拒绝行使该权力。[122] 该案中法院认为，法院缺乏养老金信托专业保护人的关于保护人权力行使的专业知识。

(2) 罢免持有个人权力或混合权力的保护人

3.78 法院可能没有罢免仅有个人权力的保护人的法律权限。相同的论证适用于法院指定仅持有个人权力的保护人。[123] 法院能否

---

〔118〕 The Freiburg Trust (2004) 6 ITELR 1078, [5] – [8] (Jersey); The Circle Trust (2006) 9 ITELR 676, [23] (Cayman).

〔119〕 Papadimitrou [2004] WTLR 1143, [71] (Isle of Man).

〔120〕 Asin Rawcliffe v. Steele [1993 – 95] MLR 426 (Isle of Man); Bridge Trustees v. Noel Penny (Turbines) [2008] EWHC 2054 (Ch).

〔121〕 Rogers (1928) 63 OLR 180, 189 (Ontario); The Freiburg Trust (2004) 6 ITELR 1078, 1081 (Jersey).

〔122〕 Bridge Trustees v. Noel Penney Turbines [2008] EWHC 2054 (Ch).

〔123〕 见第 3.63 段及以下。

以及应否罢免既持有受信人权力又有个人权力的保护人的问题仍未清楚。一个可能的解决方案是罢免保护人的信义权力[124]并指定另一名保护人行使或由法院亲自行使。[125]

9. 空缺

3.79 无论是因为意外或蓄意导致不能指定保护人或因为保护人永久或暂时丧失行为能力,没有保护人能行使信托文书授予的权力,则可能出现下列情况。[126]

3.80 可能出现空缺的一个应对方法是在信托文书中提前指定继任保护人,尽管看起来这些人在接受任命之前不会成为保护人,至少当他持有的是受信人权力时是这样。[127] 也有规定,除非另一名保护人被指定代替保护人,否则保护人不能辞任。但该规定不能解决无法解除职务的保护人死亡、丧失行为能力、[128]破产(至少对于法人保护人)或类似的问题。[129]

39 3.81 空缺的影响可能规定在信托文书中。可能的影响部分取决于保护人权力的性质或范围。在许多情况下,显而易见的解决方案是,鉴于没有能履行职责的保护人,则不顾信托文书中保护人的相关规定,允许受托人继续履行职责。[130] 然而,在空缺的情况下,允许受托人继续行使职责而不指定保护人的规定,可能会导致指定人(如果有的话)或法院(假设保护人作为受信人持有权力)不去指定继任

[124] M Settlement [2009] JRC 140 (Jersey).

[125] Pope v. DRP Nominees Pty [1998] SASC 6933 (South Australia).

[126] Rawcliffe v. Steele [1993 – 95] MLR 426 (Isle of Man); The Circle Trust (2006) 9 ITELR 686 (Cayman).

[127] 见第3.58段及以上。

[128] The Freiberg Trust (2004) 6 ITELR 1078 (Jersey).

[129] 见第3.88段。

[130] The Circle Trust (2006) 9 ITELR 676 (Cayman).

保护人。[131]

10.起草要点[132]

(1)被指定人

①谁可能被指定

3.82 基于几乎在所有法域对谁能被指定为保护人没有限制,任何意图作出的限制应载于信托文书的条款。应考虑的特别要点是保护人是否能为:

a.受托人;

b.受益人;

c.受托人的关联人;

d.参与或涉及信托业务人;或

e.公司,以及何种公司。

②兼任第一保护人的委托人

3.83 如果委托人的确愿意在生前作为保护人,并且意图在其死后也有保护人,保护人的继任通常有以下两种方法:

a.在信托文书中预先指定继任保护人;或

b.兼任原始保护人的委托人有权指定继任保护人。

两种指定条款在 *The Bird Charitable Trust* 案中均有例可循。[133]可见附件1模范条款。

3.84 如果在信托中委托人兼任第一保护人,继任保护人将因此有更多的有限权力,这也是可理解的。*Alhamrani* 案提供了区分原始

---

[131] The Freiberg Trust (2004)6 ITELR 1078(Jersey).见《1996年离岸信托法》第35条第(1)款(纳闽岛),该法在保护人找不到的情况下,免除了受托人咨询保护人的义务。

[132] 《2000年国际豁免信托法令》附件2,第22条、第23条(文莱达鲁萨兰国)。

[133] The Bird Charitable Trust [2008] JLR 1(Jersey).

40 保护人和继任保护人的详细示范信托条款。[134]

③参与信托业务的保护人

3.85 如果提议指定对信托业务有利害关系的人作为保护人,则需要慎重考虑。如果存在这样的指定,则在信托文书中应当有明确规定,以处理在作为保护人的义务和其作为其他身份时的义务或自身利益发生冲突的时候已有的或者未来可能出现的问题。

3.86 *Rogers* 案阐释了如果保护人在指定后从信托业务中获利可能产生的问题。[135] 在该案中,保护人获利后选择维护自身利益而不是维护信托利益。信托文书应当包含如何处理这种情况的规定(显示可能会出现该情况)。这可能通过禁令的形式禁止保护人从特定公司获得职位或利益后履行职责,或通过类似于在受任人已经获得该职位或利益后进行约束的合适条款。

④公司

3.87 如果公司被指定为保护人,则须考虑董事会和股东层面是如何管理公司的。尤其在法人保护人是为委托人和/或受益人的关联人所有,而不是由委托人及其家庭无关的专业的信托服务提供商所有。在为信托目的而成立的法人保护人内部发生不和的后果和相应解决办法应在公司章程中明确规定,在合适的情况下也应同时通过股东协议规定。

3.88 面对法人保护人可能永久或暂时履行不能的各种情况,需要作出相应的规定,例如,通过进入清算程序或从相关公司登记中注销,这种情况在公司离岸法域注册且年费以及类似费用没有按期支付时并不罕见。如果法人保护人被注销登记但之后恢复,是认为自动恢复保护人地位,还是需要重新指定呢?法人保护人因内部僵局而陷入履行不能的结果可能也需要解释。

---

〔134〕 Alhamrani v. Russa Management [2010] WTLR 443(Jersey).

〔135〕 Rogers (1928)63 OLR 180(Ontario).

(2)共同保护人

3.89　信托文书应解释是否能指定共同保护人,如果可以的话: 41

a. 共同保护人是否可以共同或单独行使权力;

b. 共同行使权力的决策如何制定;

c. 如果允许多数决策,反对保护人的立场如何处理;

d. 共同保护人决策出现僵局如何解决。

3.90　许多规定意图避免在实践中出现僵局,其中一些情形相对复杂,给自身带来难以解决的问题(例如,以受信人身份持有权力的共同保护人之间的僵局被另一名持有个人权力的保护人的决定打破的情况)。对加权表决制也可能需要作出规定,如委托人兼任共同保护人,并意图在僵局中应有再一次投票权。

(3)死亡或丧失行为能力

3.91　保护人或共同保护人死亡或丧失行为能力的结果需要在信托文书中作出明确规定。对暂时丧失行为能力应当明确规定,对法人保护人构成丧失行为能力的要件也应当如此。

(4)指定和罢免

3.92　指定、辞任和罢免保护人给信托起草者带来的极大挑战有时候并不被人理解。指定、辞任和罢免受托人(例如,通常是法定指定权)的类似信托先例,就他们的立场而言,不普遍适用于或不能稍事修改而适用于保护人指定。

3.93　一个起草合理的保护人指定权应当至少能清楚地说明:

a. 权力是基于个人身份还是受信人身份;

b. 能否用于指定权力的持有人;

c. 是否也是罢免保护人的权力;以及

d. 能够行使的情况。

3.94　罢免保护人的权力也需考虑相似的问题,尽管在绝大多数情况下指定和罢免的规定会一起处理。

(5)辞任

3.95　信托文书须清楚地对保护人辞任及其后果作出规定。下列问题应包括在内:

42 a. 保护人能否以及何种情况下能辞任;

b. 应如何处理任何未清偿的赔偿或补偿请求。

(6)空缺

3.96　在考虑如何进行指定、辞任或免除保护人时,信托文书的起草人应考虑出现空缺的可能性(大多数情况下很可能要想方设法确保不会出现空缺的情况)。出现空缺的后果也应作出说明。

第4章　权力

1. 引言

(1)本章

4.01　由于保护人实质上是权力的持有人,所以有必要对权力进行详细的讨论,讨论的重点在于这一主题的实践方面,因为它适用于明示信托。[1]本章讨论保护人(一般而言)可能持有的各种权力及其持有权力的方式。保护人的有效行为将在第5章进行讨论。赋予保护人的特殊权力将在第6章论及。 43

(2)一般定义

4.02　不同的时代,人们基于不同的目的尝试对权力进行分类,这导致关于权力的法律一片混乱。过去150年间,教科书中所阐述的判例,人们并未准确地使用其中的术语,这对人们掌握此术语毫无帮助。[2]

---

〔1〕 关于此问题的全面探讨,请参阅 Tomas 和 Farwell。

〔2〕 Rawcliffe v. Steele [1993 - 95] MLR 426,495 (Isle of Man).

4.03 本书讨论的权力是衡平法上的权力，即影响财产在衡平法上利益（而非普通法上的利益）的权力，或关于信托财产管理权力和义
44 务的权力。在信托法中，权力被定义为：

某人被赋予的处置非其自身财产的权力，赋予其权力者可指导该权力的行使方式。[3]

4.04 这是指定权的定义，[4]但附带条件规定，在设立、变更，或转让财产的衡平法利益的情况下，并非所有的权力都是处置性的，且并非所有的处置性权力都是指定权，这可作为一个一般定义。

（3）基本术语

4.05 与权力相关的基本术语如下：

a. 赋予他人权力者称为授权人；

b. 被授予此权力者称为权力的持有人和被授权人；

c. 可以因行使处置性权力而受益的人被称为权力的对象；

d. 为描述权力的特殊用途，人们通常会谈及受托人对权力的行使。

45
（4）管理性权力与处置性权力

4.06 根据其功能，我们可将权力分为管理性权力与处置性权力。

①管理性权力

4.07 管理性权力是指能对信托财产（或信托其自身）进行管理的权力。保护人可直接获得管理性权力，或者行使受托人某些管理性权力须经该保护人的同意。

---

〔3〕 Freme v. Clement (1881) 18 Ch D 499, 504 per Lord Jessel MR.

〔4〕 见下文第4.08段。

②处置性权力

4.08 处置性权力允许受托人设立、变更或处置信托财产中受益人的利益。由于人们使用处置性权力来授予利益,所以有时也称其为受益人的权力。但此术语也被用来描述下文所述的无限个人权力,因此,为避免混淆,最好尽量避免使用此术语。[5] 一般处置性权力包括财产指定权,抚养与预付权,增加、罢免或选择受益人的权力或对信托文书的修订权力。通常情况下,保护人不会直接被赋予处置性权力,但全部或部分受托人的处置性权力须经保护人同意。

③财产指定权

4.09 财产指定权是处置性权力的一种常见形式,该权力允许受托人通过指定的方式在信托财产中为该权力的对象创设利益,即决定受托人自由裁量权的行使。对于可能创设的利益程度,它们的范围将取决于权力条款。财产指定权可用来消除根据信托文书其他规定而存在的利益,无论是既得利益还是通常情况下的可得利益。当此问题作为一个解释性问题清楚地呈现在人们面前的时候,该权力通常称为至上财产指定权。[6]

④可用作管理性或处置性目的的权力

4.10 尽管从一般条款来说,我们很容易区分管理性权力和处置性权力,但实践中,行使该项权力的人却分不清二者的界限,甚至对其产生误解。例如,为支持其在信托外的商业利益,委托人或受益人会要求行使管理性权力(如提供贷款或贷款担保权)。在此情况下,受托人(以及在其拥有相关权力的保护人)必须确定,行使该 46
项权力是否需要行使进一步的普通管理性权力以投资信托基金,或是否要求(或同时要求)该处置性权力的行使有利于一个或多个受益人。

---

〔5〕 见 Lewin 29 - 15 和下文第4.4节。

〔6〕 Howell v. Lees Millais [2009]2 P & CRD 60.

(5)同意权

4.11 受托人行使部分或全部权力须经保护人[7]同意。这些规定有实质效力,从根本层面影响权力的实施,而非仅为形式。[8] 未经保护人同意,行使权力无效。[9] 同意或拒绝之权利本身被视为可用作一切用途的权力,并且既可作为以个人身份持有的权利,又可作为以受信人身份持有的权力。[10]

(6)指示受托人的权力

4.12 保护人往往有权向受托人发出指示,而受托人必须遵从该指示,并且由于该指示,受托人的职责或责任将作出相应修改。这种权力通常适用于信托资产的投资。[11] 人们普遍认为,这种权力在衡平法上是有效的。[12] 虽然这些权力本身并不一定会损害受托人的权利和义务的"不可削减的核心",但若指示受托人的权力扩展至处置性及管理性权力,则可能出现对信托真实性的争议。[13]

(7)指定及罢免受托人的权力

4.13 对保护人而言,其被赋予的最普通的权力就是指定和罢免受托人的权力。可以说,这是对某一职位的提名权,而并非一个恰当称谓,因为无论是在普通法上还是在衡平法上它都不直接涉及或处置

---

〔7〕 见下文第6.6节。

〔8〕 Cocker v. Quayle (1830)1 Russ & M 535.

〔9〕 The Hare Trust (2001)4 ITELR 288(Jersey).

〔10〕 见下文第6.6节。

〔11〕 见下文第6.5节。

〔12〕 Hart's Will Trusts [1943]2 AllER 557; Lord Vestey's Executors v. IRC [1949]1 AllER 1108.

〔13〕 见下文第4.8节。

任何财产利益。[14] 尽管存在反对的声音,[15] 但指定或罢免受托人的权利已被视为一项权力,而且通常情况下受信人必然持有这一权力。[16] 在任何情况下,与权力行使相关的义务在内容上并非附加于其他受信人的权力,如果能被视为已经形成了自己的类别则另当别论。[17]

(8)权力免除权

4.14　在保护人辞任的情况下,其权力免除已被考虑在内。[18] 47
正如所述的那样,除非信托文书或法院允许,受托人不得免除其权力,但在适用英国法律的法域,个人权力可自愿免除。[19] 因此,权力免除权应予明确表达。

(9)法定权力

4.15　个别法域授予保护人有限的法定权力。在其他地方,法律详尽无遗地列出了保护人根据信托文书的条款可被给予的各种权力,但这些权力很可能不被视为法定权力。文莱达鲁萨兰国曾在相关法定条款中明确指出,它们只是对信托文书中可能规定的内容的建议而已,[20] 受托人的法定权力不太可能被解释为适用于保护人。[21]

---

〔14〕 见 Farwell 11。

〔15〕 见下文第 6.01 段及以下各段。

〔16〕 Osiris Trustees(1999)2 ITELR 404,414(Isle of Man);Skeats' Settlement (1889)42 Ch D 552.

〔17〕 见下文第 6.1 节。

〔18〕 见上文第 3.6 节。

〔19〕 Somes [1896]1 Ch 250,255.

〔20〕《2000 年国际免税信托法》第 22 条、第 23 条、第 97 条和附件 2(文莱达鲁萨兰国)。

〔21〕 见上文第 2.6 节。

2. 权力范围:一般、有限和混合的处置性权力

(1)引言

4.16 根据处置性权力的对象(依据为从权力行使中受益的人员类别),可以对处置性权力进行分类。这种分类是在财产指定权情况下产生的,但也可以适用于所有的处置性权力(也可能适用于所有权力)。为此目的,权力可以分为三类:

a. 一般权力;

b. 有限权力;

c. 混合权力。

(2)一般、有限和混合权力

①一般处置性权力

4.17 一般处置性权力的行使可基于任何人的利益和出于任何目的,也可违背任何人的利益或挫败任何目的。鉴于其无限性,持有
48 这种权力在若干情况下被视为等同于受其约束的资产的用益所有权。[22] 一般权力的持有人可以完全为自己的利益而行使此项权利。一般权力必然是个人权力。[23]

②有限处置性权力

4.18 有限处置性权力只能为有限数量的、特定类别的人或为某特定目的而行使的权力,因此通常被称为特殊权力。"特殊"这一用法在现代英语中并不常见,甚至在1916年都未被Farwell大法官采用。尽管如此,它仍然在现代教科书和判决中被用于描述此类处置性权

〔22〕 AG v. Charlton(1877)2 Ex D 398 at 412;Tasarruf Me v. duati Sigorta Fonuv Merrill Lynch Bank and Trust Company(Cayman)Limited [2011] UKPC 17(Cayman).

〔23〕 见下文第4.4节。

力。从未有任何人推定有限处置性权力的持有人不能成为权力对象。

4.19　以表面一致的形式给予一人以上的权力很有可能是有限权力,因此该权力能破坏包括禁止永久权[24]规则在内的其他规则。

③混合处置性权力

4.20　混合处置性权力是一般权力,但这项权力受限于排斥或限制性规定,比如,能够指定除受托人或其配偶之外的任何人的权力为混合权力。出于一些目的,特殊混合权力被视为一般权力;而出于其他目的,特殊混合权力则被视为有限权力,因此对其分别命名加以区别。同理,有时称其为中间权力。如果行使一般权力前需要获得保护人(或其他第三方)的同意,那么这项权力是混合权力。[25]

4.21　在有关保护人的实践中,至少基于大多数目的,处置性权力几乎总是有限权力或被视为有限权力的混合权力。

(3)区别一般权力和有限权力的重要性

4.22　有时由于技术上的原因,鉴别一项权力是否属于一般权力是十分重要的,如英国法中的《1837 年遗嘱法》第 27 条和《1925 年不动产管理法》第 32 条第(1)款规定的反永续规则、未经授权委派规则的适用。[26]

4.23　更普遍的重要性考虑是混合或有限权力持有人(非一般权力持有人)对权力对象负有诚实、恰当行使权力的义务。[27] 因此,混 49
合或有限权力的持有人必须遵守反欺诈性行使权力的规则。[28]

4.24　在关于保护人是否以受信人或非受信人身份持有权力的

[24] Churston Settled Estates [1954] Ch 334.

[25] Ibid.; Earl of Coventry's Indentures [1974] Ch 77.

[26] 见下文第 5.7 节。

[27] Duke of Port land v. Topham (1864) 11 HLC 32.

[28] 见下文第 5.6 节。

争论中,[29]值得注意的是,有限或混合权力的持有人诚实和恰当行使权力的义务(因此不会对权力造成欺诈)产生于权力条款自身的规定,而非产生于以受信人身份持有权力的结果。[30]

3. 持有权力的资格

(1)引言

4.25　从实际意义上讲,或许从保护人的角度来看,权力最重要的分类可能是根据权力持有能力划分的,即参照行使特定权力时保护人的义务。值得注意的是,此种分类与上述提到根据权力范围所作的分类不同。

4.26　权力持有能力问题需要对两个相互独立但又相互关联的问题进行分析:

a. 权力的持有人是否有义务行使该权力;如果没有,则是否有义务考虑行使该权力;且

b. 权力持有人行使权力时对权力对象所负的义务。

(2)行使权力时的义务(纯粹性,任意性以及强制性权力)

4.27　在无义务行使的权力和必须行使的权力之间,持有人有义务考虑行使权力的中间类别,但可以决定不行使权力。这三类适用于
50 无论是处置性还是管理性的所有权力,并可以被描述为:纯粹性权力;任意性权力;强制性权力。

①纯粹性权力

4.28　纯粹性权力,是指持有人无义务行使或考虑行使的权力。

---

〔29〕 见下文第4.6节。

〔30〕 见下文第5.6节。

纯粹性权力得此称谓，是因为持有人只是有权行使，但并无义务行使权力或考虑行使该权力。

②任意性权力

4.29　任意性权力，是指持有人无义务行使该权力，但有义务时常考虑行使的权力。这项义务被认为是存在信义义务的标志，因此这种权力也被称为信义纯粹性权力或简单的信义权力，在其他案件中也被称为信托权力。[31]

③强制性权力

4.30　强制性权力，是指持有人有义务行使的权力。持有人只对如何行使权力享有自由裁量权。例如，在遗产继承成员间分配收入时，持有人即有权决定如何分配收入。强制性权力现在也常常被当作自由裁量信托。[32] 在自由裁量信托成为财产授予的一个普通特征之前，强制性权力被认为是信托的本质权力，令人困惑的是，也被认为是信托权。如果权力的持有人不是受托人，则它们有别于自由裁量信托。

4.31　正如下文即将讨论的那样，任意性和强制性权力通常必须以受信人身份持有。纯粹性权力是必不可少的个人权力。保护人不太可能持有强制性权力。

(3)持有人对权力(个人权力和受信人权力)对象的义务

4.32　根据权力人在行使权力时对权力对象所负的义务进行分类，可以将所有权力分为两类：处置性权力和管理性权力。

a. 非以受信人身份持有的权力(个人权力)；和

b. 以受信人身份持有的权力(信义权力)。

4.33　此种区分不是对权力本身所作的分类，而是依据特定的被

---

〔31〕　任意性权力和强制性权力条款在 Lewin 第 29 章中使用。

〔32〕　Mc Phail v. Doulton [1971] AC 424,456－57.

授权人所承担义务加以区别。依据恰当行使权力时所负义务的不同，我们区分使用“个人权力”和“受信人权力”，这种区分不仅很常见，并且任何关于该主题的延伸讨论都是为了使其结论具有可读性。但是我们必须认识到，此种区分是基于持有人的，而非所描述的权力本身。正如下面将要讨论的那样，至少在传统分析中，只有以受信人身份持
51 有权力时才会产生考虑行使纯粹性权力的义务。

4.34　因此，纯粹性权力与强制性权力的区别，是权力持有人所负义务的差别，而且从严格意义上讲，并非权力本身的区别。但是至少对保护人来说，这并不意味着应割裂看待受信义务和持有的特定权力。事实上，情况正好相反。

4. 个人权力

(1)引言

4.35　个人权力是赋予被授权人的权力，无须对权力对象负担信义义务。由于许多个人权力是为了持有人的个人利益而行使的，所以也被称为受益权力。[33]有时，也使用不附义务的权力一词。[34]

4.36　应当注意的是，作为概念混淆不利于区分对象的一个例子，同时也为了避免此种混淆，“不附义务的权力”也指对不动产享有的权力(被授权人对该不动产并无其他利益)，这是一种附随权力；有别于持有人对不动产享有独立利益的、被称作总括权力和附属权力的财产权。[35]

---

〔33〕 此术语由 Lewin 采纳，但如上文第 4.08 段所述，此术语有时也用于描述处置性权力，因此可能导致混淆。

〔34〕 Mc Phail v. Doulton [1971] AC 424.

〔35〕 Farwell 9.

(2)有限个人权力和无限个人权力

4.37 存在两种个人权力：

a.持有人仅为有限种类对象的利益或特定目的而使用的个人权力。这种个人权力可被称为有限个人权力。

b.持有人完全为其自身利益或目的而使用的个人权力。这种个人权力可被称为无限个人权力。

(3)有限个人权力

4.38 尽管部分个人权力旨在完全为权力持有人自身的利益行使(普遍财产分配指定权是最明显的例子),但是显然并非全部如此,甚至大多数个人权力都是由明示信托授予的。本书采用的是保护人 52
的一般定义,假定保护人被授予的个人权力是有限权力。[36]

4.39 有限或混合处置性权力两个术语表明,该权力可能仅用于服务特定的个人利益。相应地,该权力的行使应遵循防止权力滥用的反权力欺诈原则。[37] 反权力欺诈原则加上权力条款所产生的效果可能是,即使基于个人身份享有该权力,有限处置性权力不能由被授权人直接或间接为了自己的利益而行使。

4.40 为有限个人权力对象的利益而行使这一义务,很容易与受信人对受益人所负义务混为一谈。然而,受信人的义务与权力行使可能会有所不同,[38]并且,使用“受信人”这一标签可能会有其他含义。[39]

4.41 在一些涉及保护人的已判决案件中,有限个人权力与受信人权力间的混淆显而易见。例如,在 *Osiris Trustees* 案中发现了一种

[36] 见上文第2.02段。

[37] 见下文第5.6节。

[38] 见下文第5.8节。

[39] 见下文第4.64段及以下。

权力，保护人在持有此权力的时候，"禁止通过类似于权力欺诈的方式行使权力，必须真诚地为了受益人利益"。[40] 因此，这种权力从表面上看是一种有限个人权力。然而，单纯因为这个原因，我们所描述的这种权力（授权保护人指定受托人的权力）被认为是受信人持有的。[41]

4.42 法院倾向于将保护人的权力视为以受信人身份持有（特别是指定和罢免受托人的权力），其中的原因可解释为（至少部分解释为）：法院在解释信托文书条款时，没有认识到其所面临的选择既不是将其解释为有限个人权力，也不是受信人权力。对法院而言，真正的选择最好的理解是，处于这两种选择之间，发现权力是受限于前述限制的有限个人权力。

4.43 这种有限的个人权力在 *Centre Trustees* 案中得到了很好的描述：

> 使用 Lewin 的分类，保护人的权力在本案中，至少是一项为了除保护人自己以外的一个或多个受益人的利益而被授予的有限权力。条例草案第 17 条第（b）款声明赋予保护人的权力并非以受信人身份持有，这不过意味着保护人没有义务随时考虑是否行使该权力。如果
> 53 他的确行使了该权力，则其行使时必须基于一个或多个受益人的利益。[42]

（4）个人管理性权力

4.44 处置性权力条款通常会清楚地表明，该权力通过明确限制权力的对象而作为有限个人权力而存在（并非无限的个人权力）。由于权力本身的性质，管理性权力条款中不太可能含有对同类型权

---

〔40〕 Osiris Trustees (1999) 2 ITELR 404, 414 (Isle of Man).

〔41〕 见下文第 5.6 节和第 6.1 节。

〔42〕 Centre Trustees [2009] JRC 109, [28] (Jersey).

力的明确限制。例如,保护人对受托人投资的指示权力,重点在于根据保护人指示所进行的投资的性质,不太可能规定权力行使的利益对象。

4.45 在行使管理性权力方面通常没有明确的限制,这就导致以下假设:管理性权力除非以受信人身份持有,否则其必须是无限个人权力。其结果是管理性权力容易被认为是受信人权力,否则即被认为管理性权力的行使是完全为了权力持有人的利益,而非受益人的利益。有观点认为这一假设有误,但此观点也是有争议的。个人管理性权力的使用必须是为了受益人利益,并受限于反权力欺诈原则。本书提议,可随时创设此权力。[43]

(5)以持有人作为对象的个人权力

4.46 从表面上看持有人作为指定对象之一时,该权力可能会造成特别的困难。*Re Penrose* 案被视为以下议题的权威判例,即被授权人作为权力对象时,其享有的权力不可能是以受信人身份持有的,因此必须以个人权力持有。[44] 更好的办法可能是在每一个案件中进行解释,确定该项使权力持有人受益的权力是受信人权力还是个人权力,并根据每个案件中的此种分类得出确定的结论。[45]

4.47 如果该权力持有人也是权力的对象,那么委托人的意图显而易见,期望其可用于受托人的利益,虽然不一定要排除其他对象。[46] 因为其产生的情况不见得是委托人预期的,所以当权力的持有人只在信托文书的日期之后成为对象时,解释可能会很困难。

---

〔43〕 见下文第4.44段和下文第5.6节。

〔44〕 Penrose [1933] Ch 793. 同见 Wills' Trust Deeds [1964] Ch 219。

〔45〕 The Z Trust [1997] CILR 248 (Cayman); The Circle Trust (2006) 9 ITELR 685, [21] (Cayman).

〔46〕 Alhamrani v. Russa Management [2010] WTLR 443 (Jersey).

54 **(6)无限个人权力**

4.48　无限个人权力的例子是对一般处置性权力和财产授予撤销权。[47] 如果授予保护人无限个人权力,则须进行最明确的表示,因为法院可能会寻求避免构建具有这种效力的信托文书。缺乏对权力的限制性表述,通常可能导致法院将保护人的权力解释为以受信人身份持有的权力而非无限个人权力。[48]

(7)一般情况下的个人权力

4.49　以个人身份持有的权力可由持有人免除,即使免除会使持有人获益。[49] 是否可以授予个人权力是权力的解释性问题,部分取决于权力的行使是否涉及判决和裁量权的行使。[50]

4.50　所有个人权力都是纯粹性权力,因为持有个人权力的保护人(一般来说)没有义务行使权力,也没有义务随时考虑行使权力。[51] 若不行使权力将以牺牲权力的对象为前提,产生持有人个人利益。但即便如此,上述也是事实。[52]

4.51　法院没有权力要求个人权力的持有人考虑行使或行使权力,且如果持有人的确没有行使或考虑行使,法院也没有权力指定别人以被授权人的身份行使权力。[53]

4.52　个人权力的条款可以表明(明示或默示),持有人必须

---

〔47〕 Tasarruf Mevduati Sigorta Fonu v. Merrill Lynch Bankand Trust Company(Cayman) Limited [2011] UK PC17(Cayman).

〔48〕 在一个人被赋予无限的个人权力时,人们建议其并非保护人,因为这一用语是在本书中使用的;见上文第 2.02 段。

〔49〕 Re Somes [1896]1 Ch 250,255.

〔50〕 见下文第 5.7 节。

〔51〕 Gulbenkian's Settlements [1970] AC 508,518.

〔52〕 Re Somes [1896]1 Ch 250,但如果持有人作为保护人且权力有限,个人利益的问题可能需要进一步考虑。

〔53〕 Park [1932]1 Ch 580,582;Mc Phail v. Doulton [1971] AC 424,441.

在不把权力持有人转换成受信人的情况下考虑行使权力，虽然这已被认为只有在个人权力出现在雇主—雇员关系的情况下才存在。[54]

4.53　如同所有权力一样，个人权力必须按照其条款行使，否则无效；这将构成对权力的过度使用。[55] 因此，甚至个人的一般（因而也是无限的）处置性权力的行使都可能在法庭上受到质疑，理由是未 55
遵守授予其权力的信托文书条款，即权力行使未正式生效。

(8)作为个人权力持有人的保护人

4.54　极少有保护人会持有个人权力。巴哈马对 *Rawson Trust v. Perlman* 案的裁决中认为，给予保护人同时也是受益人的权力是个人权力，旨在使其保护自己的利益。[56]

4.55　在开曼群岛的 *The Z Trust* 案中，修订信托契据的权力被给予了信托管理委员会，管理委员会就是由一整个委员会成员组成的保护人，包括受益人在内。[57] 权力只能与委托人共同行使，并且只能在委托人与其女儿 D 共同生活期间。据称，行使此项权力是为将资本分配给委托人的女儿 D——她是管理委员会的成员之一，也因此是权力的被授权人之一。

4.56　尽管存在认为管理委员会以受信人身份对信托财产享有管理权的事实，但是修订权被认为是个人权力（由委托人和管理委员会掌握），因此可以使受托人的女儿 D 受益，并为使其受益而被有效行使。[58] 在 HHH 信托的问题中，在职工福利信托的雇主持有修订权

---

〔54〕 Imperial Group Pension Trust v. Imperial Tobacco [1999] 1 WLR 589; Prudential Staff Pensions v. Te Prudential Assurance Company [2011] Pens LR 239. 见下文第6.25段。

〔55〕 见下文第5.5节。

〔56〕 Rawson Trust v. Perlman (1990) 1 BOC 31 (Bahamas).

〔57〕 The Z Trust [1997] CILR248 (Cayman).

〔58〕 Alhamrani v. Russa Management [2010] WTLR 443.

的情况下,也取得了类似的结论。[59]

4.57 *Centre Trustees* 案的信托文书规定如下:

> 受托人及保护人须行使授予他们的权力及裁量权,因为他们被认为最有效地代表了从此项财产授予协议中实际获益或可能获益的所有人或任何人的利益……
>
> 且为免生疑问,特此声明,未授权受信人身份的保护人……[60]

4.58 我们讨论权力包括处置性和管理性权力的行使同意权。至于受托人管理性权力的行使同意权,其结论是保护人拥有有限的个人管理性权力。[61]

56 4.59 相关法域的法律亦对持有有限的个人执行权力存有争议,其直接或间接表明(根据信托文书条款)保护人不负有信义义务,[62]或保护人基于信托文书条款(或不适用)而负有信义义务。[63]

5.受信人权力

(1)引言

①受托人持有的受信人权力

4.60 受托人必须在信托中享有所有权力,因此受托人持有的权力是信义权力。[64] 关于受信人权力及其行使的大部分法律都来自与受托人相关的判例法和制定法。因此,人们通常很难区分基于受

〔59〕 The HHH Trust [2012] JRC 127B, [21] – [29] (Jersey).

〔60〕 Centre Trustees [2009] JRC 109, [25] – [26] (Jersey).

〔61〕 Centre Trustees [2009] JRC 109, [28] (Jersey). 上文第 4.43 段引用。

〔62〕 《2007 年信托法》第 15 条第(2)款第(b)项(根西岛)。

〔63〕 见下文第 4.7 节。

〔64〕 受托人有时可能以不同的身份持有个人权力,例如,作为受益人。

信人权力行使产生的义务与构成受托人信义义务的、与特定权力行使无关的义务。

②受托人以外的人持有的受信人权力

4.61 受托人以外的人持有受信人权力的局面尚不明晰，特别是因为(不像受托人的情形)人们对以受信人身份持有权力者会造成什么样的后果还有争论的余地。[65]

(2)任意性权力和强制性权力都是受信人权力

4.62 根据持有人在行使权力方面的义务，权力可以被归类为纯粹性权力、任意性权力和强制性权力。[66] 一般而言，任意性权力被视为是受信人权力：由于持有人是受信人，其就有义务考虑行使权力。[67] 反之，信托文书如果规定持有人有义务考虑行使权力，那么该权力持有人就是受信人。一个强制性的权力是明显的、必要的受信人权力，并且很可能会强加给权力的持有人许多受托人的义务：

> 据说如果权力限于某项义务被授权或被保留，无论明示还是默示、合格还是不合格，这项权力都可被以信托方式持有。[68]

4.63 由于在受信人权力和信托之间有一个类比，法院将进行干预，以确保如果权力的持有人不作为或无人行使权力的情况出现时，权力的对象能如期获得其应当获得的利益。[69] 57

---

〔65〕 见下文第4.6节。

〔66〕 见上文第4.27段。

〔67〕 关于退休金和其他商业性信托的例外，见下文第6.25段。

〔68〕 《2011年信托法》第95条第(2)款(开曼群岛)。

〔69〕 Brown v. Higgs (1799) 8 Ves 561; Rawcliffe v. Steele [1993-95] MLR 426 (Isle of Man).

(3)以受信人身份持有权力的结果

4.64　与个人权力相反,至少在受托人持有时:[70]

a. 除非信托文书另有规定,否则不得设定受信人权力,而许多信托文件都有此规定;[71]

b. 通常情况下,除非成文法或信托文书中另有规定,否则不得授予受信人权力;[72]

c. 原则上来说,不应为持有人的利益使用受信人权力;[73]

d. 权力的裁量权必须予以适当地行使,并且如果没有适当行使,法院在某些情况下可以对其撤销;[74]

e. 若受信人权力为任意性权力,则法院可以迫使持有人考虑行使(而非实际行使)权力;

f. 若受信人权力为强制性权力,则法院可以迫使持有人实际行使权力;

g. 若目前尚无人有此能力,法院可指定一名人员考虑行使任意性权力;[75]

h. 在某些情况下,法院自身可能打算考虑行使任意性权力,然后酌情行使权力;[76]

i. 法院自身可能行使强制性权力;

j. 法院有权撤销持有人的受信人权力并委任他人。[77]

---

〔70〕 在一般保护人或特定保护人所持有的信托权力方面的情况在下文第4.70段及以下各段均予以考虑。

〔71〕 Eyre (1883)49 LT 259.

〔72〕 见下文第5.7节。

〔73〕 Skeats' Settlement (1889)42 Ch D 522,526; Von Kneiriem v. Bermuda Trust Co (1994)1 BOC 116(Bermuda).

〔74〕 见下文第5.8节。

〔75〕 Mc Phail v. Doulton [1971] AC 424; Rawcliffe v. Steele [1993 – 95] MLR 426, 501 – 3(Isle of Man).

〔76〕 Bridge Trustees v. Noel Penny(Turbines)[2008]EWHC 2054(Ch).

〔77〕 见上文第3.5节。

(4)为持有人的利益行使受信人权力

4.65 作为一般规则,受信人权力不得为被授权人的利益而行使。[78] 按理说,当受托人以外的个人所持有的权力在旧判决中被描述为“信义的”时,这通常意味着此规则适用于该特定情况。[79]

4.66 该规则的例外情况通常包括被授权人也明确作为权力的 58
对象或者对信托文书享有利益,这种利益会因权力行使而无效。[80] 然而,这些情况也可能表明,讨论中的权力并非受信人权力。[81]

(5)作为保护人信义权力对象的委托人

4.67 虽然受托人总是为了信托和受益人的整体利益而持有受信人权力,但有人认为,保护人为谁的利益而持有受信人权力并不总是十分明确。在许多指定背后存在的假设往往通常是,保护人会考虑委托人的意图。

4.68 尽管如此,在保护人以受信人身份持有权力的情况下,人们假设(或根据事实)认定保护人是对信托受益人负担信义义务,而非对委托人,或对受益人与委托人共同负担信义义务。[82] 在一些法域,法规强加了有利于受益人的信义义务。[83] 无论如何,保护人在行使权力时,不可能既对委托人又对受益人同时负担合法有效、但又存在潜在冲突的义务。[84]

---

〔78〕 Edwards' Will Trusts [1947]2 AllER 521,524;Tomas 12.01.

〔79〕 见下文第6.1节。

〔80〕 Beatty [1990]1 WLR1 503.

〔81〕 Penrose [1933]Ch 793.

〔82〕 如果只是在 Rawcliffe v. Steele [1993-95]MLR 426(Isle of Man)中被立即拒绝,这个可能性就被考虑了。

〔83〕 《1998年信托法》第10条第(4)款(蒙特塞拉特)。

〔84〕 倡导者使用非慈善目的的信托的观点;见下文第10章。

6. 保护人持有权力的资格确认

(1)保护人的“受信人”权力

4.69 现行法律将非受托人持有的权力区分为个人权力或受信人权力,并据此考察每一分类的实际效果,而这种做法并不令人满意。这给保护人带来了特别的问题,几乎所有关于保护人的已汇编裁决中都涉及对这个问题的考虑。

4.70 显然,保护人持有的权力已被认为是受信人权力,但是根据论证的逻辑,显然该权力应被理解为上述的受信人权力中的有限个人权力。[85] 同样显而易见的是,当保护人的权力被定性为“信义的”时候,此种定性通常被认为与受托人受信人权力的特定方面有关。这并不意味着法院会将保护人等同于为其他目的而持有相同权力的受托人。

59 4.71 已决案件和评论者将保护人或其他非受托人持有的权力描述为“受信人”权力,以此可能得出以下一项或多项(并非必然多于一项)结论:

a. 法院拥有指定或罢免权力持有人的衡平管辖权;[86]

b. 权力持有人不得为自己利益而行使权力;[87]

c. 权力的持有人须善意行使权力,不得为欺诈目的使用权力;[88]

d. 权力为任意性权力;[89]

---

〔85〕 例如,Osiris Trustees(1999)2 ITELR 404(马恩岛);见上文第 4.4 节。

〔86〕 The Freiberg Trust (2004)6 ITELR 1078(Jersey).

〔87〕 Skeats' Settlement (1889)42 Ch D 522,526;Von Kneiriem v. Bermuda Trust Co (1994)1 BOC 116(Bermuda).

〔88〕 Skeats' Settlement (1889)42 Ch D 522;Von Knieriem v. Bermuda Trust Co (1994) 1 BOC 116(Bermuda);Osiris Trustees (1999 - 2000)2 ITELR 404(Isle of Man);Papadimitriou [2004]WTLR 1141(Isle of Man). 只有受这些限制的权力不应被视为信托;见下文第 5.6 节。

〔89〕 见上文第 4.3 节。

e. 持有人应如受托人那样恰当行使裁量权;[90]

f. 若持有人的个人利益与所负义务相冲突,则不得行使权力;[91]

g. 持有人对受益人和/或与行使保护人权力无关的财产授予的受托人负有义务。[92]

4.72 对保护人持有的权力是个人权力还是受信人权力的区分,必然要回答文中所使用的"信义"一词的确切含义。

(2)保护人何时能作为受信人持有权力?

①把保护人的权力解释为受信人权力的趋势

4.73 准确地说,这被认为是"对具体信托协议的解释问题,以确定个案中的保护人的权力是否为受信人权力"。[93] 然而,在大多数已报道的涉及该问题的案件中,保护人的权力被解释为以受信人身份持有的权力。[94] 例外情况主要出现在保护人同时也是受益人的案子中。[95]

4.74 一些判决缺乏合理依据而将保护人持有的权力贴上"信义"的标签,此种裁判应当受到批判。比如,权力持有人唯一明确的义务是根据该授权的目的和反权力欺诈原则诚信行使权力。[96] 这些义务是在行使有限的个人权力时产生的,因此不能得出该权力为受信人权力。[97] 60

[90] 见下文第5.7节。

[91] The Z Trust [1997] CILR248 (Cayman).

[92] International Group Trust (1992) unrep (Jersey).

[93] The Bird Charitable Trust [2008] JLR 1, [82] (Jersey); The Z Trust [1997] CILR 248 (Cayman); The Circle Trust (2006) 9 ITELR 676 (Cayman).

[94] Rawcliffe v. Steele [1993 – 95] MLR 426; Alhamrani v. Russa Management [2010] WTLR 443 (Jersey), The Freiburg Trust [2004] JRC 056 (Jersey); The Circle Trust (2006) 9 ITELR 676 (Cayman); The Bird Charitable Trust [2008] JLR 1 (Jersey).

[95] 见上文第4.54段及以上。

[96] Osiris Trustees (1999 – 2000) 2 ITELR 404 (Isle of Man); Papadimitriou [2004] WTLR 1141 (Isle of Man)。

[97] 见下文第5.6节。

②因职位而享有的受信人权力

4.75 如果保护人被委以职位,则其权力很可能被认为是受信人权力。[98] 当存在指定继任保护人的条款时,更有可能认为该保护人担有职位。

4.76 有论证指出,在对信托文书进行解释时,如果保护人能被合理视为任有职位,则保护人持有的权力是受信人权力,这显然是一个循环论证:[99]赋予个人的权力与依职权[100]授予个人的受信人权力之间的差异认为该职位都是信义的,其中以受托人的职位最为典型。[101]

4.77 相反,裁决某个具体保护人担任保护人的“职位”,并不能证明与保护人的权力相关的任何事项,除非该裁决本身是基于先例作出的,且该先例认定此保护人是受信人权力持有人。在 *Centre Trustees* 案中,保护人被视为任有“职位”几乎没有争议,但是同时也规定保护人不是以受信人身份持有权力。[102]

4.78 将保护人任有“职位”等同于持有信托权力的危害在相关法律条款中进行进一步阐明。在库克群岛,“信托文书的条款可以规定该信托保护人的‘职位’”。[103] 但是,到目前为止,库克群岛的法律却并不支持保护人以受信人身份持有权力这一主张。的确,在库克群岛,法律的默认立场是保护人不负有信义义务,并同时规定了保护人
61 “不应像受信人或其他负有信义义务的人那样来承担责任(但是该观点混淆了义务和违反责任的义务)”。[104]

4.79 在安圭拉也有关于“信托保护人的职位”的相同规定。[105]

---

〔98〕 Rawcliffe v. Steele [1993 - 95] MLR 426.

〔99〕 从(上文)Rawcliffe 487 中可以清楚地看出。

〔100〕 根据职位。

〔101〕 Henderson v. Merrett Syndicates [1995]2 AC 145, 206.

〔102〕 Centre Trustees [2009] JRC 109(Jersey).

〔103〕 《1984 年国际信托法》第 20 条第(1)款(库克群岛)。

〔104〕 见下文第 9.9 节。

〔105〕 《2000 年信托法》第 15 条第(1)款(安圭拉)。

虽然安圭拉法律的默认立场是确认保护人负有信义义务,但是以信托条款的规定为前提。[106] 因此,在安圭拉法律中,保护人的"职位"并不必然意味着保护人像受信人那样持有权力。[107]

4.80 即使在没有任何迹象表明保护人被指定"职位"的情况下,仅仅通过指名来指定保护人,且没有意图指定继任者的迹象,法院也会将保护人视为受信人。[108]

4.81 进而,保护人"职位"这一概念不能作为一项分析工具来判定保护人权力的持有身份。

③权力本身的条款

4.82 作为对解释的辅助功能,权力本身的性质和条款可能表明,委托人希望权力持有人负担考虑行使权力的义务,或(但是很少,对保护人而言)行使权力的义务,也就是说,这是一种任意性或强制性权力。如果存在前述任一种义务,那么这种权力通常是受信人权力,因此,根据权力本身的条款可以判定该权力是由保护人以受信人身份持有的。

④法定效果

4.83 在有相关法律规定的法域,这些规定可能通过以下方式影响保护人持有权力的身份:

a. 判定争议;或

b. 根据信托文书的条款解决争议;或

c. 按理为某一结果或其他结果提供法定指导。

4.84 在少数法域,由法律直接规定保护人负有信义义务,而不考虑信托文书的具体规定。圣基茨和尼维斯[109]的国内信托以及圣马

---

[106] 《2000年信托法》第15条第(5)项(安圭拉)。

[107] 这也是类似措辞的信托法规中的立场,例如,《1992年信托法》(伯利兹)和《1994年尼维斯国际豁免信托条例》;见下文附件2。

[108] Pope v. DRP Nominees Pty [1999] SASC 337(South Australia).

[109] 《1996年信托法》第25条第(8)款(圣基茨和尼维斯)。

力诺信托就是如此。[110]

62 4.85 在许多法域,保护人的法定信义义务是由信托文书明示规定的。安圭拉[111]、伯利兹[112]、多米尼加[113]、蒙特塞拉特[114]的国际尼维斯信托[115]和国际圣文森特和格林纳丁斯信托[116]就是这种情况。而根西岛的情况正好相反,当地法规规定,基于信托条款,成文法中所提及的权力保留(包括通常授予保护人的大部分权力,如指定和罢免受托人的权力)不赋予持有人信义义务。[117]

4.86 更为普遍的是,当存在相关的成文法时,不必详细列举保护人所负义务,但(根据信托文书的规定)会授予保护人责任免除或限制。对一系列责任免除[118]和善意行为的责任免除而言,免除或限制的性质有所不同。后者如英属维尔京群岛[119](除指定和罢免受益人的权力以外的法定权力)以及巴哈马、毛里求斯的所有法定权力。[120]通常会进一步规定,保护人不应当承担像受托人一样的责任。[121] 第8.I节论述了保护人的责任及其法定效果。

4.87 就本章之目的而言,限制或排除保护人责任的法律条款所引发的问题是,这些条款是否意味着保护人持有的权力是个人的还是以受信人身份持有的。对此并无相关判例,但从逻辑上讲(排除或限制受托人责任的条款不改变受托人持有权力的性质,通过此种类比),

---

〔110〕《2010年信托制度》第52条第(6)项(圣马力诺)。

〔111〕《2000年信托法》第15条第(5)项(安圭拉)。

〔112〕《1992年信托法》第16条第(5)项(伯利兹)。

〔113〕《1997年国际豁免信托条例》第9条第(5)款(多米尼加)。

〔114〕《1998年信托法》第10条第(4)款(蒙特塞拉特)。

〔115〕《1994年国际豁免信托条例》第9条第(5)款(尼维斯)。

〔116〕《1996年国际信托法》第16条第(5)款(圣文森特和格林纳丁斯)。

〔117〕《2007年信托法》第15条第(2)款第(b)项(根西岛)。

〔118〕《1984年国际信托法》第20条第(4)款(库克群岛)。

〔119〕《1961年受托人条例》第86条第(3)款(英属维尔京群岛)。见下文第4.88段。

〔120〕《1998年信托法》第81条第(3)款(巴哈马);《2001年信托法》第24条第(4)款(毛里求斯)。

〔121〕在本书中提到的每一个明确涉及保护人的制定法中都有这样的规定。

答案似乎是否定的。因此,一般而言,限制或排除保护人责任的法律规定不大可能影响或决定保护人的权力是否为受信人权力的问题。

4.88 根据英属维尔京群岛的法律,就保护人对受益人的委任或免除权而言,这种一般性陈述可能并不真实。就保护人不被视为受托人且其仅在恶意行为时承担责任而言,这些权力是被从权力清单中明示排除的。[122] 为了理解这种特殊的排除情形,似乎可以说,保护人增 63
加或罢免受益人的权力被英属维尔京群岛的法律视为信义权力,且保护人在行使该权力时被视为受托人。虽然英属维尔京群岛关于保护人的法律规定通常是任意性和描述性的,而非强制性或规定性的,但是,将保护人视为受托人的潜在不利后果能否通过信托文书的条款得以避免,我们并不清楚。[123]

4.89 即使法律规定了或参照法律规定了保护人的信义义务,对上文第4.69~4.72段所讨论义务的内容的争议显然仍然存在。

⑤管理性权力

4.90 可以说通过判例确定了管理性权力,除非是以受信人身份持有的,否则就是无限的个人权力,该权力可以是完全(或不完全)为了持有人的利益而行使,不必考虑财产授予中受益人的利益和反权力欺诈原则的限制。[124] 如果这种观点是正确的话,那么我们必然会得出这样的结论,即保护人持有的任何管理性权力都是以受信人身份持有的,除保护人同时为受益人或信托文书另有明确的规定外。

4.91 然而,以个人身份持有管理性权力(特别是由保护人持有)的做法可能是不正确的。在 *Hart's Will Trust* 案[125]中,终身受益人有权管理信托基金的投资。人们认为,持有人有义务"善意"行使该权力,并(在作为权力对象时)能够为自己的利益行事。

---

〔122〕《1961年受托人条例》第86条第(2)款及第(3)款(英属维尔京群岛)。

〔123〕见上文第1.11段及以上。

〔124〕Skeats' Settlement (1889) 42 ChD 522; Imperial Group Pension Trust v. Imperial Tobacco [1999] 1 WLR 589,除在特殊情况下的职业养老金信托外,假设这是真的。

〔125〕Hart's Will Trust [1943] 2 AllER 557.

4.92 在 *Centre Trustees* 案中,我们通过信托文书的明确规定,得出类似结论:保护人有义务为财产授予的受益人的利益行使权力,但这也宣称了保护人并不以受信人身份持有权力。[126]

4.93 有限的个人管理性权力的产生似乎也源自根西岛法律的规定,即根据信托文书条款,法律明确列举的保护人的权力(包括明确
64 的管理性权力)没有对权力持有人施加信义义务;[127] 同时源自根据信托文书条款(也因此能够不被其适用)对保护人施加信义义务的法律规定。[128]

4.94 因此,只要管理性权力的行使仅是为了实现财产授予的目的和受益人的利益,那么其显然可以被视为有限的个人权力。因此,这种有限的个人管理性权力的行使应当基于善意,并受制于反权力欺诈原则。

4.95 指定和罢免受托人的权力或许应当就本身的类别被视为一种权力,而非某一管理性权力。该权力及其持有方式将在第 6 章中讨论。[129]

7. 法定权力

(1)法定权力的一般性缺失

4.96 如今,大多数相关法域的信托法规,至少在适用于国际信托时,将保护人的权力作此理解,或者视为委托人授予的权力的不明被授予者。[130] 有关法律摘要的清单见附录 2。英格兰无此类法律规定。

---

〔126〕 Centre Trustees [2009] JRC 109(Jersey).

〔127〕《2007 年信托法》第 15 条第(1)款和第(2)款第(b)项(根西岛)。

〔128〕 见下文第 4.7 节。

〔129〕 见下文第 6.1 节。

〔130〕 百慕大和马恩岛仍是明显的例外。至于国际信托见下文第 11 章。

4.97　然而，在有关保护人的法律条款语境之下，谈论“法定权力”通常极具误导性，尽管在大多数情况下这些条款确实明确规定了保护人的权力。这是因为，相关成文法大多无法穷尽列举（以一般条款的形式）对于信托文书可能授予保护人的权力类型。

4.98　《1998 年受托人法》第 81 条（巴哈马）“信托保护人”规定：

①信托文书可以规定，受托人行使其权力和自由裁量权时，应当事先取得委托人或其他作为保护人的同意，因此，如果信托文书作此规定后，则受托人不对其获得同意后的善意行为造成的损失承担责任。

②信托文书可授予委托人或保护人下列任一项或多项权力，包括（但不限于）——

a. 确定适用的信托准据法；

b. 改变管理信托的法院；

c. 罢免受托人；

d. 指定新的或额外的受托人；

e. 取消任一受益人的资格；

f. 除信托的现存受益人外，增加其他信托的受益人（包括委托人 65
及私人或慈善信托或基金会）；

g. 有条件或无条件同意或拒绝受托人的特定行为；且

h. 免除保护人的权力。

4.99　这一规定的相似版本（其中，一些版本更加详细，一些版本被拟定为可能被委托人授予或保留的权力）现在也存在于巴巴多斯、[131]英属维尔京群岛、[132]文莱达鲁萨兰国、[133]开曼群岛、[134]库克群

〔131〕《1995 年国际信托法》第 26 条（巴巴多斯）。
〔132〕《1961 年信托条例》第 89 条（英属维尔京群岛）。
〔133〕《2000 年国际豁免信托法》第 4 条第（2）项（文莱达鲁萨兰国）。
〔134〕《信托法》（2011 年修订）第 14 条（开曼群岛）。

岛、[135]塞浦路斯、[136]迪拜国际金融中心、[137]根西岛、[138]泽西、[139]纳闽岛[140]以及圣马力诺[141]的法律之中。但这并不意味着这种规定是对可授予权力种类的详尽列举。它们并未授予保护人任何特定的法定权力，也并未试图规定授予保护人特定权力的形式必须要以信托文书的形式进行。[142] 特定的一些法域仅规定保护人可被授予同意权。[143]

(2)赋予保护人有限法定权力的法域

4.100 一些相关法域的法律规定(根据信托文书的条款或在任何情况)，保护人应当在最低限度拥有一些权力。这是安圭拉、[144]伯利兹、[145]和多米尼加[146]的立场，尼维斯[147]关于国际信托的立场，毛里求斯、[148]马耳他、[149]蒙特塞拉特[150]的立场，圣基茨和尼维斯关于国
66 内信托[151]以及圣文森特和格林纳丁斯的立场。[152] 如上例所示，与上述法域中保护人可被授予的权力清单相比，不作为权力清单往往较短。除包含受托人的指定和罢免权外，有时还包含别的权力，权力清

---

[135] 《1984年国际信托法》第20条(库克群岛)。

[136] 《1992年国际信托法》第4A条(塞浦路斯)。

[137] 《2005年信托法》第68条(迪拜国际金融中心)。

[138] 《2007年信托法》第15条第(1)款第(g)项(根西岛)。

[139] 《1984年信托法》第9A条(泽西)。

[140] 《1996年离岸信托法》第35条第(3)款(纳闽岛)。

[141] 《2010年信托制度》第52条第(5)项(圣马力诺)。

[142] 见上文第4.88段关于英属维尔京群岛的法律，某些权力的可能例外。

[143] 《1994年国际信托法》第36条第(2)项(塞舌尔)；《1990年信托条例》第23条第(3)款(特克斯和凯科斯群岛)。

[144] 《2000年信托法》第15条(安圭拉)。

[145] 《1992年国际信托法》第16条(伯利兹)。

[146] 《1997年国际豁免信托条例》第9条第(2)款(多米尼加)。

[147] 《1994年国际豁免信托条例》第9条第(2)款(尼维斯)。

[148] 《2001年信托法》第25条第(3)款(毛里求斯)。

[149] 《1988年信托和受托人法》第24A条(马耳他)。

[150] 《1998年信托法》第10条第(2)款(蒙特塞拉特)。

[151] 《1996年信托法》第25条(圣基茨和尼维斯)。

[152] 《1996年国际信托法》第16条(圣文森特和格林纳丁斯)。

单的内容在不同的法律之间不尽相同。[153]

4.101　保护人根据法律的规定享有的默认权力,可被适当地描述为法定权力。例如,保护人被授予“罢免受托人并指定新的或增加的受托人”的法定权力。[154] 就保护人在行使法定权力或普遍权力时,或一般情况下是否负有信义义务,针对这些问题成文法律都有不同的规定。[155] 个别法定权力的条款见第6章。

(3)受托人的法定权力和保护人的权力

4.102　无论受托人是否被给予明示权力,包括预付权和抚养权,受托人通常都会依据法域的信托法享有法定权力。如拟将原本为法定之权力仅仅授予保护人,或拟须经保护人同意方可行使此权力。则我们须注意确保信托文书中已明确涉及所有有关的法定受托人权力。否则很难解释保护人的权力是否旨在排除或改变受托人的法定权力。

8.保护人应该拥有什么权力?

(1)保护人的权力来自他人

4.103　给予保护人的权力可以赋予其他财产授予利害关系人,可以是受托人、受益人或(以保留权力的方式)委托人。因此,赠与保护人权力常常会使他人丧失上述权力。

4.104　这可通过拟将赋予其他人的权力直接赋予保护人,例如,授予其指定和罢免受托人的权力。也可以通过间接的方式,对赋予他人的权力设置限制或附加条件,如对赋予受托人的权力设置保护人的事先同意权。

[153]　特定的法定权力见下文第6章。

[154]　见下文第6.39段及以下各段。

[155]　见上文第4.83段及以下。

4.105 在任何情况下,委托人及其顾问必须认真权衡保护人的
67 权力与因授予保护人权力而受到影响的其他当事人的权力,并确保这种权衡符合委托人的意图。

4.106 有一类观点认为(依据与保护人有关的法律条款),最适合赋予保护人的权力是指定和罢免受托人的权力。有人建议,这种权力能够对信托进行充分的控制,而不会给受托人的权力和义务以及受益人的权利带来实际或理论上的困难。[156] 此方法似为合理。

(2)"不可削减的核心":虚假与裸体[157]

4.107 *Armitage v. Nurse* 案认为,要建立有效的信托,就必须不可削减地赋予受托人权力和义务。[158] 由于这个案件的重点是责任豁免条款的允许范围,对核心的分析更多地参照义务而非权力:

> 受托人诚信且善意地为受益人的利益履行信托的义务,是实现信托的最低必要条件,但在我看来也是充分条件。[159]

4.108 如果保护人被赋予彻底的处置性权力和广泛的管理性权力,那么可能威胁到信托的有效性,并相应地严格限制受托人的权力。实质上没有权力(也因此很可能没有任何义务)的受托人不过是被提名人。

4.109 出于对这类"裸体"的担忧,即因为对委托人或保护人权力保留的程度导致可能无法成立有效信托,相关法域创设了预防性立

---

〔156〕 见下文第6.1节。

〔157〕 A Duckworth, *Hazards for the Retentive Settlor and His Trustee—Sham, Mistake and Nudity*, (1999)7 JITCP 183.

〔158〕 Armitage v. Nurse [1998] Ch 241.

〔159〕 Armitage v. Nurse [1998] Ch 241, 253 – 54 per Millett LJ.

法。[160] 这种法律规定，即使是非常宽泛的权力保留或赠与也不会使信托失效。如果这一问题由不同法域的法院判决（如可能涉及委托人的婚姻诉讼），那么这类规定是否足以使一项原本不符合正常的英国有效性标准的信托有效尚有争议。[161]

4.110　权力过大的保护人对于信托有效性的影响尚未有已决案件的报道，但这一问题迟早要交由法庭裁决。 68

9. 起草要点

4.111　大部分关于保护人持有权力方式的已汇编的判决是信托文书未能明确说明权力是授予个人身份的保护人还是受信人身份的保护人，以及其他关于源于其中任一分类的权力行使所产生的特定问题。

4.112　若要指定保护人，起草人需要考虑这些问题，并对委托人希望保护人能够做什么作出适当的指示，并应在处理他们的信托文书中提供明确的规定。

4.113　信托契据的条款应明确涵盖以下内容：

a. 保护人是受信人身份还是个人身份持有权力。

b. 就受信人权力而言：

（i）向谁履行信义义务（以排除向委托人履行义务的争论）；

（ii）权力是任意性的还是强制性的（所谓保护人恰当地持有权力，通常意指前者）；和

（iii）所负信义义务的内容。

---

〔160〕 例如，《2011 年信托法》第 14 条（开曼群岛）和《1984 年信托法》第 9A 条（泽西）。塞浦路斯和根西岛的法定条款也是类似的；见下文附件 2。

〔161〕 见下文第 11 章。

c. 就个人权力而言：

(i)权力是无限制的个人权力还是有限制的个人权力(所谓保护人恰当地持有权力，总是意指后者)；

(ii)所受的限制；

(iii)在什么情况下(如果存在)，保护人可为自己的利益行使权力。

d. 保护人的权力与任何和保护人或受托人相关的法定权力或规定之间的相互作用。

第 5 章　保护人权力的有效行使 69

1. 引言

(1)本章

5.01　本章考察如何有效行使保护人的权力。本章着重讨论行使明示权力,最后考虑法 70
定权力的行使。在此过程中,我们将考虑法院如何以及何时可以介入以管理保护人身份行使权力。

(2)适用于所有权力的规则

5.02　无论是保护人以个人身份还是以受信人身份声称行使的权力,在下列情况下行使皆无效:

a. 保护人缺乏行使权力的个人能力;

b. 不符合行使权力的形式要求;

c. 保护人无行使权力的意图;

d. 所谓的行使构成过度行使,即未按权力的实质性条款行使;或

e. 所谓的行使权力涉及未经授权的委托。

(3)反权力欺诈原则

5.03 保护人对特定权力的行使如果不符合正当目的,则为无效。保护人故意为不正当目的行使权力构成权力欺诈。[1] 关于本原则适用于保护人之范围,法律尚未确定,但可能存在以下情况:

a. 反权力欺诈的规定不适用于无限的个人权力;[2]

b. 该规则适用于有限的个人处置性权力;[3]

c. 该规则是否适用于有限的个人管理性权力尚有争议;[4]

d. 该规则的实质内容适用于以受信人身份持有的权力(尽管按理说更好的观点是此规则不被或者不应当被看作如此)。[5]

(4)信义裁量权的恰当行使

5.04 有说法认为,如果行使权力有效(作为受托人必须如此),则以受信人身份持有权力的保护人也必须恰当行使适用于行使权力的裁量权。这是一个与反权力欺诈相分离的原则。

71

2. 个人行为能力

(1)引言

5.05 保护人必须有能力行使被给予的权力。在以下情况下,保护人的意识能力可能出现争议:

a. 指定瑕疵;

b. 死亡;

---

〔1〕 见下文第5.48段。

〔2〕 虽然持有此种权力者并非本书所定义的保护人;见上文第2.02段和第4.4节。

〔3〕 见上文第4.38段及以上各段。

〔4〕 见上文第4.44段及以上各段。

〔5〕 见下文第5.61段及以下各段。

c. 意识能力受损；

d. 破产；及

e. 未成年。

5.06　关于丧失个人行为能力的保护人行使共同保护人的权力的效果，以及在单一保护人丧失工作能力后的权力继承问题，见第 3 章。[6]

(2) 指定缺陷

5.07　保护人必须被有效指定才能有效行使权力。当对保护人的指定存在瑕疵时，声称行使的权力不发生效力。指定保护人的有效性问题，可能取决于对指定文件和信托文件的技术解释。[7][8] 同理，指定人是否有权在已经存在委任时指定保护人，这同样会引发解释问题。[9] 保护人的指定在第 3 章讨论。

(3) 死亡

①一般情况

5.08　权力一般只能在保护人在世时行使。但如果信托文书对此有规定，则权力可由保护人的遗嘱执行人或继承保护人遗产的人行使。[10] 保护人的遗嘱执行人行使权力的概念包括这样一个假设，即根据适用于已故保护人的继承法应存在一人，其地位等同于英国法律所理解的遗嘱执行人。民法法系的情况可能并非如此，受益人被视为直接享有死者遗产。

5.09　很可能只有在特殊情况下才发现允许保护人的遗嘱执行 72
人行使其权力的规定。在一种情况下委托人可以考虑纳入这种规定，

---

〔6〕 见上文第 3.3 节。

〔7〕 The Bird Charitable Trust [2008] JLR 1 (Jersey).

〔8〕 Ibid.

〔9〕 The Circle Trust (2006) 9 ITELR 676, [5] – [9] (Cayman).

〔10〕 比较《1925 年信义人法》第 36 条第(1)款。

即其被指定为原始或唯一的保护人。[11]

②按遗嘱行使权力

5.10 授予权力的条件是权力持有人可根据遗嘱通过明示或默示的方式行使权力:[12]在19世纪的英格兰,通常规定权力可“通过契据或遗嘱”行使,且对这一准则的背离表明了不同的意图,这是当时常见的起草实践。因此认为:

a. 规定可通过“书面文书”行使权力可被解释为允许权力按遗嘱行使;[13]

b. 信托文书中要求权力按“契据”行使将阻止权力按遗嘱行使。[14]

起草实践近来发生了变化,因此,一旦出现保护人现在或曾经能否通过遗嘱行使权力的问题,这些权威可能并不会有很大帮助。[15]另外,值得注意的是,在一些相关法域(如根西岛和泽西),契据并非国内法的一部分,因此提交审断“书面文书”并不必然以适用契据的法域的方式解释。[16]

5.11 通过遗嘱行使权力也可能会引发问题,包括受托人如何意识到权力已行使和有效性这一问题(假如存在委托给保护人的权力尚在相关时间内)。

③法律规定

5.12 根据法律对受托人死亡的规定,其权力在某些情况下可由遗嘱执行人承担。[17] 在本书考虑的法域内并没有对保护人同等对应的法律规定。根据法律规定,受托人的遗产执行人可行使其权力,但

〔11〕 见上文第3.09段及以下各段落。

〔12〕 见 Farwell 197 - 200。

〔13〕 Cooper v. Martin (1867)3Ch App 47,57 - 58.

〔14〕 Phillips (1889)41 Ch D 417,419.

〔15〕 Hambro's Marriage Settlements [1949]Ch 484,488 - 89.

〔16〕 Oakley v. Osiris Trustees [2008]UKPC 2(Isle of Man).

〔17〕 例如,《1925年受托人法》第18条第(1)款。

这些规定不太可能适用于保护人的权力,即使该权力以受信人的身份持有。[18]

(4)意思能力缺陷 73

①在衡平法中

5.13 这类判例法表明,无意思能力的持有人行使个人权力是可撤销的。[19] 如果保护人负有义务,而持有人在这种情况下不能恰当行使其裁量权,则保护人行使受信人权力可能遭到非议。[20] 如该义务不适用于一般保护人或由保护人对某特定受信人权力的行使,则有限意识能力保护人行使该项权力的有效程度视为不明,但前提必须是法院可能认为其是可撤销的,哪怕不是无效的。

5.14 保护人意思能力的问题,可能是在其不受《2005年心智能力法》或同等规定(法院在缺乏意识能力的基础上管理其事务)的命令所限时,通过质疑其权力的行使而产生。若保护人因缺乏意识能力受限于法院的优先法令,则其未在上述法令引致的法院机构参与的情况下行使权力可能无效。

②待适用意思能力标准

5.15 保护人意思能力的待适用标准取决于相关法律的管辖。不应假定相关管辖权与信托准据法的管辖权相同。有效行使权力所需能力也可能取决于判决在实际情况下的性质和重要性。[21] 信托文书可能(且应该)具有处理保护人丧失意思能力后果的明确条款。

③法律规定

5.16 英国保护法院有权代表保护人行使个人权力和受信人权力;[22]尽管如此,至少对于信义处置性权力,或在受保护人对信托财

---

〔18〕 见上文第2.6节。

〔19〕 Craigo v. McIntyre [1976]1 NSWLR 729(New South Wales).

〔20〕 见下文第5.8节。

〔21〕 Beaney [1978]1 WLR 770;Day v. Harris [2013]EWCA Civ 191.

〔22〕 《2005年心智能力法》第16条和第18条第(1)款第(j)项。

产无受益的情况下,英国保护法院这样做的可能性并不大。法院通常指望更换保护人,以便在不具备法院协助的情况下行使有关权力。然而,对受到保护的人行使管辖权的法院可能准备行使权力指定受托人,至少在此权力是以受信人身份持有的情况下。[23] 其他法域的地
74 方法院在制定法上的管辖权,超出了本书的范围。

5.17 毛里求斯要求保护人至少在被指定时精神正常。[24] 但即使在该法域内也并无任何法定条款直接处理保护人暂时或永久丧失意思能力的后果。文莱达鲁萨兰国提供了一个处理保护人丧失能力问题的法定示范条款。[25]

④无能力保护人代理人的行为

5.18 英格兰和许多其他法域都存在规定,允许持有特定形式的代理人在庭外管理缺乏意思能力人的事务。由于禁止擅自委托受信人权力的规定 ,上述代理人代表失去能力的保护人采取管理性行为之外一切行为的可能性微乎其微。[26] 管理性行为可能包括执行一项文书,且保护人在有能力时就此文书作出的决定已生效。[27]

(5)破产

①个人破产

5.19 在英国破产法中,保护人一般不会在破产中为其债权人的利益而授权受托人。[28] 但这一规定也有例外,即与保护人享有的与财产有关的权力或可基于保护人利益行使的权力确实构成其破产财

---

〔23〕 Shortridge [1895]1 Ch 278.

〔24〕《2001 年信托法》第 24 条第(2)款(毛里求斯)。

〔25〕《2000 年国际豁免信托法令》附件 2 第 2 条(文莱达鲁萨兰国)。

〔26〕 见下文第 5.7 节。

〔27〕 Airey [1897]1 Ch 164.

〔28〕《1986 年破产法案》第 283 条第(4)项。许多法域的破产法中也有类似的规定,这些规定是以英国法为模型的。

产的一部分。[29] 这可能意味着无限个人权力或以保护人作为对象的个人权力将属于保护人的破产财产,[30] 除非破产受托人同意其行使,否则不属于破产财产之可被保护人用于损害其债权人的个人权力将受法院控制。[31] 信托文书允许的情况下,其他权力仍属于破产保护人并可被其行使。

5.20　在相关的法域内,似乎并无法律明文规定保护人的破产后果。允许在受托人破产时,庭内外指定受托人的法律规定不太可能适 75
用于破产保护人。[32] 因此,信托文书可能(并应该有)涉及保护人的破产后果。

②公司破产、解散和罢工

5.21　任何公司的保护人都可能受限于破产、结业和解散。正在结业清算的公司行使权力的规则或处于其他破产程序(如管理)的规则,同样适用于个人破产。所以(根据信托文书条款)破产公司的保护人能够继续行使其权力。

5.22　法人只能由其授权代理人行事。在破产情形下,这导致了法人保护人可代表之人的问题。破产公司权力行使相关法律的发展基本处于养老金信托的背景之下,同时我们可能需要在此领域外进一步分析。[33]

5.23　破产法人保护人或许可代表清算人。[34] 如果法人保护人进入管理层,管理人或许也可以行使保护人的权力。[35] 正如若有关

---

〔29〕 Ibid. See *Tassaruf Mevduati Sigorta Fonuv Merrill Lynch Bank and Trust Company (Cayman) Limited* [2011] UKPC 17 (Cayman).

〔30〕 Taylor's Settlement Trusts [1929] 1 Ch 435.

〔31〕 Cooper (1884) 27 Ch D 565, 569.

〔32〕《1993年慈善法》第36条第(1)项和第41条第(1)项。见上文第2.6节。

〔33〕 关于破产雇主面临养恤金信托所面临的问题的进一步讨论,见 D. Pollard, *Corporate Insolvency — Employment and Pension Rights* (4th edn, Tottel, 2009)。

〔34〕 Crest Realty Pty Ltd [1977] 1 NSWLR 664 (New South Wales); William Makin & Sons Ltd [1992] PLR 177.

〔35〕 Denny v. Yeldon [1995] 3 AllER 624.

权力属于个人权力，则接管人可在公司承诺的公司债券条款的规定下被指定，[36]但对于以信义人身份持有的权力而言则不然。[37]

5.24 某些情况下，法人保护人在信托中有其他利益（例如，作为受益人）可能会引起破产的利益冲突。[38] 在此情况下，破产公司职员如果对权力对象的义务与法人保护人债权人的义务相冲突，则可能无法行使权力。[39]

5.25 解散对公司而言相当于死亡，解散法人保护人可能与自然人保护人死亡具有相同效果。如果公司主管从公司注册地的公司正
76 式名单中剔除，则情况相同。然而，公司法或破产法通常规定，解散和罢工（在两个流程不同时）可以撤销，所以法人保护人可能会被恢复。此书涉及的法域内，法律并未规定在这种涉及法人保护人情形下产生的影响如何处理。

5.26 如果设想法人保护人将被指定，信托文书应清晰阐明保护人失去行为能力的后果，也应考虑通过各种途径，公司可能会摆脱破产并从解散或除名中恢复。

(6)未成年

5.27 虽然指定儿童为保护人的想法乍一看很奇怪，但首先应该记住，任何未达完全法定年龄的人都被称为儿童、婴儿或未成年人（术语可互换）。其次，大多数相关法域将法定成年年龄降为 18 岁是最新的发展趋势。例如，泽西在 1999 年将法定成年年龄从 20 岁降为 18 岁。1969 年英格兰的法定成年年龄降为 18 岁，在这之前，法定成年年龄一直是 21 岁。关于未成年人行使权力的判例数量不胜枚举，尽管

---

〔36〕 Edgar and another and Companies Act (1971 - 73) CLC 40 - 064 (Australia).

〔37〕 Mettoy Pension Trustees v. Evans [1990] 1 WLR 1587; William Makin & Sons Ltd [1992] PLR 177. 另外，见 Simpson Curtis Pension Trustees v. Readson [1994] OPLR 231。

〔38〕 见上文第 3.16 段及以下和第 4.65 ~ 4.66 段。

〔39〕 Mettoy Pension Trustees v. Evans [1990] 1 WLR 1587; William Makin & Sons Ltd [1992] PLR 177.

判例里的规则在今天看来似乎难以自圆其说或与原则挂钩。[40]

5.28 基于此规定可得知：

a. 未成年人有效行使保护人的任何权力将取决于该权力的持有为何种解释，即委托人是否希望未成年人能够行使此权力；

b. 未成年保护人不可能行使受信人权力；

c. 未成年人有可能行使保护人的个人权力，尽管可能被法院认为过于轻率而撤销。

因此，未成年保护人行使个人权力应被视为可撤销，而未成年人在上述a和b情况下行使权力的目的可能无效。[41]

3. 形式要求

(1) 遵守形式

5.29 只要与一般法律一致(即使没有要求)，任何关于行使保护 77
人权力或与行使保护人权力有关的形式要求必须被严格遵守。[42] 因此，若要有效行使权力，则必须遵守依据契据、书面文书或须经另一同意方能行使权力这一要求。[43] 正如在 *The Bird Charitable Trust* 案中所讲，当拒绝将保护人的"非正式"辞任视为有效：

> ……要求一定程度上明确和正式的信托文件，极大符合公共利益。受托人及其他人有权在收到文件后知道其立场。[44]

---

〔40〕 Tomas 7.03 – 7.11.

〔41〕 Pitt v. Holt [2012] Ch 132 提出了一个观点。

〔42〕 Rutland v. Doe. d. Wythe (1843) 10 Cl & Fin 419.

〔43〕 Pitt v. Holt [2012] Ch 132, [96].

〔44〕 The Bird Charitable Trust [2008] JLR 1 (Jersey).

(2)对不遵守形式的衡平法救济的特殊情形

5.30　对免除处置性权力的执行瑕疵的后果,衡平法管辖权极为有限。其只是为实现权力持有人负有道德义务的目标。该司法管辖权的运作,是通过强迫有权不恰当执行的人而使权力持有人的目的生效。[45]

(3)对附加形式的法定减轻

5.31　在英国也应根据《1925年财产法》第159条进行裁定。该条规定,即使信托文书要求"在有附加的或其他形式的手续、证明或行为生效的必要形式"的情况下执行或证明,依契据行使的指定权有效。

4.行使权力的意图

5.32　或许,证明保护人已行使其所持有权力必不可少。除形式问题外,这是一个意图问题。在大多数情况下,权力将通过合适的书面文书来证明其已被行使,该文书不仅确定了权力,还明确或默示了保护人行使该权力的意图。然而,一旦没有制定出恰当的正式文件以及文件是否证明了要求的意图存在争议,就会产生一系列的问题。

5.33　该文件表明,如欲证明权力的行使,必须肯定地表明必要的意图。[46] 这是一个实质问题而非形式问题,所以,只要意图清楚,
78 则无须对权力加以明示。[47] 因此,在某些情况下,之后规定了以前瑕疵文书中权力行使的审断可以证明要求的意图,从而使以前有瑕疵的

〔45〕 Walker [1908]1 Ch 560;The C Trust [2012]JRC 086 B(Jersey). 见 Breadner v. Granville-Grossman [2001]Ch 523,548;Tomas 8.36 及以下。

〔46〕 Lawrence's Will Trusts [1971]3 AllER 433,442.

〔47〕 Tornton v. Tornton (1875)LR 20 Eq 599.

权力行使变得有效。[48]

5.34　若瑕疵的实质在于缺乏必要的意图而非无法记录，则法庭不能"改正"主张权力已被行使的文件。[49]

5.35　*The Bired Charitable Trust* 案也涉及意图问题。[50] 最初的保护人 Kaplan 先生曾尝试争辩道，他在签署的文件对于两个信托含有实质相同条款（两个都名为指定继任人）时，打算以这两个信托保护人的身份辞任。Kaplan 先生提出证据证明，其实际意图在其为辞任以及为指定继任保护人签署这些文件时便已如此。Kaplan 先生的主观意图证据被认为并不能帮助法院解释其签署的文件。[51] 要解释两份指定继任保护人的文件，须根据两个财产授予分别与辞任和指定保护人有关的规定进行解释。在这方面，两项财产授予规定不同。此种行使的结果是：

a. 就所谓的慈善信托而言，指定受益文件在必要的默示下同时显示了保护人辞任的意图。因此，Kaplan 先生以保护人的身份辞任同样有效；[52] 但是

b. 就所谓的慈善信托而言，指定文件并没有显示任何此类的意图，因此保护人辞任权力的行使是无效的。[53]

5.36　无论保护人是否表明有意辞任，并已因此行使辞任权力，同样的争议也出现在 *Rawson Trust Co v. Perlman* 案中。[54] 本案中，一名共同保护人向受托人发电报，以表明其以保护人的身份辞任的表面意图。因为电报传递的信息中谈到了以保护人身份辞任，[55] 而信

---

〔48〕 Lees v. Lees (1871) IR 5 Eq 549; Shinorvic Trust [2012] JRC 081 (Jersey).

〔49〕 Breadner v. Granville-Grossman [2001] Ch 523; BB, D Retirement Benefit Trust [2011] JRC 148 (Jersey).

〔50〕 The Bird Charitable Trust [2008] JLR 1 (Jersey).

〔51〕 Ibid., [12(vii)], [27].

〔52〕 The Bird Charitable Trust [2008] JLR 1 (Jersey).

〔53〕 Ibid., [12].

〔54〕 Rawson Trust Co v. Perlman (1990) 1 BOC 31 (Bahamas).

〔55〕 Ibid., 45 - 46.

托文书则提到了“保护人放弃权力”的权力，因此这条信息使用了“非
79 技术性语言”。[56] 人们认为这条信息有效，且正确地驳斥了在辞退保护人和放弃保护人权力之间有意义重大区别这一论点。[57]

5.37　若保护人在财产授予方面有其他身份或利益，关于意图的争论就会出现，例如，在 *The SM Shah Settlement* 案中委托人指定自己为保护人。[58] 在此案中，因为未经保护人同意，人们未能主张受托人增加受益人的部分契据无效（受托人只有在得到保护人同意的情况下方可行使的权力）。

5. 权力的过度行使

(1)引言

5.38　保护人持有的任何权力都必须遵守有关权力过度行使的规定。因为权力必须按实质性条款行使。权力的实质性条款是权力本身（明示和默示）条款和有关管辖权可适用的一般性法律的实质性要求的组合。因此，权力的过度行使是客观解释问题，基于此，我们应该在这方面与欺诈性执行（下文第5.6节讨论）区别开来，这是行使权力时保护人主观意图问题。

5.39　过度行使的例子包括：

a. 不正当授权；[59]

b. 附加未经授权的条件以收取行使权力所赋利益；

c. 创造超过权力条款允许的利益；

d. 权力执行时的指定受益，包括非对象或界外目的；和

---

〔56〕 Rawson Trust v. Perlman (1990) 1 BOC 31 (Bahamas).

〔57〕 Ibid.

〔58〕 The SM Shah Settlement (1998) 1998/133 (Jersey).

〔59〕 见下文第5.7节。

e. 违反成文法或衡平法上的反永续和过分积累的规定的指定。

5.40　从这些例子中可以看出，同样的事实在某些情况下可被定性为权力的过度行使或欺诈行使权力，或者（权力由信义人持有时）未行使恰当裁量权。[60]

（2）过度行使的后果 80

5.41　过度行使的后果可能与欺诈行使权力或未恰当行使受信人裁量权的效果不同：

a. 若只有部分权力被过度行使，且无效部分可被分离，则其余部分有效，过度行使部分无效。

b. 相反，如下所述，当存在欺诈行使权力，声称的权力行使完全无效。

c. 未行使恰当裁量权可能导致此行为可撤销而非无效，因此，法院有权自由裁量不撤销，且直至撤销前权力行使都有效（例如，财政效应）。[61]

（3）过度行使的特殊形式

①附加未授权情况

5.42　只有权力条款允许，才能通过行使权力（无论条件如何有利于权力的对象）来施加条件。[62] 如果该条件及该指定可被分离而该条件并不等于先决条件，则未授权情况将无效而指定本身有效。否则，该指定将无效。

5.43　现代处置性权力，特别是在国际信托文书中常见的处置性权力，很可能被设计成使权力持有人可施加几乎任何条件。尽管如

〔60〕 见下文第 5.6 节、第 5.8 节。

〔61〕 Hastings-Bass [1975] Ch 25; Pitt v. Holt [2012] Ch 132.

〔62〕 Burleigh v. Pearson (1749) 1 Ves Sen 281, 282.

此,只有权力如此允许方可设定有效条件。[63]

②创造超额利益

5.44　当创造出超额利益,利益只有在其可以被有效创造以及超额利息将无效的情况下才能被有效创造,前提是超额利益可被从恰当利益中分离。例如,累积超过行使财产指定权所产生的有关最高合法积累期资本利息的权力,在该期间可能有效,但在此期间之后无效。[64]

③为非对象利益行使权力

5.45　若为非权力对象创造利益,则构成权力过度行使,结果为无效。若指定混合了恰当对象与非对象,则只要有效和无效利益可被分离,该指定对恰当对象有效。[65]

81 ④分离

5.46　在这些情况下,是否可能分离(因此无论权力行使完全无效还是仅部分无效),都是各案例中的解释性问题。[66]

6. 反权力欺诈

(1)反权力欺诈原则

5.47　有限处置性权力的持有人必须:

……公正诚实且无其他目标地执行此权力。其不可执行任何间接对象,或直接、间接为自己获得、谋得利益。

他必须善意、诚恳且对权力的真正目的和对象有完整单一的看

〔63〕 Price v. Williams-Wynn [2006] WTLR 1633.

〔64〕 Griffiths v. Vere (1803) 9 Ves 127.

〔65〕 Rucker v. Scholefield (1862) 1 Hem & M 36.

〔66〕 Webb v. Sandler (1873) 8 Ch App 419. 8. C.

法,不能怀有实现、实施任何不重要的或邪恶的目的(邪恶意味着超出权力的目的和意图)……[67]

5.48 作为这些义务的必然结果,行使保护人或其他持有人[68]持有的有限处置性权力将构成欺诈(这因此将构成权力欺诈),如果权力的持有人蓄意使委托人的目的落空。[69] 在此情况下,使用"欺诈"一词可能是权力法中有时无用的术语的另一个例子:此处所用欺诈已与等同于欺诈侵权的或其他民法不诚实行为的侵权行为区分开,并且被认为并未默示需要正直性。[70] 值得注意的是,适用此原则并不需持有人与其对象间存在任何信义关系。为了反对权力欺诈规则,善意也应与雇主和雇员间的"善意"区别开来,这可能会影响前者行使与养老金和雇员利益信托有关的权力。[71]

5.49 权力欺诈与权力过度行使是有区别的,前者是意图问题,后者是解释问题。欺诈行使权力完全无效,且不会产生可分离争议。[72] 在许多情况下,若保护人有相应的不正当意图,客观上权力的过度行使也是对权力的欺诈。

(2)权力欺诈类别 82

5.50 构成权力欺诈的行为往往分为三类:为担保目的而行使的权力、腐败行使的权力以及为界外目的而行使的权力。

①担保目的

5.51 为担保目的而行使的权力,例如,为委托人未打算的目的

---

[67] Duke of Portland v. Topham (1864) 11 HLC 32, 54 per Lord Hatherley.

[68] Courage Group's Pension Schemes [1987] 1 WLR 495.

[69] Dick [1953] Ch 343, 360.

[70] Vatcher v. Paull [1915] AC 372, 378 (Jersey);但见下文第5.55段及以下。

[71] Prudential Staff Pensions v. Te Prudential Assurance Company [2011] Pens LR 239.

[72] Cloutte v. Storey [1911] 1 Ch 18; Vatcher v. Paull [1915] AC 372 (Jersey); Pitt v. Holt [2012] Ch 132, [96] – [99],其中这个规则的正确性被怀疑。

而赋权恰当权力的对象。若权力持有人与预定对象达成协议以使非对象获利,也可为担保目的行使权力。因此,如果在受益人 B 将使非受益人 C 获益的前提下,保护人 A 许可或同意受益人 B 预付资金,这将构成对 A 权力的欺诈,A 的权力行使无效。[73]

②腐败目的

5.52 若保护人利用权力直接或间接地使自己受益,而该保护人并非权力的对象,则该权力构成腐败行使。

③界外目的

5.53 蓄意欲使非权力对象的人受益,或以权力所不允许的方式、金额或目的授权,这种行为将构成界外目的。

5.54 虽然这些区别是来自已判案例,但上述担保和腐败目的可能只是为界外目的行使权力的特例。*Nicholson's Settlement* 案中认为由于事先已同意使非对象受益但却为界外目的而行使权力,因此仅使一人受益(而非使一等级的多个成员受益)的权力受到了质疑。[74] 此判决的准确后果(因此也是其正确性)尚未清楚。[75]

(3)主观意图

5.55 人们认为,在此情况下,欺诈不等同于欺诈侵权或民法上的不诚实,至少在 1915 年对后者的理解是这样的,因为它不涉及对正直的需要。[76] 建立所需的不正当意图无论需要什么都不容易隔离,特别是参照今天理解的民法上的不诚实。

83 5.56 目前,由枢密院在 *Barlow Clowes International v. Eurotrust International* 中应用的民事不诚实测试,仅要求人们意识到违反了诚实行为的普通标准交易要素的参与,但并不要求人们必须了解这些标

〔73〕 Deane (1889)43 Ch D 9.

〔74〕 Nicholson's Settlement [1939] Ch 11CA.

〔75〕 Tomas 9 - 29 - 9 - 32.

〔76〕 Vatcher v. Paull [1915] AC 372,378(Jersey).

准或知晓其是否违法。[77] 与其相比，更低水平的可罪责性是否足够使无效权力的行使等同于权力欺诈尚未明晰；诚然，由于此原则将善意与其反面区别开来，人们树立更高的恶行意识很有必要。因此，要构成权力欺诈，权力持有人必须不诚实行使权力，因为现在类似情况下的民事索赔中不诚实是可以理解的。

5.57　与其相关的是保护人的不当意图，而非将来可获益对象的意图。[78] 因此，即使对象在保护人与使非对象获益的对象间达成了协议，保护人需要知晓任何权力对象的不当目的也未被要求。如果共同保护人共同持有相关权力，保护人心中的任何不当意图将使其行使权力无效。[79]

(4)适用原则的权力

①一般情况

5.58　权力欺诈有关原则主要发展源自指定权。事实上，Farwell在“欺诈性指定”这一标题下讨论了此问题。[80] 但是，此规则似乎适用于所有有限处置性权力。由于这些权力的持有人可将其用于任何目的、使任何对象获益，所以该原则不适用于一般处置权或无限个人管理性权力。[81] 至于是否适用于混合处置性权力，则取决于权力条款，以及权力因此目的被视为有限权力的程度。若被授权人按对其真正的解释也是权力的对象，那么此原则可能不能适用，但这可能是每个案例中都会遇到的解释性问题。[82]

---

〔77〕 Barlow Clowes International v. Eurotrust International [2006] 1 WLR 1476 (Isle of Man).

〔78〕 Marsden's Trusts (1859) 4 Drew 594.

〔79〕 Lawrie v. Banks (1858) 4 K & J 142.

〔80〕 Farwell ch 10.

〔81〕 见上文第4.2节。

〔82〕 Triffitt's Settlement [1958] Ch 852, 863 - 64.

②权力行使同意权

5.59　同意行使处置性权力(通常授予保护人)[83]的权力一般被视为以下两者其一:

a. 无限个人权力,故反权力欺诈原则将不适用;或

84 b. 受信人权力(由权力受托人持有),故无论如何,反权利欺诈原则将包含于受托人更广泛的义务内,以便其按信托和受益人利益行事。

例如,*Dowager Duchess of Suther land v. Duke of Suther land* 案的判决可理解为属于后一种情况。[84] 然而,在 *Centre Trustees* 案中,保护人同意行使受托人管理性权力的权力是有限的个人权力,反权力欺诈原则适用于此权力。[85]

③有限个人权力

5.60　如第4章所讨论的,包括同意权在内的保护人的权力往往应被解释为有限个人权力。如果上述正确,那么当由保护人持有个人权力时,反权力欺诈原则通常应适用于此权力。[86]

④受信人权力

5.61　有人认为,当受信人权力由于反权力欺诈原则的适用而行使无效,这种情况下的受信人权力本来就无效。但是,待援引原则可被理解为受信人有恰当行使裁量权的义务,而非反权力欺诈原则等原则。

5.62　在 *Cowan v. Scargill* 案中,就受托人的管理性权力而言:

> ……为达目的,权力必须公平诚实行使。公正诚实行使并非为实现隐性目的,无论是为受托人利益还是其他目的(见 *Duke of Port land v. Topham* 案),一个关于指定权的案例,该指定权必须更有理由适用

---

[83] 见下文第6.7节。

[84] Dowager Duchess of Suther land v. Duke of Suther land [1893]3 Ch 169.

[85] Centre Trustees [2009] JRC 109, [25] - [28] (Jersey).

[86] 见上文第4.4节。

于受托人所被赋予的同样权力……[87]

5.63 由此推断,反权力欺诈原则适用于任何权力,至少在这些权力由受托人等人持有的以及(延伸)到受信人权力的情况下。然而,在考虑行使管理性权力时,*Cowan v. Scargill* 案描述的受托人义务是有争议的,但这是因为权力的持有人是受托人,因此不需要依靠反权力欺诈原则自身。[88]

5.64 在 *Pitt v. Holt* 案中,基于 *Cloutte v. Storey* 案裁决的约束,反权力欺诈原则被理所应当地认为确实适用于受信人权力。[89] 但是,*Cloutte v. Storey* 案关心的是在婚姻财产授予下对丈夫和妻子保留的明显的有限个人处置性权力。*Pitt v. Holt* 案指出,法院打算在有约 85
束力的判例结构下尽可能限制权力行使无效的规定,因此,关于权力欺诈规则不适用于受信人权力的观点,或许会对人们具有吸引力。[90]

⑤参照反权力欺诈原则对权力的错误描述

5.65 在某些案例中,人们似乎假定与有限处置性权力有关的义务以及对这种权力欺诈的相应规则不适用于管理性权力或受托人指定权。[91] 因此,任何此权力只适用于有限目的的裁决(例如,为了所有财产授予受益人的利益)或裁决有义务善意行使此权力也会要求裁决有关权力被受信人所持有。正如下文所述,这可能并不正确。

(5)该原则对保护人的适用

5.66 在 *The Bird Charitable Trust* 案中,人们发现原始保护人在行使继任人指定权时,有两大意图:[92] 第一,由于指定人在美国被起

---

〔87〕 Cowan v. Scargill [1985] Ch 270,288.

〔88〕 Bristol & West Building Society v. Mothew [1998] Ch 1,18.

〔89〕 Cloutte v. Storey [1911] 1 Ch 18,31;Pitt v. Holt[2012] Ch 132,[97]–[99].

〔90〕 Pitt v. Holt [2012] Ch 132,[98].

〔91〕 下面将讨论案例。

〔92〕 The Bird Charitable Trust [2008] JLR1(Jersey).

诉,作为指定新保护人的恰当意图,可能会被监禁且因此不能继续行事;第二,将信托资产从泽西法院的控制下撤销,特别是无视泽西反洗钱法的规定,这个做法被认为是出于不当意图。[93]

5.67 法庭认定,这两个意图都不构成权力欺诈,并认定防止反洗钱法的潜在适用符合权力委托人所想。[94] 尽管最初判决十分惊人,但该判决进行了充分和仔细的论证,并且就其不寻常的事实而言显然正确。

5.68 在 *The Bird Charitable Trust* 案中,也有人认为,保护人的权力是受信人权力。[95] 只有基于欺诈理由才可以对这些权力的行使提起质疑。反权力欺诈原则被认为确实适用于这些权力,因为它们是受信人权力。

5.69 同样,在 *Osiris Trustees* 案中,人们认为,持有受信人权力的保护人指定受托人:

> 不得以等同于权力欺诈的方式行使这种权力,但必须善意为受益人利益行事。[96]

86 在另一起马恩岛的判决中也采用了该种表述,该判决指出保护人持有的是受信人权力。[97]

5.70 这三项判决将保护人在行使权力时的信义义务等同于行使个人有限处置性权力所附的更有限的义务(与反权力欺诈原则相关的义务)。[98] 如果此保护人义务的概念正确(正如许多情况下也是正

---

〔93〕《1999 年犯罪所得法》第 32 条(泽西)。

〔94〕 The Bird Charitable Trust [2008] JLR 1,[93] – [113] (Jersey).

〔95〕 The Bird Charitable Trust [2008] JLR 1 (Jersey).

〔96〕 Osiris Trustees (1999) 2 ITELR 404,414 G-H (Isle of Man).

〔97〕 Papadimitriou [2004] WTLR 1141,1163 F-G (马恩岛).

〔98〕 Osiris Trustees (1999) 2 ITELR 404 (马恩岛); Papadimitriou [2004] WTLR 1141 (马恩岛); The Bird Charitable Trust [2008] JLR 1 (Jersey).

确的)，那么受信人的标签可能有误。保护人通常不以受信人身份持有处置性权力和管理性权力(包括受托人指定受益权)，但在其可行使时(就处置性权力而言)能使其对象受益且(就管理性权力而言)使财产授予整体受益，此种分析可能更让人信服。如果财产授予条款如此规定，则可以牺牲他人利益为代价使用此形式权力使特定受益人受益。这些条款可能会，也可能不会排除保护人直接或间接从行使这些权力中受益。

5.71　因此，经过适当分析，这种权力并不是受信人权力，而是有限个人权力，根据反权力欺诈原则受法院有效且有限的控制。

7. 未授权委托

(1) 引言

5.72　未经授权的委托可使保护人行使权力无效。授权有两种不同形式：

a. 在指定另一人行使同样的权力的情况下，委托往往会与遗嘱和继承问题合并；[99] 或

b. 某种程度上就权力内容授予他人裁量权，例如，通过建立自由裁量信托行使指定权。

(2) 解释规则

5.73　我们认为，最好将反不正当委托规则的基础理解为解释性问题，其适用于持有人行使判决及裁量权的所需的所有权力。人们假定，这些权力的授权人只允许该权力被持有人行使。[100] 虽然这不是

---

[99] 见上文第 3.3 节。

[100] *Delegatus not potest delegare.*

87 一个仅适用于受信人的规则,但受信人持有权力的事实可能会影响对该权力的解释,因此它更有可能被认为是规则适用的权力。

5.74 作为权力的解释性问题(因此也是权力过度行使的一个方面),其可能影响所有权力,因此:

a. 总体来说,处置性权力的委托总是处于权力条款的范围内,所以不会出现未经授权的委托问题;

b. 只有在授权委托的情况下才允许有限的处置性权力委托,在无明确许可的情况下,权力的持有人委托他人行使权力无效;

c. 若权力实质上是一般权力(正如可以完全为了持有人的利益而使用个人权力),或委托未明确授权,混合处置性权力的委托将被允许。[101] 受信人持有的混合权力(如受托人有权在保护人同意的情况下将世界上任何人作为受益人的权力)受制于此规则;[102]

d. 只有在管理性权力获得授权、该权力是无限个人权力或该权力无论是否由受信人或其他人持有都不涉及行使裁量权(例如,由保护人的代理人执行契据)时,才能允许管理性权力委托。[103]

5.75 由此可见,除非信托文书允许,否则保护人的权力一般不可被授权。

(3)实践中的委托

5.76 无论是法规还是在现代国际和国内信托文书的通用规定中,尽管很难在其中找到允许受托人在保留有关资产的同时委托他们的处置性权力的规定,但上述文件中反对受托人委托的规定都十分宽松。[104]

5.77 一般情况下,指定权可允许建立任意信托及与委托人权力类似的“委托”,但委托的程度在每一案例中都是解释性问题。对于基

〔101〕 Triffit's Settlement [1958] Ch 852.

〔102〕 Hay's Settlement Trusts [1982] 1 WLR 202.

〔103〕 Airey [1897] 1 Ch 164,170.

〔104〕 见《1925 年受托人法》第 23 条第(1)款和第 25 条第(1)款。

于指定所创设的信托条款自身是否包含广泛的指定权，这一问题可能会引发进一步的解释性争议。

5.78 指定权过度是因为其声称创设了超越（如果存在）指定权条款允许的委托权力，这样的指定是根本无效的，但就创设的其他自身有效且可分离的利益而言，指定在此程度上有效。

(4)法定权力

5.79 允许受托人有限委托的法定条款适用于保护人的可能性不大。[105] 在有关法域的法律中，并无明确适用于保护人的对等条文。

8. 恰当行使裁量权 88

(1)引言

5.80 如果保护人在权力行使中未能恰当地行使裁量权，那么保护人作为受信人所行使的权力（但非个人权力）可能无效。若保护人的确负有此义务，那么在行使其权力时，可类比受托人的义务。

5.81 目前看来没有一个已汇编的案例中，被认定为受信人权力持有人的保护人，同时又被认定在行使权力时负有义务。相反，在两个马恩岛的判决中，人们认为持有受信人权力的保护人指定受托人仅受与反权力欺诈原则等同义务的约束。[106] 若保护人无义务以类似受托人的方式行使信义裁量权，则保护人作为受信人权力的持有人，与受托人之间存在重大差异。

5.82 本节讨论行使信义裁量权的义务，因为其适用于受托人，并根据某些法域的法律规定或某些信托文书的规定，可能适用于以受

---

[105] 见上文第2.6节。

[106] Osiris Trustees (1999) 2 ITELR 404（马恩岛）；Papadimitriou [2004] WTLR 1141（马恩岛）；见上文第5.66段及以下。

信人身份持有权力的保护人。

(2)行使信义裁量权的义务

5.83 通过与受托人相关案件类比,有效行使有关的裁量权(或有效解除考虑是否行使权力的义务),将需要保护人:

a. 善意行事;[107]

b. 考虑到有关事项;[108] 并且

89 c. 除非财产授予明示或默示规定,否则在权力的对象间公正行事。

5.84 这些可被理解为关于受信人权力(显然可以以所述方式行使)应如此行使的规则。他们可以与权力过度行使或权力欺诈原则区别开来,因为后者无论是作为解释性事项还是考虑到权力持有人的意图,都是关于权力是否可有效行使的规则。[109] 在善意要求存在主观因素的情况下,正当行使受信人裁量权和反权力欺诈原则间至少存在重叠之处是显而易见了。[110]

(3)履行义务

①善意

5.85 在行使受信人裁量权的背景下,人们将善意描述为对行使权力给予真正和负责任的对价的义务。[111] 在此善意概念中,人们所界定的是主观的诚实和客观的理性。

5.86 受信人如此行使裁量权可能会受到质疑,因为权力被有意识的恶意或(客观地)被反复无常地行使,似乎毫无根据、沉重压制且

---

〔107〕 Karger v. Paul [1984] VR 161,164(Victoria).

〔108〕 Edge v. Pensions Ombudsman [2000] Ch 602,627; Pitt v. Holt [2012] Ch 132,[127].

〔109〕 Pitt v. Holt [2012] Ch 132.

〔110〕 Allan v. Rea Brothers Trustees [2002] WTLR 625,[49].

〔111〕 Mc Phail v. Doulton [1971] AC 424,449.

完全不合理。[112] 质疑的原因也可以说是权力行使方式极度不合理,裁量权显然未得到恰当行使。[113] 因此,权力持有人必须真正、真实地行使裁量权[114]而非仅仅遵守受益人、委托人或第三方的命令。[115] 可以说,未行使裁量权导致处置无效的案件,与下文讨论的裁量权缺陷行使的案件有所不同。[116]

5.87 如上所述,英国的先例至少包括恶意形式的极端的不合理性,这会使受托人行使权力无效。然而,澳大利亚最高法院在 *Att Gen of the Common Wealth v. Breckler* 案的判决中认为,"受托人不能以其裁量权不公平、合理或不明智的依据为由行使裁量权"。[117] 至于使权力行使无效是否足以表明每一位考虑到全部(但只有)相关事项的合 90
理持有人可以得出同样结论,尚待解决。另外,也许与英国和澳大利亚的判例一致,结果的极端不合理只应被视为权力持有人事实上并未考虑到所有相关事项的证据。[118]

②相关考虑

5.88 考虑所有(而不仅仅是)相关事项的义务很容易陈述,但相当于相关考虑的因素将取决于权力条款和当时考虑行使权力时的所有情况。[119] 第6章考虑了在获得信息权利或义务方面对保护人强加义务的结果。[120]

5.89 目前,至少在英国,受托人必须考虑的检验是:

a. 在行使强制性权力的情况下,对实质性的检验;

---

〔112〕 Chapman (1895) 72 LT 66,68.

〔113〕 Exparte Lloyd (1882) 47 LT 64,65;见 Edge v. Pensions Ombudsman [2000] Ch 602,630。

〔114〕 Nestle v. National Westminster Bank [1993] 1 WLR 1260.

〔115〕 Turner v. Turner [1984] Ch 100.

〔116〕 下文第5.88段及以下。

〔117〕 Att Gen of the Common Wealth v. Breckler [1999] HCA 28,[7] (Australia).

〔118〕 见 The C Trust [2012] JRC 086 B,[143]-[144],[150] (Jersey)。

〔119〕 Pitt v. Holt [2012] Ch 132,[114]-[125].

〔120〕 见下面的第6.8节。

b. 在任意性权力的情况下的“例外”标准。[121]

5.90　实质性的标准为，如果合理的且可能导致作出不同判决的事项被错误地考虑在内或者没有被考虑在内，那么行使权力的判决就会受到质疑。适用于行使任意性权力的“例外”标准更高，此标准在欲质疑权力的行使时必须被展示（基于概率性权衡）某事被错误地考虑或不被考虑，因此作出的判决可能有所不同。

5.91　在质疑受托人行使裁量权的情况下（有时在为避免不利纳税后果而设的“友好”适用的情况下），适用相关考虑原则已经被应用的例子包括：

a. 在无知或错误的情况下对反永续规则[122]效果作出的处分（但现在这被理解为权力过度行使问题）；[123]

b. 基于对其纳税后果的无知或错误作出的处分；[124]

91 c. 未询问遗孀其收入的情况下（虽然这种情况下信托文书规定要进行询问，但并未作出询问，这种情况因此可被更好地视为权力过度行使的范例）对支持遗孀获得“慷慨且恰当金额”的处分；[125]

d. 排除某些受到委托人遗孀“过度影响”（因此未对此事进行独立和冷静的思考）的未成年受益人的判决。[126]

③公正

5.92　一般而言，信托文书无论是明示的还是必要的，都允许权力持有人在受益人之间区分并反对特定受益人。尽管如此，默认的规则是受托人必须平等对待所有受益人。[127] 若财产授予确实允许或要

---

[121] Pitt v. Holt [2012] Ch 132.

[122] Pilkington's Will Trusts [1961] Ch 466; Abrahams Will Trusts [1969] 1 Ch 463; Hastings-Bass [1975] Ch 25.

[123] Pitt v. Holt [2012] Ch 132.

[124] Green v. Cobham [2002] STC 820; Abacus Trust Co v. Barr [2003] Ch 409; Pitt v. Holt [2012] Ch 132.

[125] Sinclair v. Moss [2006] VSC 130 (Victoria).

[126] The C Trust [2012] JRC 086 B, [143]–[144], [150] (Jersey).

[127] Cowan v. Scargill [1985] Ch 270, 286–87.

求权利持有人区别对待,则该权力被用来区别特定受益人本身并不能作为有效的起诉理由。[128] 处置性权力几乎不可避免地会许可或要求区别对待,因此,在保护人拥有管理性权力或管理性权力同意权的情况下,公正规则可能是最相关的因素。例如,在保护人是权力对象的情况下,公正问题通常与利益冲突的主张密切相关。[129]

④法院不会取代权力持有人的裁量权

5.93 在将相关事项考虑在内后且遵守了公正的相关要求,若恰当行使受信人裁量权,即善意行使,法院将不会因权力行使与结果不一致而进行干涉。[130] 是否关切到目的,是否创设裁量权的信托文书条款设立了将权力描述为赋予权力持有人完全裁量权或不完全裁量权,从而可以说是授予了"扩大的"的裁量权,现在值得怀疑。[131] 的确,在今天看来,裁量权及其同源词是否被使用并不重要。[132]

(4)未恰当行使裁量权的后果

5.94 未能正确行使受信人裁量权的后果目前尚有争议,此后果通常在"*Hastings-Bass* 规则"标题下进行讨论(现在被认为不当,因为这个案例被恰当理解为涉及过度行使权力)。[133] 英格兰现行的法律 92
由 *Pitt v. Holt* 代表,其中上诉法庭主张如下:[134]

a. 只有在权力持有人违反义务的情况下,这种原则才会发挥作

---

〔128〕 Edge v. Pensions Ombudsman [2000] Ch 602;但见 The C Trust [2012] JRC 086 B (Jersey)。

〔129〕 见上文第3.16段及以下和第4.65~4.66段。

〔130〕 London derry's Settlement [1965] Ch 918,936.

〔131〕 Gisborne v. Gisborne (1877) 2 App Cas 300.

〔132〕 见 Kessler 7.10。

〔133〕 Hastings-Bass [1975] Ch 25;Pitt v. Holt [2012] Ch 132.

〔134〕 Pitt v. Holt [2012] Ch 132. 预计最高法院将于2013年3月12日至14日审理上诉。

用。[135] 因此,根据被证实是错误的建议行事通常不会使该原则起作用。[136]

b.其结果是权力行使无效,且一方由于被撤销权利归属受到不利影响并受到衡平法上的抗辩和裁量因素影响。[137]

5.95　*Pitt v. Holt* 案结果(至少现在)表明,英格兰和其他相关法域关于此问题的法律可能存在分歧:例如,对是否需要判决允许法庭撤销交易违反信托。[138]

5.96　泽西州的法院显然已经确定了不同的管辖权,通过此管辖权,可以使判决效力有效(或如上述判决所述,"批准"),即使此管辖权由因受托人指定缺陷而导致无权行使的人所行使。[139]

(5)误解

5.97　*Pitt v. Holt* 案指出,使一方当事人免于遭受误解后果的衡平法司法管辖权与上述问题不同。[140] 现在英国法律的标准是,授权人处分的效力肯定存在误解或"性质严重以致被授权人无法合法保留其财产"的现存事实。[141] 意外财政结果被认为是结果而非效果,所以不允许法院给予救济。[142] 有些相关法域,特别是泽西和马恩岛的法律误解目前受到的蓄意限制较少。[143]

5.98　误解的争议与保护人行使权力直接相关的可能性不大。

---

[135] Pitt v. Holt [2012] Ch 132. 预计最高法院将于 2013 年 3 月 12 日至 14 日审理上诉。

[136] Ibid.

[137] Ibid.

[138] Leumi Over seas Trust Corporation v. Howe [2007] JRC 248(Jersey);但见 In the Matter of the B Life Interest Settlemen [2012] JRC 229(Jersey)。

[139] BB,D Retirement Trust [2011] JRC 148(Jersey).

[140] Pitt v. Holt [2012] Ch 132,[164] etseq.

[141] Ogilvie v. Little Boy (1889) 13 TLR 399,400.

[142] Pitt v. Holt [2012] Ch 132,[210].

[143] Betsham Trust [2009] WLTR 1489(Isle of Man);S [2011] JLR 375(Jersey);In the Matter of the B Life Interest Settlement [2012] JRC 229(Jersey).

(6)保护人

93

5.99　在此情况下,保护人要拥有受信人权力,那么信托文书中包含的条款应明确要求受托人以类似受托人的方式行使裁量权或明确排除或修改该义务。不同的权力在此方面可能需要不同的考虑,例如,指定受托人的权力可能不适用这项义务。[144]

9. 意愿信

(1)引言

5.100　国际信托的设置者通常会在创设财产授予时向受托人发送意愿信。该意愿信通常指出其不打算对受托人施加任何义务,但不同程度地列出委托人希望受托人权力行使的方式。[145] 信托文书本身的条款有时也可达到同样效果。[146] 这些意愿信通常也是在财产授予创设后由委托人发送给受托人,并向受托人告知委托人现在的意愿。

5.101　在指定保护人的情况下,委托人应当考虑向保护人提供一封涉及保护人权力行使的意愿信以及向受托人和保护人提供一封涉及如何处理双方关系的意愿信。[147]

5.102　有评论者断言,"受托人正确权衡委托人的愿望,无论在其生前经常的意见表达中还是临死前,通常以书面形式记录,且认为受托人的确有义务这样做"。[148]

---

〔144〕 见下文第 6.1 节。

〔145〕 见 Brakespear v. Ackland [2009] Ch 32; The C Trust [2012] JRC 086 B, [132] – [138] (Jersey)。

〔146〕 Foreman v. Kingstone [2005] WTLR 823 (New Zealand).

〔147〕 见上文第 2.10 节。

〔148〕 Lewin 29 – 150.

(2)意愿信在权力行使中的角色

5.103　在此有必要考虑意愿信对保护人行使权力有效性的效果。首先,这个问题可从致受托人的意愿信进行考虑。

5.104　受托人可以在行使其裁量权时恰当考虑委托人的意愿这一问题似乎已经解决。有人说:

> 合理的受托人无疑会努力落实委托人财产授予的意图,不会必然
> 94 地和排他地根据权力条款得出意图,而是根据财产授予的所有条款、周围的情况和他们获得或继任的个人明知。[149]

5.105　由于意愿信的内容(至少在财产授予之前或在财产授予之时所写)可能与意图的议题相关,所以受托人通常有义务将其考虑在内,尽管没有义务在行使广泛的裁量权时遵循此义务。[150]

5.106　在财产授予之日后写的意愿信的情况,仅通知受托人:委托人目前的意愿且只有一个特定步骤(如"请在下个星期向×分发100美元")的意愿信的情况,可能会有所不同。[151]　当然,受托人应当就相关的和变化的步骤(往往委托人一直是信息的合适来源)进行自我提醒,这和适当地考虑,特别是在询问缺失时或将这些时不时所表达的意愿看作最主要的事项纳入考虑或遵照委托人的意愿,二者之间是存在差异的。权力的性质可能与此有关。例如,我们通常很难想象受托人行使广泛的权力是增加或排除受益人,而不是回应委托人的意

---

[149]　Manisty's Settlement [1974] Ch 17,26.

[150]　Hartigan Nominees Pty Ltd v. Rydge (1992) 29 NSWLR 405,430 – 31 (New South Wales); Gregory v. Hudson (No. 2) [1997] NSWSC 413 (New South Wales); Brakespear v. Ackland [2009] Ch 32.

[151]　Brakespear v. Ackland [2009] Ch 32, [5].

愿表达。[152]

5.107 如果意愿涉及管理性权力,如与投资有关的管理性权力,则这种区别可能特别明显,从表面上看,委托人的意见对于受托人所作的决定而言应该没有多大意义。事实上,若受托人无任何充分考虑地行使裁量权,对委托人意愿的习惯性遵守可能构成违反信托,并可能作为证据(尽管是不充分的证据)证明信托虚假。[153]

5.108 作为持有信托权力且意愿被明确表达的委托人的保护人,在此方面与受托人的地位可能相同。[154] 拥有有限的个人权力的保护人可能有义务善意行使权力,但仅因为保护人违背了其所知的委托人的意愿,权力行使的有效性是否会受到质疑尚不明晰。

10. 法定权力 95

5.109 保护人被给予默示法定权力的法域相对少见,[155]在这些法域中,保护人被赋予的法定权力十分有限。[156]

5.110 在保护人享有法定权力的管辖范围内(恰当的称谓),授予这些权力的规定(通常以信托文书条款为准)包括指定和罢免受托人的权力。一些法域对保护人并未赋予进一步的法定权力。[157] 另一些法域授予了保护人一些有限的权力。[158]

---

[152] 见下文第6.3节,但请注意托管人根据 The C Trust [2012] JRC 086 B(Jersey)的意愿信内容为其行为辩解的不成功做法。

[153] Esteem Settlement [2003] JLR 188(Jersey); Wily(as Trustee of the Bankrupt Estate of Fuller) v. Fuller [2000] FCA 1512(Australia); Shalson v. Russo [2005] Ch 281, [190] - [191];但见 North Shore Ventures Ltd v. Anstead Holdings Inc [2012] EWCA Civ 11。

[154] 见上文第5.8节。

[155] 见上文第4.7节。

[156] 相关法域包括安圭拉、伯利兹、多米尼加、纳闽岛、尼维斯(国际信托)、毛里求斯、马耳他、圣基茨和尼维斯(国内信托)、圣文森特和格林纳丁斯。见下文附件2。

[157] 伯利兹、多米尼加、纳闽岛和尼维斯的情况就是如此;见下文附件2。

[158] 见上文第4.7节和下文第6章。

5.111　在保护人行使法定权力的情况下,考虑到关于保护人是否拥有所述受信人权力的制定法中关于行使权力方式的规定以及适用的声明,所有与上述明确权力有效行使相关的规则将适用。[159]

11.起草要点

(1)个人能力

①死亡

5.112　保护人死亡的后果应在信托文书中列明。若保护人死亡,需考虑的起草事项包括:

a.保护人是否可按意愿行使权力;

b.保护人权力是否在任何情况下都被转移给其私人代表人;

c.保护人死亡如何影响共同保护人行使权力;和

d.是否以及如何指定继任人。

②意识能力

5.113　同样,起草条款应涵盖保护人永久或暂时丧失意思能力的可能性。还应该考虑如何确定无能力人、哪些人是无能力人以及适用哪些法律。

96 ③破产

5.114　信托文书应特别考虑保护人破产的后果。在可能存在法人保护人的情况下,应注明保护人被罢除的后果(要考虑被恢复的可能性)以及破产的后果,应当阐明什么情况下将被视为构成破产。

(2)形式

5.115　起草信托文书时要谨慎,明确保护人行使权力时需要遵

[159]　见上文第4.83段及以下。

守的形式。还应牢记,某些形式,例如,使用契据,不属于所有相关法域法律的一部分。[160]

(3)反权力欺诈

5.116　信托文书应当明确,反权力欺诈原则是否适用于保护人被赋予的所有特定权力。

(4)权力委托

5.117　若允许保护人委托权力,则应当在信托文书中详细说明授信委托书的范围。

(5)恰当行使裁量权

5.118　信托文书应作出明确陈述,以涵盖保护人是否应负有类似受托人的义务,以恰当行使上述裁量权。如上所述,这个问题的答案可能与受托人持有的权力不同。

---

〔160〕 Oakley v. Osiris Trustees [2008] UKPC 2 (Isle of Man).

97 # 第6章 通常授予保护人的权力

98 ## 1. 指定和罢免受托人的权力

(1)引言

6.01 指定和罢免财产授予受托人的权力是给予保护人最常见的权力。在保护人有法定权力的法域,该权力一般是保护人的权力之一,也经常可能是保护人的唯一法定权力。[1] 鉴于该权力为非处分权,并非通常意义上直接为方便信托财产管理的管理性权力。这种权力最好视为自成一类的权力。[2] 不幸的是 Farwell 完全不认为这是一种权力,所以,或许不用处理这个问题。[3]

(2)总是受信人权力吗

①引言

6.02 因为这是普遍由保护人持有的权力,有必要确定指定或罢免受信人权力是否以

---

〔1〕 见上文第4.7节。

〔2〕 Lewin 14 – 40.

〔3〕 Farwell 11.

受信人身份持有(正如一般假设)。

②一般假设

6.03 指定和罢免受托人的权力一般被认为应以受信人身份持有,即便不被当前受托人持有。[4] 在信托文书中,或许多法域[5]的法律中,这些权力也是如此持有[6]或假设如此。[7] 如果有关于权力持有人身份的问题(这个问题只会出现在该权利非财产授予的受托人持有的情况下,因为受托人作为受信人享有这些权力),通常会被认为是以受信人身份持有该权力,无论是持有人还是委托人,受益人或其他人。[8]

③该问题的重要性

6.04 因为保护人无权指定或罢免受托人的情况十分罕见,如果一般假设是正确的话,即表明绝大多数的保护人,在某种程度上,都是 99
受信人。并因此,至少在某种程度上,受法院管辖,并间接受信托受益人管制。[9]

6.05 如果该假设不成立且指定和罢免受托人的权力也不应是保护人的有限个人权力的缺乏原因,则在许多情况下保护人不应仅仅因为他持有指定和罢免受托人权而被视为受托人。[10]

---

[4] Mettoy Pension Trustees Ltd v. Evans [1991]2 AllER 513,551;Lewin 14 - 39;Tomas 10.49. 见 Tomasand Hudson 22.39,Underhill 71.11(均认为该权力可能为个人权力)。

[5] 《1996年信托法》第25条第(7)款第(8)项(圣基茨和尼维斯)。

[6] 见上文第4.85段。

[7] 《2000年信托法》第15条第(2)款第(a)项和第15条第(5)款(安圭拉);《1992年信托法》第16条第(5)款(伯利兹);《1994年国际豁免信托条例》第9条第(5)款(尼维斯);《1996年国际信托法》第16条第(5)款(圣文森特和格林纳丁斯)。

[8] Skeats' Settlement (1889)42 Ch D 522,526 - 27. Shortridge [1895]1 Ch 278,283 - 85,IRC v. Schroder[1983]STC 480,500;The HHH Trust[2012]JRC 127 B[22],[26] - [28](Jersey).

[9] 出于一个精彩的判例:Pope v. DRP Nominees Pty [1999] SASC 337 (South Australia)。

[10] 关于有限个人权力一般见于上文第4.4节。

④*Skeats' Settlement*案关于财产授予的看法

6.06 在既决案件中对为什么当指定受托人的权力不被受托人所持有的时候必然是一种受信人权力的这一观点最全面的分析(如果不是唯一的分析),是Kay法官在*Skeats' Settlement*案中的观点。[11] 本案认为,除非该权力是受信人权力,则权力的受托人将有权完全为自身利益行使该权,例如,将被指定为受托人的权力出卖给出价最高者。[12]

6.07 Kay法官认为,指定受托人的权力总是受信人权力的结论早有先例,这在*Webb v. Earl of Shaftesbury*案的Eldon法官的判决中就已被确定。[13] 但在这个案件中指定受托人的权力持有人就是受托人本身,所以不存在关于权力持有人身份的问题。*Sudgen v. Crossland*案也是如此,该案在本案中被作为论据被引用。[14] 所以,不能认为*Skeats' Settlement*案的判决在这一点上直接遵循了先例,这也在判决中作出明确说明。[15]

6.08 表面上看,Kay法官认同的观点为指定受托人的权力应以受信人持有,以防止被不当使用(或被完全用于持有人利益),但这是错误的。*Skeats' Settlement*案认为:

> 基于类似本案的财产授予的指定新受托人的普通权力的实施当然取决于有指定权的人,此人有责任挑选诚实善良的人且他能胜任困难、繁重且往往精细的受托人责任。他有义务尽其所能挑选他能找到最适合信托目的的人。[16]

---

〔11〕 Skeats' Settlement (1889)42 Ch D 522;12 Ibid. ,526.

〔12〕 Ibid. ,526.

〔13〕 Webb v. Earl of Shaftesbury (1802)7 Ves Jun 480.

〔14〕 Sudgen v. Crossland (1856)3 Sm & G 192.

〔15〕 Skeats' Settlement (1889)42 Ch D 522,527.

〔16〕 Ibid. ,526 per Kay.

6.09　对持有指定受托人权力人义务的描述看上去似乎表明仅要求权力履行必须“善意和诚实，对真正目的和权力目的有全面和单一的观点”。[17] 如果这就是该权力持有人的义务范围，看上去这和受辖于反欺诈原则的任何权力的义务相同。[18] 100

6.10　然而，反权力欺诈原则完全适用于有限个人权力（可能最好被认为仅适用于有限个人权力。）。[19] 这与 Kay 法官在 *Skeats' Settlement* 案认为的以信义人身份持有的权力的特征不同。[20] 例如，如果反权力欺诈适用的话，该权力不能用于使持有人获益（如钱权交易）。[21]

6.11　在英国，源自 *Skeats' Settlement* 案的指定受托人权必然是受信人权力的观点是否为权威判例仍有争议，因为上诉法院在 *Shortridge* 案中明确表示了赞同。[22] 后一案例涉及在精神病案件中法官不得不指定代表终身地产保有人的，有权指定受托人的法定管辖权。[23] 这是认为指定受托人的权力是受信人权力的判例的两个理由之一，因此“授予精神病受信人身份”包含在《精神病人法》第 128 条的含义中。[24] 在英国之外，*Shortridge* 案是唯一有说服力的判例。在保护人权力背景下上述案例有多少约束力将在下文中讨论。[25]

⑤指定受托人和自我交易规则

6.12　因为指定受托人的权力被认为是受信人权力，*Skeats' Settlement* 案的判决不应当适用于指定权力的持有人为受托人。通过

---

〔17〕 Duke of Portland v. Topham (1864) 11 HLC 32, 54 per Lord Hatherley.

〔18〕 见上文第 5.6 节。

〔19〕 见上文第 5.61 段及以下。

〔20〕 见 Skeats' Settlement (1889) 42 Ch D 522, 526。

〔21〕 见上文第 5.50 段及以下。

〔22〕 Shortridge [1895] 1 Ch 278.

〔23〕 在上文第 5.16 段的当前英国法规定的心智不健全的情况下。

〔24〕 Shortridge [1895] 1 Ch 278, 284 – 85.

〔25〕 见上文第 6.12 段及以下。

"不应当"一词得知该指定可撤销而非无效。[26]

6.13 的确,一般情况下受信人权力不得用于使持有人受益。[27]然而,英格兰从1925年开始原则上不反对持有指定受托人权力的人利用该权力来指定自身。这是因为《1925年受托人法》第36条第(1)
101 款明确允许指定受托人的法定权力持有人根据本条的授权指定自身为受托人。巴哈马、[28]百慕大、[29]英属维尔京群岛、[30]开曼群岛、[31]塞浦路斯、[32]马恩岛、[33]文莱达鲁萨兰国、[34]新西兰[35]以及安大略省[36]的部分相似法律条文都明确允许自我指定。

6.14 一般逻辑表明如果该权力持有人(如保护人)不是受托人的话,基本上都会自我指定。类似地,许多明示指定受托人的权力都明确允许指定人进行自我指定,因此,任何视其无效的普通法规则均不适用。[37]

6.15 所以,这表明19世纪对 *Skeats' Settlement* 案的法院判决造成了深刻影响的指定信义权力不能用于自我指定的法律,现如今影响已不大。也可认为法院不再为了"防止该权力被用于指定持有人"而将该权力解读为信义权力。

6.16 鉴于受托人和保护人在国际信托中各自的身份和受托人居住地的影响,不推荐保护人进行自我指定为受托人。[38] 然而这并

---

〔26〕 见下文第6.34段。

〔27〕 见上文第4.65段。

〔28〕 《1998年受托人法》第42条第(1)款(巴哈马)。

〔29〕 《1975年受托人法》第26条第(1)款(百慕大)。

〔30〕 《1961年信托条例》第36条第(1)款(英属维尔京群岛)。

〔31〕 《2011年信托法》第4条第(1)款(开曼群岛)。

〔32〕 《1955年受托人法》第35条第(1)款(塞浦路斯)。

〔33〕 《1961年受托人法》第35条第(1)款(马恩岛)。

〔34〕 《2000年国际豁免信托法令》第41条(文莱达鲁萨兰国)。

〔35〕 《1956年受托人法》第43条(新西兰)。

〔36〕 《1990年受托人法》第3条第(1)款(安大略省)。

〔37〕 Lewin 14-39.

〔38〕 见上文第1.11段及以下。

不意味着保护人在行使指定受托人时受限于信义义务,而是出于往往会妨碍他们自我指定为受托人的实际考量。

⑥指定受托人的权力是否为任意性权力?

6.17 受信人权力通常是任意性权力或强制性权力。[39] 可以说,指定受托人权力的性质如此的话,则可能更容易解释为什么权力人有义务考虑在没有受托人或没有能力或没有合适的受托人在任的情况下行使权力。[40] 如果如此,指定受托人权力为任意性权力。如果是这种情况,根据上述不同的原因,将会有以下结论,即指定受托人 102
权力应被解释为受信人权力。[41]

6.18 这很有可能需要在个案中进行解释。[42] 如果保护人甚至拒绝考虑行使权力,那么相关的就可能需要对任何其他人是否有权指定受托人进行解释,例如,有可适用的法定权力去指定受托人。[43] 如果存在非保护人的人有权指定受托人或保护人拒绝行使权力的情形,则没有必要认为委托人意图将考虑权力行使的义务施加给保护人。在这种情况下,相应地,没有必要解释指定受托人的权力为任意性(因此)信义权力。

6.19 依据英格兰法律规定,如果保护人有权指定受托人而在能适当行使权力的情况下拒绝考虑行使该权力,财产授予的受托人或(如果没有的话)最后一名受托人的遗嘱执行人可能有权指定新的受托人。[44] 这种默认的法定指定受托人的权力适用于下列情况:受托人死亡的,或受托人在英国境外滞留超过12个月的,受托人意图被解雇的,或受托人拒绝,或不适合,或不能履行职责的,或受托人未成年

---

〔39〕 见上文第4.3节。

〔40〕 Peacock v. Colling (1886)53 LT 620,如果受托人拒绝指定下一位受托人,上诉法院将认为之前判决合理;Papadimitriou [2004] WTLR 1141(Isle of Man);The HHH Trust 案中,如果委托人持有该权力。

〔41〕 见上文第4.62~4.63段。

〔42〕 The Z Trust [1997] CILR 248,284-87(Cayman).

〔43〕 见上文第6.39段及以下。

〔44〕 《1925年受托人法》第36条第(1)款。

的。相同的法条可见于部分(非全部)相关法域的信托法。[45]

6.20 即使缺乏是否有另一个有行为能力的指定人的考量,依旧认为如果是保护人持有指定受托人权,则该权力没有必须行使的义务。[46] 指定受托人的权力是否一般伴随着必须行使的义务,即便是持有人是受托人的情况,也是存在疑问的。[47]

⑦法律规定的影响

6.21 因为指定受托人通常是相关法域法定的保护人的权力,当地法律规定的影响也通常被考虑在内。关于保护人是否作为受托人
103 持有受信人权力问题的法律规定的影响已在第 4 章中讨论过了。[48]

⑧受益人持有的权力

6.22 如果指定和罢免受托人的权力由受益人持有,则该权力一般不应该(或至少不必要)被解释为以信义人身份持有,此种观点有大量的支持。这是一个需要进行解释的问题,且可能受到持有人受益权范围和后续隐含的该权力应为持有人自身利益行使的观点的强烈影响。[49]

6.23 *Fitzwood Pty Ltd v. Unique Goal Pty Ltd* 案依据该权力由他们以受信人身份持有的观点,涉及了对在单位信托中单位持有人罢免受托人的有效性的争端。[50] 本案认为:

我认同罢免受托人的权力可能是受信人权力,该权力必须为受益人而非权力受托人行使,至少在受托人非受益人的情况下是如此,尽管这在很大程度上取决于信托文书的规定:Skeats' Settlement (1889)

---

〔45〕 例如,《2011 年信托法》第 4 条第(1)款(开曼群岛);《1961 年受托人法》第 35 条(马恩岛)。

〔46〕 见下文第 6.31 段。

〔47〕 Lewin 14 -41.

〔48〕 见上文第 4.83 段及以下。

〔49〕 Tomasand Hudson 22.39(注意到可能性);Underhill 71.11(更加明显).

〔50〕 Fitzwood Pty Ltd v. Unique Goal Pty Ltd [2001] FCA 1628,188 ALR 566(Australia).

42 Ch D 522 at 526; [1886 - 90] AllERR ep 989 Inland Revenue Commissioners v. Schroder [1983] STC 480 at 500。然而,如果是受益人持有罢免的权力,则不大可能产生这种义务。在这种情况下,通常假设受益人有权为自身利益行使权力。单位信托证券持有人在这种信托或其他信托中不是受托人,且他们之间的关系不能和受托人与受益人或合伙人、委托人、代理人之类的人之间的关系相比。然而,因为受益人可能为自身利益行使权力,我认同应对罢免权力的行使作出一些限制的观点。一个我认同的限制是权力不得用于欺诈。同时应该也有其他的限制。[51]

6.24 新西兰也有产生相同效果的判例[52]

⑨商业信托

6.25 即便在英格兰,即便有 *Mettoy decision* 案,但是在养老基金或其他商业信托中指定受托人的权力认为是以受信人身份持有,是十分危险的。一般认为,受信人的标签没有给出关于施加给该权力持有人的义务内容的任何指导,并且一般情况下雇主在行使权力时也没有任何信义义务。[53] 然而,这个观点不能视为已经清楚了。[54] 104

⑩保护人持有的权力

6.26 保护人持有的指定受托人的权力被视为有限个人权力的主张基于下列原因:

a. 一般观点认为,保护人是否作为受信人持有权力须在个案中的

---

〔51〕 Fitzwood Pty Ltd v. Unique Goal Pty Ltd [2001] FCA 1628, [98] per Finkelstein J (Australia).

〔52〕 P v. PHC Christchurch CIV - 2004 - 409 - 1368, 29 October 2004, [50] (New Zealand).

〔53〕 Simpson Curtis Pension Trustees v. Readson [1994] OPLR 231, 239; Te National Grid Coplc v. Laws [1999] OPLR 95, [42].

〔54〕 Bridge Trustees v. Noel Penny (Turbines) [2008] EWHC 2054 (Ch),如果明显没有引用养老金信托的判例;可见于 Tomasand Hudson 22.39, 46.04。

信托文书中作解释;[55]

b. 相关法域中有的法律规定表明保护人可能不以受信人身份持有指定受托人的权力;[56]

c. 一些法域规定的法定指定受托人的权力包含个人权力的特性:[57]

i. 它允许权力持有人自我指定;

ii. 持有人可能没有必须行使的义务;[58]

d. 一些关于受益人持有该权力或与养老金信托和商业信托相关的案例和注释支持该权力不一定是受信人权力的观点;[59]

e. 保护人考虑权力的行使时没有必须履行的义务,因此该权力不需要被视为任意性权力;[60]

f. 泽西法院承认了明确由保护人持有的非信义指定受托人的权力。[61]

6.27 因此,可以说除在有具备约束力案例或可适用的法律规定的法域外,没有理由认为一个明示的指定受托人的权力一定由保护人以受信人身份持有。[62]

6.28 如果并非受信人权力,则该权力只能为正当目的有效行使。这种权力被认为是"类似受信人权力",但关键在于如果没有其他特点的话,这种权力不需要以受信人身份持有。[63] 因此,仅持有该权

---

〔55〕 The Bird Charitable Trust [2008] JLR 1, [82] (Jersey); The Z Trust [1997] CILR 248 (Cayman); The Circle Trust (2006) 9 ITELR 676 (Cayman).

〔56〕 见上文第4.83段及以下。

〔57〕《1925年受托人法》第36条;《2011年信托法》第4条第(1)款(开曼群岛);《1961年受托人法》第35条(马恩岛)。也可参照如果持有人有关于履行该权力的义务,该权力持有人无正当理由不愿意履行的有关法律规定。

〔58〕 Knight's Will (1886) 26 Ch D 82;可见于Lewin 14-41。

〔59〕 见上文第6.22段及以下。

〔60〕 见下文第6.31段。

〔61〕 Centre Trustees [2009] JRC 109 (Jersey).

〔62〕 在*The Z Trust*案中,法院意图将*Skeats' Settlement*案的判决限制在自身事实上。

〔63〕 Kessler 7.33.

力的保护人不会受制于作为受信人权力持有人的后果。[64]

6.29 相应地,尽管在许多情况下,保护人作为受信人持有指定受托人的权力,但这不总是必然情况,而且保护人必须作为受信人以持有该权力的观点需要被重新审视。[65] 105

(3)权力的行使

6.30 在既决的案件中,保护人持有的指定受托人的权力被认为(或退一步认为)是受信人权力。[66] 这并不让人惊奇,可能是鉴于*Skeats' Settlement*案和后续遵循的案例的影响力,即便是仅在英国判例唯一有说服力的法域。[67]

6.31 尽管(或许是因为)指定受托人的权力已经或多或少地自动被认作受信人权力,如果该权力不是由受托人持有,则与行使该权力有关的义务在很多情况下被认为是有限的(或许最好视为特例)。[68]

a. 保护人在指定受托人时的信义义务被认为是受限于善意和为财产授予的受益人利益履行的义务,并因此仅受限于反权力欺诈规则;[69]实际上,这被认为是"和适用于被授予信托财产的受托人的完全信托责任相比在范围上大相径庭";[70]

b. 保护人欺诈性的指定受托人的后果被认为是可撤销的,而非无效;[71]

---

〔64〕 见上文第4.64段。

〔65〕 Tomasand Hudson 22.39;Underhill 71.11.

〔66〕 IRC v. Schroder [1983] STC 480;Von Knieremv Bermuda Trust Co Ltd (1994) 1 BOC 116 (Bermuda). 也可见于 Osiris Trustees [1999 - 2001] MLR 206 (Isle of Man);Papadimitriou [2004] WTLR 1141 (Isle of Man)。

〔67〕 The Z Trust [1997] CILR 248,284 - 85 (Cayman).

〔68〕 Lewin 14 - 39.

〔69〕 Papadimitriou [2004] WTLR 1141,1161 (Isle of Man).

〔70〕 Osiris Trustees [1999 - 2001] MLR 206,216 - 17 (Isle of Man).

〔71〕 同上。但见 Pitt v. Holt [2012] Ch 132。

c. 这似乎表明尽管是受信人权力,但保护人指定受托人的权力没有被施加考虑权力行使的义务。[72]

6.32 无论作为后果或在任何情况下,作为受托人特点之一的正当行使信义裁量权的义务,[73]被认为不适用于指定受托人的权力,即便该权力由受托人持有。[74]

6.33 在澳大利亚 *Pope v. DRP Nominees Pty* 案中,法院认为禁
106 止受托人在其自身利益和职责冲突时履行的规则,适用于在同样情况下阻止保护人指定新的受托人。[75] 法院也认为,如果保护人因利益冲突不能正当履行,法院将有权指定新的受托人。[76]

6.34 上文曾指出,如果指定受托人的权力以受信人身份持有,则该权力不应用于指定该权力的持有人。[77] "不应"一词表明这种指定可撤销而非无效。[78] 这个区别表明如果指定的受托人违反了信义义务不影响指定有效,除非或直到法院撤销该指定。这可能对考虑不恰当指定受托人行为的后果产生重大影响。[79]

6.35 如果保护人拒绝行使指定受托人的权力的后果是信托需要受托人但没有受托人或额外受托人,以及如果没有其他人有义务或将要履行指定受托人权力,则法院极有可能行使其对信托的监督管辖权,指定受托人使信托的机制正常运转。[80] 无论保护人是否作为受信人持有该权力,都将如此。

---

〔72〕 Osiris Trustees [1999 – 2000] MLR 206 (Isle of Man); Papadimitriou [2004] WTLR 1141 (Isle of Man); Lewin 14 – 41.

〔73〕 见上文第 5.8 节。

〔74〕 *Duxbury's Settlement* 案中,一审判决的理由在报告中没有说明。

〔75〕 Pope v. DRP Nominees Pty [1999] SASC 337 (South Australia).

〔76〕 见上文第 3.21 段。

〔77〕 见上文第 6.13 段。

〔78〕 Montefiore v. Guedalla [1903] 2 Ch 723.

〔79〕 Cowan v. Scargill [1985] Ch 270, 297; BB, D Retirement Benefit Trust [2011] JRC 148 (Jersey).

〔80〕 Rawcliffe v. Steele [1993 – 95] MLR 426, 501 – 3 (Isle of Man); The Freiberg Trust [2004] JRC 056, [6] – [7] (Jersey).

(4)同意指定受托人的权力

6.36 通过被授予受托人的同意指定权,保护人指定受托人也可能被否决。如果受托人被要求需获得保护人同意对受托人的指定,但未能实现,则指定将无效。[81] 保护人对受托人的权力行使的同意权将在下文第 6.6 节中进一步讨论。

(5)罢免受托人的权力

6.37 罢免受托人的权力是一个独立但和指定受托人的权力联系十分紧密的权力。[82] 如果保护人有罢免受托人的权力,他可能因此也有指定受托人的法定权力。[83]

6.38 一般认为授予保护人的罢免受托人的和指定受托人的权力一样,都以受信人身份持有。相同的论据可能被用于解释为什么上述观点可能是错的。[84] 107

(6)指定受托人的法定权力

6.39 正如第 4 章所讨论的,保护人所谓的法定权力只存在于少数法域。[85] 在那些法域中通常授予保护人的权力是指定受托人的权力。这可见于:安圭拉、[86] 伯利兹、[87] 多米尼加、[88] 纳闽岛、[89] 尼维

[81] The Hare Trust (2001)4 ITELR 288(Jersey).

[82] London & County Banking Co v. Goddard [1897]1 Ch 642.

[83] 例如,《1925 年受托人法》第 36 条第(2)款。

[84] 见上文第 6.22 ~6.27 段及以下。

[85] 见上文第 4.7 节。

[86] 《2000 年信托法》第 15 条(安圭拉)。

[87] 《1992 年国际信托法》第 16 条(伯利兹)。

[88] 《1997 年国际豁免信托条例》第 9 条第(2)款第(a)项(多米尼加)。

[89] 《1996 年离岸信托法》第 35 条第(3)款(纳闽岛)。

斯(国际信托)、[90]毛里求斯、[91]马耳他、[92]圣基茨和尼维斯(国内信托)、[93]圣文森特和格林纳丁斯。[94]

6.40 这些法域中授予保护人指定和罢免受托人权力的法规非常相似。例如,安圭拉相关法条如下:

保护人拥有下列权力——

(a)除非信托条款另有规定,罢免受托人和指定新的或额外受托人的权力。[95]

6.41 在某些情况下相同的法规也包含下列规定,即保护人为在“信托条款对指定新的或额外受托人没有规定”的情况下,有权指定新的或额外的受托人。[96] 这些规定和上文考虑的授予保护人“罢免受托人和指定新的或额外受托人”的规定的关系仍不清楚。尽管这些规定似乎没有提及罢免受托人的权力,但应被视为保护人指定受托人的法定权力的补充条款。

6.42 在许多法域,如果信托文书指明保护人有权指定新的受托人,那么在表面上保护人在英国的法定权力下,有权行使指定或罢免受托人的法定权力。这样的规定可见于英格兰、[97]巴哈马、[98]巴巴多

---

〔90〕《1994年国际豁免信托条例》第9条第(2)款第(a)项(尼维斯)。

〔91〕《2001年信托法》第35条第(3)款(毛里求斯)。

〔92〕《1988年信托和受托人法》第24A条(马耳他)。

〔93〕《1996年信托法》第25条(圣基茨和尼维斯)。

〔94〕《1996年国际信托法》第16条第(2)款第(a)项(圣文森特和格林纳丁斯)。

〔95〕《2000年信托法》第15条(安圭拉)。

〔96〕《2000年信托法》第18条(安圭拉);《1992年国际信托法》第19条(伯利兹);《1997年国际豁免信托条例》第34条第(1)款(多米尼加);《1984年国际豁免信托条例》第35条(尼维斯);《1996年信托法》第27条(圣基茨和尼维斯)。

〔97〕《1925年受托人法》第36条。

〔98〕《1998年受托人法》第42条第(1)款(巴哈马)。

斯、[99]百慕大、[100]英属维尔京群岛、[101]文莱达鲁萨兰国、[102]开曼群 108
岛、[103]塞浦路斯、[104]直布罗陀、[105]中国香港特区、[106]马恩岛、[107]新西兰[108]和安大略省。[109]

6.43 正如上述名单所表明的,并非所有的相关法域都允许保护人行使指定受托人的法定权力。一些法律规定该权力只能由以下主体行使:

a. 由现任受托人,最后受托人的遗嘱执行人,或法院;[110]或

b. 只有法院。[111]

2. 修改信托文书的权力

(1)引言

6.44 现代信托文书中通常载有修改信托条款的宽泛权力的规定。[112] 养老金法也受制于频繁的法定干预和长期存在的养老金计划。因此,养老金信托一般包含修改的权力,且该权力持有人(养老金

---

[99] 《1980年受托人法》第38条(巴巴多斯)。

[100] 《1975年受托人法》第26条第(1)款(百慕大)。

[101] 《1961年信托条例》第36条第(1)款(英属维尔京群岛)。

[102] 《2000年国际豁免信托法令》第41条(文莱达鲁萨兰国)。

[103] 《2011年信托法》第4条第(1)款(开曼群岛)。

[104] 《1955年受托人法》第35条第(1)款(塞浦路斯)。

[105] 《1895年受托人条例》第3条第(1)款(直布罗陀)。

[106] 《1934年受托人条例》第37条第(1)款(中国香港特区)。

[107] 《1961年受托人法》第35条第(1)款(马恩岛)。

[108] 《1956年受托人法》第43条(新西兰)。

[109] 《1990年受托人法》第3条第(1)款(安大略省)。

[110] 《2007年信托法》第18条(根西岛);《1984年信托法》第17条(泽西);《2001年信托法》第29条(毛里求斯);《1994年国际信托法》第23条(塞舌尔);《1990年信托条例》第15条(特克斯和凯科斯群岛)。

[111] 《1996年离岸信托法》第26条(纳闽岛)。

[112] 尤其在离岸信托和商业信托中。

受托人或雇员)也频繁使用该权。其结果是,许多判例法认为修改权的行使和养老金信托相关。尽管有人说养老金信托没有特殊的解释规则,但养老金计划的典型情况和其他绝大多数信托的情况不同,所以,如家庭财产授予中援引这些判例时应当谨慎行事。[113]

6.45　任何能用于修改信托条款的权力,而非仅修改纯粹的管理规定的权力,是处分权。

(2)修改权的范围

6.46　如果存在该权力,第一个问题是在权力范围内是否可以提
109 议修改,以及考虑修改时的情况和任何先行修改导致的后果。[114]

6.47　修改权力的条款一般受制于明确的限制,例如:

a. 禁止授予委托人或委托人配偶任何利益,这也会阻止这种权力用于撤销部分或全部的财产授予,使其成为为委托人持有的归复信托;

b. 只有财产授予的管理规定可能被修改,这是常见于国内信托的一种权力;

c. 禁止可能侵害受托人(或保护人)权力的信托文书的修改,如果受托人无权修改,该限制可能对保护受托人利益相当必要;

d. 禁止使任何先前处分权决定无效的修改。尽管修改似乎不大可能使该处分权无效,但该限制通常出于高度谨慎的目的而被载明。[115]

6.48　修改权是否受限于(如果有的话)明确的限制仍需进行解释,例如,该权力能否用于增加或罢免受益人或撤销信托。[116] 如果考虑修改权的行使能或不能实现的事项,法院可能立足于该权力的目的

---

〔113〕 Tomasand Hudson 45.45 及以下。

〔114〕 Bank of New Zealand v. Board of Management of the Bank of New Zealand Officer's Provident Association [2003] UKPC 58(New Zealand).

〔115〕 见下文第 6.76 段。

〔116〕 见下文第 6.C 节关于增加和减少受益人的权力。

是提高信托灵活性，而采用实际且自由的方法。[117] 然而，法院也承认修改权只能为促进或维护信托基本或内在目的而被使用。[118] 列举这些原则远比在复杂的个案中适用原则简单得多。

6.49　先前修改权的行使也会被考虑在内，所以，根据调整的幅度和情况的变更，可以认为能对信托条款作出有效的多次彻底的改变，而非一蹴而就。

6.50　"忒修斯之船"就是不断维修和更换零件直到船上没有原先的零件剩余。这成为一个哲学辩论：

> ……一方认为船仍然不变，另一方认为船不再是同一艘船。[119]

经过多次修改后，确定拟议的后续修改是否会削弱信托基础，看起来像是一次类似的十分无趣的尝试。 110

(3)修改的受信人权力和个人权力

6.51　修改权的范围通常和这种权力是否以受信人身份持有的问题捆绑在一起。当然，在受托人的角度，他就是受信人。且从整体来看，必须像任何其他的受托人权力一样，为受益人利益的权力而行使。[120]

6.52　如果委托人保留了该权力，则一般认为该权力是个人权力。[121] 如果该权力是无限的个人权力，则不能适用权力欺诈原则，相应地，委托人仅能为自身利益行使。[122] 如果修改权是无限个人权力，

---

〔117〕 Kearns v. Hill (1990) 21 NSWLR 107 (New South Wales).

〔118〕 Ibid.

〔119〕 Plutarch, *Plutarch's Lives*, trans. by John Dryden (JMDent & Sons Ltd, 1910).

〔120〕 Nemesis Australia v. Commissioner of Taxation [2005] FCA 1273, [31] – [32] (Australia).

〔121〕 Lewin 30 – 56.

〔122〕 见上文第 5.6 节。

且假设权力足够宽泛,则可以用于撤销整个财产授予,使授予的财产回归委托人。相应地,这可能意味着财产属于委托人且有逃避委托人相应债权人的嫌疑。[123] 然而,在泽西法院的判决中,就 *The HHH Trust* 案的事项,法院认为,雇员受益信托的委托人保留了修改的有限个人权力,尽管限制的属性明显只是源于最大限度的善意忠诚义务。[124]

6.53 在 *The Z Trust* 案中,保护人的修改信托文书权力被认为是个人权力。[125] *The Z Trust* 案中的保护人是对投资以受信人身份持有权力的管理委员会(包含受益人)。尽管管理委员会持有信义权力,从解释上看,由委员会和委托人在委托人和其女儿在世期间共同行使的修改权,被认为是个人权力,而非受信人权力。该权力被认为是受限于反权力欺诈原则的有限个人权力。[126]

6.54 在 *Alhamrani v. Russa Management* 案中,法院认为保护人的修改权是受信人权力。[127] 尽管该权力被认为是受信人权力,如果规定该权力应为所有受益人的利益行使,则在保护人是受益人的情况下,该权力能用于保护人利益。这个判例遵循了保护人修改权力是受信人权力的让步观点,尽管如此,如果信托文书作出不寻常的规定,则
111 兼任受益人的两名共同保护人可以单独行使该权力。这个让步观点的正确性值得怀疑,*The Z Trust* 案得出的结论或许会得到青睐。

6.55 从这些判例来看,修改信托文书权力可能由保护人以受信人身份或作为有限个人权力持有,这是个需要在个案中解释的问题。

---

[123] Tasarruf Mevduati Sigorta Fonu v. Merrill Lynch Bankand Trust Company(Cayman) [2011]UKPC 17(Cayman).

[124] The HHH Trust [2012]JRC 127 B,[18](Jersey). Prudential Staff Pensions v. Prudential Assurance Co [2011]Pens LR 239,[118]-[128].

[125] The Z Trust [1997]CILR 248,294-95(Cayman).

[126] The Z Trust [1997]CILR248,287(Cayman).

[127] Alhamrani v. Russa Management [2010]WTLR 443(Jersey).

3. 增加和罢免受益人的权力

(1)引言

6.56　增加和罢免受益人(基于永久或暂时的原因排除一名受益人从信托受益)的权力不仅可能被认为是一种特殊的修改权力,而且和指定权相似。[128] 在任何情况下,这都是一种处分权,而且可能以普遍或混合或有限的形式被授予。[129]

6.57　增加或罢免受益人的权力经常包含在有着传统的定义、清晰的家庭受益人团体的国内信托中,以在家庭环境发生变化的情况下提供一定程度的灵活性。在这种情况下,只要这种权力表明持有人能通过行使该权力分辨现存的受益人的各自利益,就不会产生特别困难的情形。[130]

6.58　在权力条款相当宽泛的情况和几乎从信托文书表面判断不出谁意图从信托中获益的情况,这种权力可能相当重要(同时很难恰当行使)。尽管监管压力确保专业受托人知道他们为了谁而持有财产,但是包含这种权力的国际信托仍十分常见。

(2)红十字信托的有效性

①红十字信托

6.59　信托文书一开始没有载明——委托人希望谁主要从信托中受益,且有权增加世界上任何人为受益人,这种财产授予通常被称作红十字信托。[131] 112

[128] The C Trust [2012] JRC 086 B(Jersey).

[129] 见上文第 4.2 节。

[130] 尽管家庭环境的改变可能导致权力持有人的处境艰难。

[131] The C Trust [2012] JRC 086 B(Jersey).

默认的以及受制于受托人的权力行使的最终受益人，是英国红十字会。在保护人的同意下，受托人可以添加受益人的财产授予，通常被称作红十字信托。在极端的形式下，现存并无被称作受益人的人选，增加人选的权力实际上意图在日后才行使受益。Dougherty 先生在他的证词里指出这就是红十字信托。他补充自己并不青睐红十字信托。

6.60　尽管形式没有如此极端，上诉枢密院依旧在马恩岛 *Schmidt v. Rosewood Trust* 案中讨论了这种信托。[132] 红十字信托也受辖于马恩岛政府事务庭[133]的另一判例——*Rawcliffe v. Steeled*。[134] 在两案中或许值得注意的是法院没有认为信托是虚假的。

②有效性的问题

6.61　受益人原则是为了使信托有效，必须总是有一名受益人能够履行信托条款。[135] 如果增加和罢免受益人的权力被用于扩大或缩小在信托成立之初的既定受益人群体，则权力不会造成任何理念上和实际上的困难；总会有受益人来履行信托，受托人为受益人利益行使职务。

6.62　然而，如果(尽管未来可能通过行使这种权力增加受益人)信托文书没有指定受益人，则可能会出现上述困难，而不是像红十字会一样有长期慈善受益人，或缺少普遍为了慈善而约定的赠与。慈善受益人无意图被告知其受益人地位，或实际上，除了在完全意想不到的情况下，从信托财产中获利。默认的受益人因此不大可能意识到信托的存在，或是，意图在履行条款中寻求经济利益。

6.63　在这种情况下，明显的指定，例如，红十字会作为受益人

---

〔132〕 The Holmaegen Trust (1998) 1 ITELR 901, 905 (Isle of Man).

〔133〕 马恩岛上诉法院。

〔134〕 Rawcliffe v. Steele [1993－95] MLR 426 (Isle of Man).

〔135〕 Morice v. Bishop of Durham (1805) 10 Ves Jr 522; Astor [1952] Ch 534, 542.

(或假设对红十字的赠与存有慈善目的)有未能满足受益人原则的风险,那么信托可能被认为无效。[136] 与此结论相反的是,*Rawcliffe v. Steele* 案中提出的却没有解决的,包含慈善赠与的信托是否总是可执行的问题,仍在讨论之中。[137]

6.64 暂不考虑增加受益人权力的行使,受益人如何正当管理信托也值得讨论。如果忽视作为唯一实际指定的受益人红十字(或相似慈善组织)的利益,似乎要求受托人为增加受益人的权力对象但非(或 113
可能永远不会是)受益人的人履行职责,这点令人并不满意。同时受托人被要求为慈善默认受益人的利益来管理信托,其结果不令人满意。现实情况往往是信托是在委托人的指导下被管理的。

③风险和风险管理

6.65 许多委托人不见得能完全了解设立红十字信托的风险。除信托可能被认为无效的风险(尤其是被一般法院而不是被该区有信托管辖权的法院),即便信托的有效性没有被质疑,也存在委托人意图其得利的人不照做的风险。这种风险一定程度上能通过授予受托人"受制于保护人同意的增加和罢免受益人的权力"来减轻。即便如此,如须接受设立红十字信托的风险,有观点认为,利益由不包括所有意图从信托获利的人取得,因为受益人需从一开始就明白。

(3)权力的形式

6.66 增加受益人权力的形式往往是权力的持有人可指定任何人为受益人,除了委托人及其配偶。[138] 有时信托文书会在权力的指定对象中明确排除该权力的持有人。[139] 如果可指定的群体在任何情

---

[136] Exeter Settlement [2010] JRC 012 (Jersey);对本案正确性的批评可见 P. Fudakowka, *No Beneficiaries, No Trust*? (2010) 14 JGLR 331; P. Matthews, *Jersey Trusts Law Study Guide* 2012 - 2013(Institute of Jersey Law, 2012) 2.52 - 2.59。

[137] Rawcliffe v. Steele [1993 - 95] MLR 426, 464 - 65 (Isle of Man). White [1893] 2 Ch 41.

[138] 经常出于税收和财产跋扈的原因而排除。

[139] The Z Trust [1997] CILR 248 (Cayman).

况下都有限,则该权力为混合处分权。[140]

6.67 增加或罢免受益人的权力可视为修改财产授予条款的一种权力。[141] 部分法域法律规定这种权力属于任何明示的修改权,除非信托文书表明了相反的意图。[142]

(4)增加和罢免受益人的受信人权力和个人权力

6.68 有人认为可以增加任何人作为受益人的修改信托文书的权力一定是个人权力,如果这是受信人权力(因此受辖于法院的控
114 制),则法院不能指导权力的行使或亲自行使,除非持有人不正当行使。[143]

6.69 然而,增加任何人(有或无特定例外)作为受益人的权力最近被枢密院视为与指定任何人的权力一样。[144] 后一种权力在被受托人持有时被认为是有效的受信人权力。[145] 正当行使该权力并不会要求受托人考虑所有的潜在对象,但需考虑看上去有特殊权利主张的人。在实践中这些人会被委托人(通常在意愿信中)或保护人(如果增加受益人的权力被授予受托人)特别指出。[146]

6.70 由此看来,保护人可能被授予作为受托人或个人权力的增加和罢免受益人的权力。

(5)增加受益人的权力行使

6.71 正如预料的,试图增加非权力对象的受益人的尝试被认为

---

〔140〕 见上文第4.2节。

〔141〕 The Z Trust [1997] CILR 248(Cayman).

〔142〕 《1998年受托人法》第3条第(3)款(巴哈马),少数表面上适用保护人和受托人的法律规定。

〔143〕 The Z Trust [1997] CILR 248,286-87(Cayman).

〔144〕 Schmidt v. Rosewood Trust [2003] 2 AC 709,[33],[41-42],[68]. 但可见于 Exeter Settlement [2010] JLR 169(Jersey)。

〔145〕 Gestetner Settlement [1953] Ch 672,688-89;Manisty's Settlement [1974] Ch 17,26.

〔146〕 见上文第5.9节。

是权力的过度行使,因此被认作无效。[147] 如果权力对象和非权力对象一起被增加,则对象有效的指定将生效,而另一个对象无效的指定部分将无效,除非这里违反反权力欺诈原则。[148]

6.72 该权力(无论是否是信义权力)的持有人是否可直接自我指定或通过修改信托文书条款来自我指定,都需要在个案中进行解释。不出意料的是,有人认为修改信托文书的权力不能被受托人使用。根据信托文书,受托人亦被排除在增加受益人或指定自己为潜在受益人的权力对象之外,防止他们将信托财产指定给自己。[149] 这种观点的目的是通过论证修改权是一般处分权以避免适用当地的反永续规则,当然这适用于该权力掌握在受托人手中,而它明显不是。

(6)罢免受益人的权力

6.73 增加受益人的权力通常伴随着罢免受益人的权力。罢免受益人权力或者被如此解释或者暂时或永久排除一名受益人从信托文书中获利。两种权力有时出现在同一份信托文书中,这可能会产生 115
困惑。

6.74 通常情况下,保护人被受益人要求行使罢免该受益人的权力,包括纳税计划,受益人实际或潜在破产,或受益人的婚姻困难。"友好"罢免受益人中的事项是尽可能保证被免除的受益人不再可能从信托获利。如果罢免受益人权力被授予受托人,则该权力受制于受托人自由裁量的一般规则,则可能因此被不当或被任意使用。[150] 如果该权力被授予保护人,正当行使自由裁量权的规则是否适用,仍不

---

[147] Ramsden v. Federal Commissioner of Taxation [2004] FCA 632, [45] – [47] (Australia).

[148] 见上文第5.5节和第5.6节。

[149] Nemesis Australia v. Commissioner of Taxation [2005] FCA 1273, [31] – [32] (Australia).

[150] AN v. Barclays Private Bankand Trust [2006] CILR 367, [47] (Cayman); The C Trust [2012] JRC 086 B (Jersey).

清楚。[151]

6.75　在多变的情况中可能出现被罢免或排除获利的受益人能再次被指定为受益人的情况。实际上，永久罢免受益人的举措可能被认为不能对指定受益人的自由裁量有任何阻碍作用，尽管可以通过修改或部分放弃指定权力来取得想要的结果。

6.76　罢免受益人的权力不具有追溯力，至少在已经对涉及的受益人分配了财产的情况。相应地，当法定所有权还未发生转移，罢免受益人的权力不能用于剥夺受益人在信托财产中的利益，只要这部分财产在排除受益人之前已经被清楚分配，[152]否则罢免的权力被认为能够剥夺受益人任何信托利益，无论是确定的或是不确定的。

(7)法定权力

6.77　在一些相关法域，增加或罢免受益人的权力包括在保护人的非详尽的权力清单中。在巴哈马、[153]迪拜国际金融中心、[154]根西岛、[155]和泽西[156]情况就是这样。没有相关的法域看上去赋予了保护
116 人这种所谓的法定权力。

4. 改变准据法和管辖法院的权力

(1)引言

6.78　国际信托文书一般包含改变财产授予准据法和财产授予管辖法院的明示权力。这种规定至少涉及了两种法律中的有效性问

[151] 见上文第5.8节。

[152] Reed v. Papyrus Investments [2005] JL Note 12 (Jersey).

[153] 《1998年受托人法》第81条第(2)款第(e)、(f)项(巴哈马)。

[154] 《2005年信托法》第68条第(2)款第(e)、(f)项(迪拜国际金融中心)。

[155] 《2007年信托法》第15条第(e)项(根西岛)。

[156] 《1984年信托法》第9A条第(2)款第(e)项(泽西)。

题，原始的财产授予法和新拟制中的财产授予法。

(2)有效性

6.79　在部分法域，这种条款的有效性由法律规定支持（在一些情况中也受限于法律规定）。例如，巴哈马的法律规定：

①如果信托条款规定，适用法可以变更为巴哈马法律或从巴哈马法律变为其他法律，如果——

(a)在改为巴哈马法律的情况中，这种变更的有效性由之前的适用法决定；

(b)在从巴哈马法律变为其他法律的情况中，由新的适用法决定信托的有效性和受益人各自的利益；

②准据法的变更不应影响变更前事项的有效性、合法性，或使任何人对之负责。[157]

6.80　变更准据的信托法也被部分法域的法规认为是可能授予保护人的权力，例如：

③信托文书可能授予委托人或保护人任何权力，包括但不限于下列任何权力中的一种或几种——

(a)决定信托准据法的法域；

(b)变更信托的管辖法院……[158]

6.81　广泛的关于保护人这些权力行使的相似法规可见于巴巴多斯、[159]英属维尔京群岛、[160]塞浦路斯、[161]根西岛、[162]泽西[163]和毛里求斯。[164]

---

[157] 《1989 年信托(适用法)法》第 5 条(巴哈马)。
[158] 《1998 年受托人法》第 81 条第(2)款(巴哈马)。
[159] 《1995 年国际信托法》第 26 条(巴巴多斯)。
[160] 《1961 年信托条例》第 89 条(英属维尔京群岛)。
[161] 《1992 年国际信托法》第 4A 条第(2)款第(g)项(塞浦路斯)。
[162] 《2007 年信托法》第 15 条第(1)款第(g)项(根西岛)。
[163] 《1984 年信托法》第 9A 条(泽西)。
[164] 《2001 年信托法》第 25 条第(3)款(毛里求斯)。

6.82 在本书所涵盖的任何法域范围内,看上去不存在任何成文
117 法或判例法表明一般情况下任何变更准据法或信托管辖法院都不可能违反公共政策。在许多公开的判例中变更准据法是被视为原则上有效。[165]

(3)改变准据法和管辖法院的后果

①改变准据法的后果

6.83 恰当理解改变信托的准据法和管辖法院的影响十分重要。一般情况下这包括关于当前的信托准据法和意图的新信托准据法之间的任何相关区别的了解和建议。

6.84 从保护人角度,有必要了解两种法律关于保护人权力、义务和权利之间的差异。

②管辖法院

6.85 国际信托文书一般包括指明具体法域的信托管辖法院的规定。通常,但非一定,指定管辖法院所在法域和信托准据法的法域相同。实际上,许多特定的准据法不是由委托人明确选择的法域,法院需要考虑"委托人指定的信托管理地区的问题"。[166] 因而对管辖法院的明确的选定往往是进一步(也许是不必要的)对委托人选择准据法的确认。

6.86 税收法中,信托一般管辖地可能和信托所在地有关。管辖法院的条款极有可能表明信托在国外履行。[167]

6.87 管辖法院的条款在表面上也表明法院在信托管理中应(或

---

〔165〕 Oakley v. Osiris Trustees [2008] UKPC 2 (Isle of Man); Osiris Trustees [1999 – 2000] MLR 206 (Isle of Man); Bridge Trust Co v. AG, the Continental Foundation and the A all Foundation [1996] CILR 52 (Cayman); Helmsman v. Bank of NewYork Trust Company (Cayman) (2010 – 11) 13 ITELR 177.

〔166〕 《2007 年信托法》第 3 条第(1)款第(b)项第(i)目(根西岛)。

〔167〕 *Halsbury's Laws of England* (5th edn, Butterworths Lexis Nexis), Vol. 5 (1) (2004 reissue) [119]; Inland Revenue Commissioners v. Kenmare [1956] 3 AllER 69.

必须)采取的诉讼程序。没有要求在信托文书中明确确定这样一个法院。关于信托管理的适用在任何情况下都可能由信托"所在"法院管辖,这一般既出于实践原则也出于司法原因。 118

③处理信托纠纷的管辖权

6.88　在泽西 *Koonmen v. Bender* 案中,法院认为特定的国家法律规定的排他管辖权和该国的法院是信托管辖法院的规定,相当于给予涉及的法院对和信托相关的一切诉讼的排他管辖权,包括对受托人个人的恶意诉讼。[168]

6.89　然而最近在 *Representation of AA* 案[169]中,泽西法院认为,在考虑由泽西法律管辖却和根西岛联系更密切的信托时,信托文书一条规定如下:

> ……依泽西法律设立的信托和各个角度都应受泽西法律管辖的信托的准据法应当是泽西法律,这个信托的管辖法院应当是当地法院……

因没有表示出委托人的意图,泽西法院对判决针对前任信托受托人恶意诉讼有排他管辖权。

6.90　*Representation of AA* 案的观点在这方面无疑是正确的。如果 *Koonmen v. Bender* 案依据信托文书作出了正确的判决,在安圭拉法律中,是否希望现在的一般法院会采用 *Representation of AA* 案的观点,这仍然值得怀疑。如果如此,法院逐渐会发现,委托人意图在除信托所在地的法域之外的任何法律法域拒不承认信托受益人起诉受托人。

---

[168] Koonmen v. Bender (2004) 6 ITELR 568 (Jersey). 也可见于 EMM Capricorn Trustees v. Compass Trustees (2001 - 2) 4 ITELR 34 (Jersey); Green v. Jernigan [2003] BCSC 1097 (British Columbia); NABB Brothers v. Lloyds Bank International (Guernsey) [2005] EWHC 405 (Ch)。见下文第 9.2 节。

[169] Representation of AA [2010] JRC 164 (Jersey).

(4)权力的行使

6.91　有效的权力行使改变信托法律将至少需要满足下列几点：

a. 权力的行使无论在形式上还是实质上都符合原先的管辖法律；

b. 信托条款符合预期的新管辖法的实质要求。

6.92　在 *Oakley v. Osiris Trustees* 案中两种信托最初受辖于泽西法律。[170] 改变各自财产授予的管辖法的权力被授予受托人，且凭契据行使。法人受托人声称在两个财产授予中行使权力，将管辖法律变为马恩岛法律。该权力被声称按照受托人主管的决议行使（或权力行
119 使由此证明）。

6.93　受托人不了解，在泽西法律下，其中一个信托的永久持有期限获批准的最长期限长于马恩岛批准的最长期限。尽管注意到如果受托人先用其修改权将永久持有权期限缩短，则改变管辖法可能会有效，但不得不承认在这些情况中试图改变马恩岛法律的尝试都会无效。[171]

6.94　认为改变第二种信托的管辖法无效的观点受限于受托人（有 2 名主管组成）是否意图行使他们所有的权力的有限情形。

6.95　更有趣的情形是，正当行使权力的程序是否被服从，至少因为信托文书要求权力凭据行使，而在英国和其他法律中普遍存在的契据非泽西法律的要求。[172] 尽管在 Scott 法官的不同判决中提出过，但是这个问题无论是在政府部门还是在枢密院都还未进行讨论。[173] Scott 法官也认为，从一审发现的事实来说，可视作受托人的权力行使违反了反权力欺诈原则，[174] 或者基于 *Hastings-Bass* 案确立的规则可

---

[170] Oakley v. Osiris Trustees [2008] UKPC 2 (Isle of Man).

[171] Oakley v. Osiris Trustees [2008] UKPC 2, [7] – [8] (Isle of Man).

[172] Oakley v. Osiris Trustees [2008] UKPC 2, [25], [50] – [51] (Isle of Man). 见上文第 5.3 节。

[173] 同前注 50 ~ 52。

[174] Oakley v. Osiris Trustees [2008] UKPC 2, [53] – [54] (Isle of Man). 见上文第 5.6 节。

撤销。[175]

(5)法定权力

6.96　在一些相关法域,改变信托准据法的权力包括在保护人的非穷尽的权力清单中。在巴哈马、[176]巴巴多斯、[177]英属维尔京群岛、[178]开曼群岛、[179]塞浦路斯、[180]根西岛、[181]泽西[182]和毛里求斯[183]的情况就是这样。

5. 关于投资的权力

(1)引言

6.97　在信托财产的投资控制中,委托人希望对信托财产保留控制,而这个往往与信托法的规定有一定的冲突,后者坚持受托人对信托财产的控制。信托文书往往规定信托财产的投资受保护人指导或 120
控制,可能是这种冲突造成的结果。

(2)贸易公司股份信托

6.98　如果信托财产涉及家族企业或其他有紧密联系的贸易公司,委托人意图控制财产管理的想法和信托成立时财产的用益所有权

---

〔175〕 同前注 55。见上文第 5.8 节。

〔176〕 《1998 年受托人法》第 81 条第(2)款(巴哈马)。

〔177〕 《1995 年国际信托法》第 26 条(巴巴多斯)。《1961 年信托条例》第 89 条(英属维尔京群岛)。

〔178〕 《2011 年信托法》第 14 条第(1)款第(g)项(开曼群岛)。

〔179〕 《2011 年信托法》第 14 条第(1)款第(g)项(开曼群岛)。

〔180〕 《1992 年国际信托法》第 4A 条第(2)款第(g)项(塞浦路斯)。

〔181〕 《2007 年信托法》第 15 条第(1)款第(g)项(根西岛)。

〔182〕 《1984 年信托法》第 9A 条(泽西)。

〔183〕 《2001 年信托法》第 25 条第(3)款(毛里求斯)。

须转让的要求之间的紧张局势可能变得非常严重。

6.99 一种处理这种紧张局势的方式是限制受托人的投资义务，并相应地提高像受托人持有重要利益的控股公司主管的行动自由。这可以通过在信托文书中加入所谓的“反 *Bartlett* 条款”完成。[184] 这些条款意图使 *Bartlett v. Barclays Bank Trust Co* 案的判例[185]无效，该案认为对特定公司有足够股份进行控制的受托人有义务跟进公司事务，并对公司活动进行有效监督。[186]

6.100 一些“反 *Bartlett* 条款”规定，如果受托人意识到这种情况需要进行询问，则受托人有调查的义务。[187] 受托人义务的限制也保护受托人不受违反信托的求偿的侵害，同时如果没有该条款，专业受托人可能不愿意接受作为信托财产的私人贸易公司股份作为信托财产。

6.101 授予保护人关于信托财产投资的权力是另一种(有时是补充的)处理这个问题和管理信托财产投资问题的一般方法。

6.102 绝大多数的“反 *Bartlett* 条款”施加了受托人不能干涉受托人持有利益的特定公司(或一般公司)的义务。这种条款往往包括受托人在保护人的指导下关于信托等事项范围内行使股份的投票权等事项。解决这个问题的另一个方法是通过设立非慈善目的的信托，使
121 该信托中受托人无权力也无义务管理特定财产。[188]

(3)指导投资的个人权力和信义权力

6.103 授予保护人指导受托人关于投资的权力看起来相当于对受托人投资权力的授权委托。[189]

---

〔184〕 其他类似规定包括英属维尔京群岛法律管辖的维尔京群岛特别信托法的范围；见下文第 10 章。

〔185〕 Bartlett v. Barclays Bank Trust Co [1980] Ch 515.

〔186〕 Lewin 34 – 49, 34 – 50.

〔187〕 J. Kessler, *STEP Standard Provisions* (*England and Wales*) (2nd edn, Society of Trustand Estate Practitioners, 2011) provision 16.

〔188〕 见下文第 10 章。

〔189〕 见上文第 5.7 节。

6.104 授予保护人指导受托人投资的权力的影响很容易被误解，因为正和许多委托人所想的相反，该权力极有可能被视为以受信人身份持有的权力，所以没有什么：

……我认为，比最直接和明白的语言，能够证实这将使行使指导权力的人无视受益人利益的观点的解释。[190]

6.105 认为指导受托人投资决定的权力本身以受信人身份持有的观点适用于委托人和保护人。如果指导受托人的权力被视为对受托人自身的信义权力的委托，则上述观点可以理解。[191]

6.106 在持有人是受益人且明显该权力是为了使受益人能够保护或提前实现自身利益，则上述规则在下文案例（将在下文讨论）中不发挥作用，即便这可能和其他信托涉及的人的利益相冲突。

6.107 在 *Hart's Will Trusts* 案中终身受益人有权指导信托基金投资。[192] 有人认为终身受益人有义务只能基于善意履行，但能为其自身利益履行。权力的持有人可能将权力用于自身利益，但只能针对信托公平的交易，例如，该权力能用于购买权力持有人的财产，但只能以公平的价格购买。这看上去是一种特别的有限个人权力，且很大可能适用反权力欺诈原则。[193]

6.108 正如法官 Vesteys Executors 所表示，这是个解释的问题，所以，信托文书规定的保护人指导投资的权力为个人权力，不能被视为以受信人身份持有的权力。[194]

---

〔190〕 Lord Vestey's Executorsv IRC [1949]1 AllER 1108,1115per Lord Simonds.

〔191〕 Lord Vestey's Executorsv IRC [1949]1 AllER 1108.

〔192〕 Hart's Will Trusts [1943]2 AllER 557.

〔193〕 见上文第5.6节。

〔194〕 Lord Vestey's Executors v. IRC [1949]1 AllER 1108,1115. 195,《1996 年信托法》第25条第(8)款第(b)项的例外(圣基茨和尼维斯)。

6.109　在绝大多数相关法域没有明确关于保护人是否在投资权
122 力上有诚信责任的制定法规。[195] 在持有人纯粹作为受托人的保护人非详尽权力规定中基本没有规定投资权力。[196]

6.110　这一点在根西岛法律中作出了明确规定，关于对受托人投资的指导权力可能被委托人批准或保留，该权力的持有人是纯粹的受托人，并受制于信托条款，不具备任何信义义务。[197] 开曼群岛、塞浦路斯、泽西的法律对该权力持有人的义务没有审断。[198] 巴哈马的新指导信托规定也没有。[199]

6.111　伯利兹的法律规定更有意思，因为其规定，“在行使职权时，保护人不应被视为或当作受托人”。[200] 但同时施加信托文书规定的诚信义务。[201]

6.112　有诚信责任和在信托投资上被认为是受托人的区别将在下文讨论。[202]

(4) *Rogers* 案

6.113　参考早些的安大略省 *Rogers* 案，可以审视保护人指导受托人投资决定时的角色。[203]

6.114　*Rogers* 案中[204]立遗嘱人指示他的执行人和受托人：

---

[195] 《1996 年信托法》第 25 条第(8)款第(b)项的例外(圣基茨和尼维斯)。

[196] 见第 8.70 段及以下。

[197] 《2007 年信托法》第 15 条(根西岛)。

[198] 《2011 年信托法》第 14 条第(1)款第(e)目(开曼群岛)；《1992 年国际信托法》第 4A 条第(2)款第(d)项(塞浦路斯)；《1984 年信托法》第 9A 条(泽西)。

[199] 《1998 年受托人法》第 81A 条(巴哈马)。

[200] 《1992 年国际信托法》第 16 条第(4)款(伯利兹)。

[201] 《1992 年信托法》第 16 条第(5)款(伯利兹)；《1996 年信托法》第 25 条第(8)款第(b)项(圣基茨和尼维斯)；《2000 年信托法》第 15 条第(4)款、第(5)款(安圭拉)。

[202] 见第 8.70 段及以下。

[203] Rogers (1928) 63 OLR 180 (Ontario).

[204] Ibid.

关于我对加拿大 National Life Assurance Company 的投资无论在任何时候、任何事项中都应咨询并受辖于上述 Alexander H. Beaton 的建议，同时我免除上述执行人和受托人受我的上述的女婿起诉而产生的责任。

死者的遗产是不到1/3涉案公司的股份。

6.115 Beaton 先生不是受益人而是(至少在涉案遗嘱信托中)保护人；实际上这被认为他被授予了权力"来保护他的执行人和受托人"。他声称的(包括遗嘱信托)关于死者遗产管理的指定是否有效，仍值得怀疑。[205] 该案中遗嘱的条款可能反映出美国对指定关于遗嘱 123
信托基金投资的"咨询受托人"的实践。[206] 如果没有进一步的分析或权威案例的引用，法院将认为 Beaton 先生，尽管本身不是受托人或执行人，"没有其他关于遗产的受托人特色的身份，因此对遗产不负任何责任"。

6.116 除了是死者的女婿，以及是其中一位信托受益人的丈夫，Beaton 先生还曾是加拿大 National Life Assurance Company 的事务律师。在立遗嘱人死后，他被指定为公司主管，以代表遗产利益。Beaton 先生之后购买了公司大量的个人股权，由此成为公司的总裁。

6.117 法院认为：

如果其个人利益和职责冲突，无人应当被授权继续履行信托，更不必说行使一个没有相应义务的破格权力。

总体来说，一个处在 Beaton 先生立场的人必须"正当合理"地使

---

[205] 见上文第2.5节。

[206] 上文的"信托保护人的发展、利用、滥用和其在信托法和实践中的角色"可适用于此。

用他的权力。

6.118 在这种情况下,法院认为其有权指示受托人处理公司股份,而不必进一步参考 Beaton 先生的意见(该决定由受益人而非 Beaton 妻子所支持)。

6.119 *Rogers* 案是一个重要的判例,尤其因为其阐明了在保护人有权指导投资的情况下可能产生的困惑。虽然法院对其特定事实的最终判决是可以理解的,但是 Beaton 先生对信托没有信义义务,表面上与判定他有忠实义务是存在冲突的,后者认为他无法同时既出于自己的利益行事,又照顾到信托的利益。[207]

(5)指导投资权力的行使

①引言

6.120 如果保护人的确有关于投资的以受信人身份持有的权力,那么关于施加义务的内容和范围的问题就会随之而来。[208] 但是这些问题很少被探究。

②受托人主要投资义务的总结

6.121 保护人关于投资权力进一步可能的义务能通过参考受托
124 人相关义务来审视。[209]

6.122 受托人关于投资权力的首要义务是[210]注意义务,有时是考虑负责和谨慎地履行受托人一般信义义务,[211]有时考虑受托人与他们的信义义务不同的特殊信托财产管理的专项义务。[212]

6.123 受托人的注意义务在根西岛法规中被影响深远地表述为

[207] 见上文第 4.5 节。

[208] 见上文第 4.6 节。

[209] Lewinchs 34,35;Tomas and Hudson sections 10.F,10.H,ch 54;Underhillart 49.

[210] 《2000 年受托人法》第 1 条奠定了在英国的法律基础。

[211] Speight v. Gaunt (1883)9 App Cas 1.

[212] Lewin 34 - 01.

像“善良家父”那般履行职责。[213] 在没有法定定义的法域，或在定义不适用的情况下，受托人通常被认为有义务采取“普通商人在管理与自身事务相似的事务时会采用的所有预防措施”。[214]

6.124　受托人的勤勉义务在特定情况下为：

a. 维护和保护信托资产的义务；

b. 管理和投资信托资产的义务；

c. 向受益人说明信托财产管理的义务。

(6)法定权力

6.125　投资的权力基本不会被相关法规明确授予保护人。但在开曼群岛、[215]塞浦路斯、[216]根西岛、[217]泽西[218]的信托法中有例外。

6. 同意受托人权力行使的权力

(1)引言

6.126　保护人往往被授予授权或驳回(同意权)广泛的受托人权力的权力，无论是处分权力还是管理权力，尤其是投资权力。加上指定和罢免受托人的权力，这些被认为是保护人一套基本的权力，且是最常授予保护人的一套权力。

---

[213]《2007 年信托法》第 22 条第(1)款(根西岛)。See The C Trust [2012] JRC 086 B (Jersey).

[214] Speight v. Gaunt (1883)9 App Cas 1,19. 见下文第 8. D 节。

[215]《2011 年信托法》第 14 条第(1)款第(e)目(开曼群岛)。

[216]《1992 年国际信托法》第 4A 条第(2)款第(g)项(塞浦路斯)。

[217]《2007 年信托法》第 15 条(根西岛)；《1984 年信托法》第 9A 条(泽西)。

[218]《1984 年信托法》第 9A 条(泽西)。

6.127　同意权不像其他权力,它通常取决于信托条款的规定,是
125 批准另一种权力的附带权力,例如,Y 的权力行使需要 X 的同意。

(2)同意的个人权力和受信人权力

①个人权力

6.128　同意权通常是个人权力,被授予受益人或其他为其自身利益的人,例如,优先受益权持有人同意受托人垫付资金的英国法定权力。[219]

6.129　有趣的是,《1833 年拟诉弃权法》授予财产授予保护人的法定同意权是一个明确的有限个人权力。[220] 在这种情况下是可以理解的,因为无论这个权力被自然保护人还是财产授予的特别保护人持有,目的都在于利益对已转让的财产有优先权益的持有人,所以可以仅为持有人的利益行使。[221]

6.130　在养老金信托中,有人认为,雇员持有的同意个人权力受制于默示的、对利益因权力的行使而受到影响的人存在诚信义务(包括但不限于持有人)。[222] 这是雇主与雇员关系,而非信托法的结果。[223] 这被认为是关于该权力的一般规则的例外,除非该权力是以信义人身份持有,也就是说该权力一般作为无限个人权力或受信人权力。

6.131　然而,同意的个人权力还可能包含不得为了持有人利益(或不仅仅出于持有利益)而行使的条款。保护人也很有可能持有这种有限的个人同意权。[224] 有限的个人同意权很可能受限于反欺诈原

---

[219] 《1925 年受托人法》第 36 条第(1)款第(c)目。

[220] 见上文第 2.4 节。

[221] 《1833 年拟诉弃权法》第 36 ~ 37 条。

[222] Imperial Group Pension Trust v. Imperial Tabacco [1991] 1 WLR 589.

[223] Prudential Staff Pensions v. Te Prudential Assurance Company [2011] Pens LR 239, [118] - [128].

[224] 见上文第 5.59 ~ 60 段及以下。

则。[225] 在 *Rawson v. Perlman* 案中,根据案情,法院认为上述原则不适用于保护人的个人权力,因为这些权力能完全为他们自身利益行使。[226]

②信义权力

6.132 根据信托遗嘱(取决于具体条款)得来的同意权要求持有人考虑行使权力或直接实施,尽管后一种权力形式很罕见。[227] 126

③法律规定的效果

6.133 在许多法域,如果保护人善意行使同意权,就会豁免保护人的责任。[228] 但在这种法域中,保护人实施同意权的责任是否也是有限仍不清楚(除非信托文书另有规定)。这有可能对关于权力能否有效行使非常重要。[229]

(3)同意权的行使

①未能获得同意的影响

6.134 如果保护人持有对某种权力行使的同意权,缺少保护人同意声称的权力行使一般会无效。[230] 下面将讨论保护人不能或不会行使同意权的情况。[231]

②行使的形式和时机

6.135 信托文书可能规定必须获得特定形式的同意,例如,“事先得到保护人书面同意”的规定。如果有这种条件存在,则必须满足。如果缺少上述明示规定,那么须在当时就给予同意,且针对特定的权

---

〔225〕 见上文第 5.6 节。

〔226〕 Rawson v. Perlman (1990)1 BOC 31,47(Bahamas).

〔227〕 见上文第 4.62 ~63 段。

〔228〕 见下文第 8.9 节。

〔229〕 见上文第 5.6 节。

〔230〕 The Hare Trust (2001)4 ITELR 404(Jersey).

〔231〕 见上文第 6.138 段及以下。

力行使。[232] 然而,信托文书可能明确规定或须进行解释,同意是否有溯及力的问题,尽管在给予有溯及力的同意前权力行使的状态是不确定的。[233]

6.136 关于未经同意而行使权力可以由持有同意权的人“批准”(他们通常不能),没有普遍的规定。[234]

③定义什么须经同意

6.137 信托文书应对关于须经同意的事项作出明确规定。这可以是关于增加受益人权力或指定受益人权力的问题:是否受托人行使挑选受益人(或在受益人当中选择)的权力需要征得同意,或是否需要将任何受托人的实际选择有效化,或都需要?[235] 这个问题的
127 答案将决定混合权力是否会被视为一般权力或出于永久目的的有限权力。[236]

(4)无须同意的情形

①法院的特别权力

6.138 在土地信托中,如果需要出售信托土地,英国法院早已有权排除需要获得同意的要求。[237] 法院可能无须无行为能力人的同意。[238] 在适用类似条款的情况下,这些权力可能被用来绕过保护人的同意权。在这些大多数法定例外之外,法院一般没有权力免除征得同意的要求。[239]

---

[232] Gilbey v. Rush [1906] 1 Ch 11, 22 – 23;可能在这方面适用于个人和受托人同意权。

[233] Offen v. Harman (1859) 29 L J Ch 307.

[234] BB, D Retirement Benefit Trust [2011] JRC 148 (Jersey).

[235] Dilke [1921] 1 Ch 34.

[236] Nemesis Australia v. Commissioner of Taxation [2005] FCA 1273 (Australia);《1964 年永续和累积法》第 7 条。

[237] 《1996 年土地信托和受托人指定法》第 14 条。

[238] Cardross' Settlement (1878) 7 Ch D728.

[239] Forster's Settlement [1942] Ch 199.

②受托人的同意权的司法管辖

6.139　根据弗赖伯格信托的规定，受托人在行使关键处分权力前须征得保护人的同意。[240] 在特定情况下受托人有权指定替代保护人和免除保护人，显然在上述情形中受托人不享有这些权力。泽西皇家法院认为如果保护人是受信人的话，法院能够且应该罢免他们。[241] 皇家法院还认为不应指定新的保护人，因此受托人无须征得保护人同意。作为一个解释的问题，这个判例的合理性是，基于信托规定须征得同意的规定只在存在适格保护人的情况下适用，在这种情况（包括须委托人同意的情形）下，受托人没有义务指定继任人。

6.140　尽管弗赖伯格信托的判决是基于对信托文书的解释（受托人无须征得保护人同意），但是在其他情况下，法院声称以其他理由免除对受托人的这一要求。

6.141　在 *M Settlement* 案中，皇家法院面临受托人将关于如何在受益人之间划分财产的裁量权交由法院的情况。[242] 既是委托人，也是受益人的保护人，也要求从整个信托基金中分给他自己一份份额。保护人有同意任何受托人作出的指定的权力，并因此有权否决任何法 128
院作出的决定。

6.142　基于保护人同意权是以受信人身份持有，法院认为在行使其固有管辖权时，其有权中止保护人权力。因为法院认为在信托基金分配中，保护人的职责和个人利益相冲突，于是法院在下一个法令之前中止了保护人的权力。在行使同意的受信人权力时，跟其他受信人权力的行使一样，法院确有可能干涉。[243] 然而，出人意料的是，如果委托人同时是受益人，并有权（作为保护人）同意受托人的处分权力行使，则其考虑同意权行使的能力被认为有“和自身利益冲突”的

---

[240] The Freiberg Trust (2004)6 ITELR 1078(Jersey).

[241] 同前注 5 ~ 8。

[242] The M Settlement [2009]JRC 140(Jersey).

[243] Gilbey v. Rush [1906]1 Ch 11. 见上文第 5.7 节。

嫌疑。[244]

6.143　再次，基于保护人存在利益冲突，法院豁免了 *Rogers* 案中受托人须征得保护人同意的要求。[245]　由于法院未能断定保护人在该案中是受信人，所以这个判决的法律基础不明。

(5)法定权力

6.144　在许多相关法域，保护人同意权的有效性都有一个明确的法定基础。在巴哈马、[246]英属维尔京群岛、[247]文莱达鲁萨兰国、[248]开曼群岛、[249]塞浦路斯、[250]迪拜、[251]根西岛、[252]泽西、[253]纳闽岛、[254]马耳他、[255]毛里求斯、[256]圣马力诺、[257]特克斯和凯科斯群岛，[258]都是这样。

6.145　纳闽岛法律规定，如果不能找到保护人，法院可能免除须征得保护人同意的要求。[259]　文莱达鲁萨兰国的法定标准法规规定，
129 “只要或如果没有保护人”，则免除保护人同意的要求。[260]

---

[244] Beatty [1990] 1 WLR 1503; Alhamanri v. Russa Management [2010] WTLR 443.
[245] Rogers (1928) 63 OLR 180, 189 (Ontario).
[246] 《1998 年受托人法》第 81 条第(2)款(巴哈马)。
[247] 《1961 年信托条例》第 86 条第(1)款(英属维尔京群岛)。
[248] 《2000 年国际豁免信托法令》第 88 条第(1)款(文莱达鲁萨兰国)。
[249] 《2011 年信托法》第 14 条第(h)款(开曼群岛)。
[250] 《1992 年国际信托法》第 4A 条第(2)款第(h)项(塞浦路斯)。
[251] 《2005 年信托法》第 68 条第(1)款(迪拜国际金融中心)。
[252] 《2007 年信托法》第 32 条(根西岛)。
[253] 《1984 年信托法》第 24 条第(3)款(泽西)。
[254] 《1996 年纳闽岛离岸信托法》第 35 条。
[255] 《1989 年信托和受托人法》第 24A 条第(2)款第(c)项(马耳他)。
[256] 《2001 年信托法》第 24 条第(2)款第(b)项(毛里求斯)。
[257] 《2010 年信托制度》第 52.5 条第(d)款(圣马力诺)。
[258] 《1990 年信托条例》第 23 条第(3)款(特克斯和凯科斯群岛)。
[259] 《1996 年离岸信托法》第 35 条(纳闽岛)。
[260] 《2000 年国际豁免信托法令》第 2 条第(23)款第(4)项(文莱达鲁萨兰国)。

7. 同意受益人权利行使的权力

(1)引言

6.146 一些信托文书试图在征得保护人同意的情况下,由受益人行使权力。这种条款通常意图直接或间接限制受益人强制执行信托条款的能力,例如,通过限制受益人从受托人处获得信息的权利。

(2)有效性

6.147 限制受益人执行信托条款的能力遭到了根本反对,因为该限制违反了受益人原则,[261]并可能侵犯受托人义务的"不可削减的核心"。[262]

6.148 对受益人执行信托条款的限制可能被认为无效,因为尝试排除法院的管辖权,[263]或可能基于受益人无可执行的权力而使信托无效。[264]

6.149 无论有权同意受益人行使普通法或成文法权利,以执行信托条款的保护人是否以信义人身份持有该权,可能的情况是权力和信托都会被认为无效。

(3)对受益人行使知情权利的同意

6.150 一般在普通法中受益人关于信托的知情权是酌情而定而非绝对的。[265] 然而在一些法域,受益人和其他人(在一些情况下包括

---

[261] Morice v. Bishop of Durham (1805)10 Ves Jr 522;Astor [1952]Ch 534,542.

[262] Armitage v. Nurse [1998]Ch 241.

[263] Wynn [1952]Ch 271;Raven [1915]1 Ch 673;A N v. Barclays Private Bankand Trust (Cayman)(2006)9 ITELR 630(Cayman).

[264] Rahman v. Chase Bank (CI)Trust Co [2002]BPIR 129(Jersey),decided 1991.

[265] Schmidt v. Rosewood Trust [2003]2 AC 709(Isle of Man).

保护人）对特定信息有最高的法定权利。[266] 任何通过保护人同意的削弱受益人知情的法定无条件权力的尝试都有可能在政策依据上遭遇失败。

6.151 在依据《1989 年信托法》（根西岛）判决但被撤回的 *Bathurst v. Kleinwort Benson*（*Channellsland's*）*Trustees* 案中，法院认为，法院命令向受益人披露信息的管辖权不能被财产授予的条款排
130 除。[267] 这被认为即便在根据根西岛法律受托人法定披露义务受辖于财产授予条款的情况下也是如此。[268]

6.152 自 2008 年 3 月 17 日生效的《2007 年信托法》（根西岛）的规定明显考虑了 *Bathurst* 判决。[269] 根据规定，尽管信托条款可能继续修改或排除受益人（和其他人包括保护人）从受托人处获取信息的权利，但仍可以向法院作出信息披露申请。申请人须表明，披露是有必要或适当的：

a. 为了正确处理提交给法院的任何事项；

b. 为了保护任何受益人的利益；或

c. 为了正确管理或实施信托。[270]

6.153 在巴哈马，特定种类受益人的知情权利可能被“被信托文书授权有权要求或批准披露请求的人”修改。[271] 因此这是可能被授予保护人的权力。这种权力的行使能明显改变受托人提供信息的裁量权为有义务提供信息给酌情给予信息的受益人。这种权力能否用于削弱相关受益人的权利或受托人的权力仍存疑。

6.154 尽管信托文书不大可能规定阻止受益人从法院获得披露

---

〔266〕 见下文第 6.8 节。

〔267〕 Bathurst v. Kleinwort Benson（Channel Islands）*Trustees*［2007］WTLR 959（Guernsey）.

〔268〕 《1989 年信托法》第 21、22、33 条（根西岛）。

〔269〕 《2007 年信托法》第 25、26、38 条（根西岛）。

〔270〕 《2007 年信托法》第 26 条第（3）款（根西岛）。

〔271〕 《1998 年受托人法》第 83 条第（3）款（巴哈马）。

法令，但是在下列情况下可以规定披露须经保护人同意：

a. 如果条款的目的是规定和限制在缺少法院法令的情况下受托人应该做什么；

b. 如果条款的目的是影响法院考虑受益人通过影响委托人意图的披露申请时的裁量，这种披露应受到明显限制。可能至少如果保护人以信义人身份持有该权力，法院可能受到保护人已通过拒绝同意以行使该权力的事实的影响。[272]

(4)法定权力

6.155　《1988 年受托人法》（巴哈马）明显是相关法域中唯一对持有关于受益人权利行使的权力的保护人作出规定的法规。[273] 131

6.156　同意权显然与受益人的权利行使或与受托人针对受益人权利行使的相应行动相关。

8. 知情权力

(1)引言

6.157　保护人行使权力的能力必然和他对信托的知情权有关。

(2)在衡平法中

6.158　普通法中保护人是否有权凭借持有与信托有关的权力而从受托人或其他有关方处获得与信托相关的信息，仍不清楚。然而，有人可能认为，如果信托的管理要求保护人从受托人获得一定信息，

---

[272] Bathurst v. Kleinwort Benson (Channel Islands) Trustees [2007] WTLR 959, [129] (Guernsey), Internine Trust [2006] JLR 195, [34] (Jersey) and The A Trust [2013] SC(Bda) 16 Civ(Bermuda).

[273] 《1998 年受托人法》第 83 条第(3)款（巴哈马）。

法院在行使其固有管理信托的管辖权时有权下令提供信息。相似的论据在 *Bathurst v. Kleinwort Benson(Channel Islands)Trustees* 案中被成功适用,允许受益人申请保护人和受托人作出的披露合法。[274] 但假设即便如此,保护人是否有权提起获得信息之诉或受益人的干预是否有必要,仍不清楚。[275] 在任何情况下,保护人知情的能力和保护人有权的知情范围(如果信托文书没有规定)有可能参照保护人持有的权力或权力是否以受信人身份持有。[276] 如果保护人仅持有一种个人权力,可能很难成功获得法院的衡平法救济。

6.159 根据信息规定的申请是否成功可能至少部分取决于其询问的信息种类。这要区分两种文件。一方面是在判例法和一些法域中,也包括一些成文法中的信托账目和信托文件。这些一般至少会向一些受益人披露(例如,至少包括被授予权力的人)。但另一方面是“保密”文件,包括受托人评议记录和委托人提交受托人的意愿信,这
132 类文件则一般不会被下令披露。[277]

6.160 *Schmidt v. Rosewood Trust* 案中,枢密院认为所有信托信息披露的问题均由法院自由裁断,而不是由申请人信托利益或披露的信息种类决定。[278] 据此,在马恩岛法律,这个规则的优势被确立在相关法域,其所规定的特定种类的信息应向有相应权利的人披露,或其他种类的信息一般不应被下令披露,或许需要被重新考量。[279]

6.161 在马恩岛没有关于受托人披露信息的法律规定。在其他法域有关于受托人应该和不应该披露的内容和向谁披露的相关规定,这些规定部分受到英国判例法和保护财产授予保密性的影响(后半句

---

[274] Bathurst v. Kleinwort Benson (Channel Islands) Trustees [2007] WTLR 959 (Guernsey).

[275] 见下文第 9.3 节。

[276] Lewin 14 – 41, The HHH Trust [2012] JRC 127 B, [37] – [38] (Jersey).

[277] London derry's Settlement [1965] Ch 918; Brakespear v. Ackland [2009] Ch 32.

[278] Schmidt v. Rosewood Trust [2003] 2 AC 709 (Isle of Man).

[279] 见 Tomasch 12。

需修改)。[280] *Schmidt v. Rosewood* 表现出的这种规定在裁量上的影响尚未在其他公开判例上体现出来。

(3)法定权力

6.162 在许多法域受托人有法定义务为提出申请的特定人提供信息。根据安圭拉、[281]伯利兹、[282]、根西岛、[283]马耳他[284]和毛里求斯[285]的法律,受托人有法定义务向保护人披露特定信息。

6.163 依巴巴多斯、[286]圣文森特和格林纳丁斯[287]的法律,保护人可能享有获得"受托人特定行为的提前通知"和"关于或构成部分信托账目的信息"的权利。

6.164 在安圭拉法律中,根据信托条款,保护人有权"强制执行信托"。[288] 作为行使执行信托权力的一个方面,保护人似乎有权从受托人处获得信息。 133

9. 起草要点

(1)一般要点

6.165 对于特定权力,信托文书应当作出明确规定其是否为:

a. 权力是以受信人身份持有还是个人权力;

b. 在任何情况下权力能否用于保护人自身利益。如果保护人是

[280] 《2001年信托法》第33条(毛里求斯)。

[281] 《2000年信托法》第27条第(1)款第(b)项(安圭拉)。

[282] 《1992年国际信托法》第28条第(b)款(伯利兹)。

[283] 《2007年信托法》第26条(根西岛)。

[284] 《1989年信托和受托人法》第29条第(1)款第(c)项(马耳他)。

[285] 《2001年信托法》第33条第(1)项(毛里求斯)。

[286] 《1995年国际信托法》第26条第(2)款第(c)(d)项(巴巴多斯)。

[287] 《1996年国际信托法》第16条第(2)款第(c)(d)项(圣文森特和格林纳丁斯)。

[288] 《2000年信托法》第15条第(2)款第(b)项(安圭拉)。

或可能成为信托受益人,这一点将非常重要。

(2)指定及罢免受托人的权力

6.166　信托文书应当说明保护人是否有任何相关的法定权力或是否排除这种权力。如果信托规定了指定和免除的明示权力,应说明该权力是受信人权力还是有限个人权力,且在各自情况下施加给持有人的义务或职责应予以阐明。信托文书也应当说明持有人是否能自我指定。

(3)修改信托文书的权力

6.167　应当仔细考虑授予保护人修改信托文书的权力范围,考虑到修改的个人权力并不明确,且受限于管理规定,这可能视为持有人的财产性权力。

(4)增加和罢免受益人的权力

6.168　更常见的是,受托人行使增加和罢免受益人的权力须征得保护人的同意而非授予保护人这种权力。

6.169　如果广泛的增加和罢免受益人的权力被授予保护人,可能会产生一个问题:保护人这个权力是否为个人一般权力,使保护人等同信托财产的受益所有权人。这种结论可能有损离岸信托的财政目的。出于这种原因,授予受托人须征得保护人同意的增加和罢免受益人权力的规定更受青睐。

(5)改变准据法和管辖法院的权力

6.170　通常用于授予改变信托准据法的条款可能被认为授予相
134 关法域法院受理关于本信托所有纠纷的排他管辖权。确保信托是否有此意图十分重要。有必要弄清楚是否这种权力的行使只能用于改变信托准据法,从而导致管辖法院不可变更。

(6)关于投资的权力

6.171 尽管关于该权的判例法有限,但是指导受托人关于投资权力的效果已经足够清楚。如果指导权力仅包括特定事项,而非任何受托人投资权的行使,则应注意确保不存在指导权力的直接适用不明的灰色地带。

6.172 保护人同意受托人投资权力行使的权力影响应作相同理解。然而,受托人应与保护人协商、咨询保护人、听从保护人投资建议的规定似乎在重要性和实用性上存在疑问。[289]

6.173 什么构成上述情况的协商或听从或建议仍不清楚,但是否或在什么情况下受托人都会得出违反保护人建议或仅仅违反其意愿的问题很有可能存在,进一步可能会产生保护人的意见是否被遵从的问题。

6.174 被咨询的权力地位(如是个人权力还是信义权力)仍不明确。同样的论据适用于是否任何其他保护人关于投资的权力为个人权力或受信人权力的问题,这似乎具备类似的效力。

6.175 同时尚不清楚的还包括委托人为什么意图向受托人施加咨询或听从保护人意见的义务。受托人在任何情况下都应该听取投资的正确意见。如果受托人意图从保护人处听取投资意见,[290]要求他们如此则显得很奇怪,如果并非如此,则依上述看法(受托人的权力本质是什么),可能需要进一步讨论。

6.176 咨询和听从意见的义务的影响也是从实践中须经保护人同意的要求产生的,在起草信托时这种权力通常获得青睐。 135

---

[289] 尽管有人说这是纳闽岛保护人的主要角色;见《1996年离岸信托法》第35条第(1)款(纳闽岛)。

[290] 离岸信托文书有时包含指定投资顾问和缺少保护人情况的条款。

(7)同意受托人权力行使的权力

6.177 请将上文对同意权形式的评论与咨询和听从意见的权力相对比。

(8)同意受益人权利行使的权力

6.178 在起草声称授予保护人控制受益人权利行使的权力的条款时,须作出大量考量。这或许只在涉及知情权行使时推荐,甚至不用于可能否认任何受益人从受托人处获得信息的情况。[291]

(9)知情权力

6.179 在任何情况下如果有保护人,应考虑保护人从受托人知情的权力。除非存在相关法定权力(或甚至即使有),信托文书应授予保护人知情的明示权力。

6.180 权力条款应解决是否只有一般向受益人披露的文书应向保护人披露,或还包括其他文书,例如,意愿信,受申请时或在其被指定之时应自动提供给保护人。

6.181 信托文书应说明保护人的知情权如何强制执行。非慈善目的信托的强制执行人的相关规定在可见于先例。[292]

(10)法定权力

6.182 应参考任何当地适用的法律条文。如果意图设立或排除任何特定可能适用于保护人的法定权力,信托文书应清楚载明。

---

〔291〕 The A Trust [2013] SC(Bda)16 Civ(Bermuda).

〔292〕 见下文第10章附件3。

第7章　赔偿和薪酬

136

1.引言

7.01　本章涉及保护人是否有权以及如何有效收回其花费和开支，及其针对其行为责任获取赔偿。本章内容还涉及保护人的薪酬。诉讼费用会在第9章单独提及。[1]

7.02　根据衡平法和有关成文法，受托人有权因其受托人职位而享有一系列个人权利。这些权利包括对信托基金行使的赔偿权。在实际操作中，根据明确的信托条款，通常受托人将享有由信托文书或成文法授予的薪酬权。若受托人无薪酬权，或未能完全讨回薪酬，法院通常有权对受托人作出差额补偿。受托人的个人权利往往相辅相成。例如，受托人可以通过行使赔偿权来实现或保障其薪酬权。

7.03　与受托人相比，保护人往往处于极大的劣势：

a.除非信托文书明示授予，否则保护人对

---

〔1〕　见下文第9.5节。

信托基金的资产没有赔偿权；

137 b. 目前尚不清楚没有信托基金资产赔偿权的保护人是否有任何其他方法来追回其费用和开支，或是否有其他方法获取有关他所可能要承担的债务提供的任何保障；

c. 除非在信托文件中有明确授权，否则保护人通常无权获得薪酬，且尚不明确法院是否有差额救济权；而且

d. 因为保护人不拥有信托资产，如果存在保护人的个人权利，其执行可能并不简单。

2. 赔偿

(1) 受托人的赔偿权

7.04 下面简单总结适用于受托人要求赔偿权的法律，以此作为起点，讨论保护人是否可以以及如何行使此种权利。[2]

7.05 受托人的赔偿权利，保障了受托人在合理履行职责过程中招致的任何责任、费用或开支都能在信托资产中得到全额偿还。[3] 对信托资产可以优先于受益人的利益行使。因此，受托人的能力极其重要，因为作为受托人和信托资产的合法所有权人，其将有可能承受十分繁重的个人任务。长期以来，赔偿权被公认为受托人的普通法权利，但往往也是以成文法律为基础的。自 1859 年以来，英格兰便是这种情况，现在赔偿权已被《2000 年受托人法》第 31 条第(1)款所涵盖。相关法域也有类似的规定。[4]

7.06 受托人的赔偿权可能是独有的，但可以理解为通过非占有

---

〔2〕 见 Lewinch 21；Underhillart 81Tomasand Hudsonch 21。

〔3〕 Grimthorpe [1958] Ch 615.

〔4〕《1984 年信托法》第 26 条第(2)款(泽西)。迪拜国际金融中心、根西岛、纳闽岛、马耳他、新西兰、特克斯和凯科斯群岛以及圣马力诺的法条中也有类似的规定。

留置权或对信托资产首个衡平法上的抵押而独有。[5] 可以通过使用下列一项或多项不同的权利来行使:赔偿、免除法律责任、留置和变卖。[6] 受托人可以从信托资产中返还他已经支出的个人费用。或者,受托人可以申请用信托资产来偿付费用,以免除个人责任。受托人可能保留信托资产(包括收入)来承担现实义务或承担或有负债。受托人可以将信托资产变现,以获资金返还或免除债务。[7]

7.07　除留置权外,[8]这些权利在财产转让给继任受托人时继 138
续约束信托财产。[9] 然而,除非明确说明保留,否则受益人的分配额会超出现有或前任受托人从资产中分配得到补偿份额。[10] 如果受托人在新的信托中指定基金,结果可能也是相同的。

7.08　受托人也可以对信托的受益人个人行使赔偿权,并对信托的资产享有赔偿的权利。这项权利是针对绝对有资格的受益人。[11]

7.09　受托人的赔偿权在一定程度上是必要的,因为受托人作为信托资产的法定所有权人,将可能承担来自第三方重大的个人责任。[12] 保护人不处于这样的一种位置,且从表面上看,保护人可能适当承担的责任仅限于他的费用和开支。[13] 相应地,用类比的方式将相似的权利强加于信托基金而支持保护人的论点可能并不具有说服力。

---

〔5〕 Dodds v. Tuke (1884)25 Ch D 617;Jennings v. Mather [1901]1 KB 108, affirmed [1902]1 KB1,6.

〔6〕 Hardoon v. Belilos [1901]AC 118.

〔7〕 Pumfrey (1882)22 Ch D 255.

〔8〕 尽管前任受托人可能要求继承人保留信托资产。

〔9〕 Dimos v. Dikeakos Nominees (1996)68 FCR 39(Australia).

〔10〕 Octans Investments v. Knight (1979)144 CLR 360(Canada).

〔11〕 Lewin 21 -44 -21 -46.

〔12〕 见 Lewin 21 -48 及以下。

〔13〕 见上文的第 2.6 节。

(2)在衡平法中保护人的赔偿权

①信托资产中的赔偿权

7.10　有人认为,信托资产中的赔偿权有利于保护人,这种权利类似受托人在衡平法中享有的赔偿权。[14] 这一观点源于 Kay 法官在 *Harvey v. Olliver* 案中的判决。[15] 在这种情况下,指定受托人的权力被委托给第三方,并用于指定新受托人。被授权人在行使权利中所产生的费用已由新受托人作为管理信托的费用支付。新受托人对信托资产行使赔偿权从而返还这些费用给自己的这一权利受到了受益人的质疑,在此基础上,问题在法庭之前就产生了。[16]

7.11　有人认为,用信托财产支付指定新受托人时的所有合理费用,是法院一贯的做法。[17] 指定新受托人的合理费用被认为已经包括了被授权人指定新受托人的花费。据说,正确处理被授权人费用的方式有:

> ……被授权人收回指定的成本、费用和开支的唯一方法是向受托人索要:受托人即应该从遗产中收回这些费用。[18]

139　7.12　有观点建议将此理解延伸至有受信人权力的保护人合理遭受的所有成本和支出。然而,此类原则很难从 *Harvey v. Olliver* 案中得出。此案认为,涉及受托人在指定中遭受到的合理损失案件时,法院将采取其一贯的做法。其中并没有提到被授权人拥有权力的本质,或为什么一旦由新受托人支付的被授权人的成本即应当被视为合理成本。

---

〔14〕 Lewin 21 – 31.

〔15〕 Harvey v. Olliver (1887)57 LT 239.

〔16〕 Ibid. ,240.

〔17〕 Ibid.

〔18〕 Ibid. ,241.

7.13 针对 *Harvey v. Olliver* 案是否建立了更广泛的原则，这个争议假定指定受托人的权力是一种始终以受信人身份持有的权力，并且这就是允许被授权人产生费用的原因。[19] 假使如此，报告中并没有清楚地明示或者暗示这一点。

7.14 在 *Harvey v. Olliver* 案中，法官认为，拥有此权利的被授权人只能通过向受托人索要而获得成本补偿。因此，这个判决显然反对保护人有权对信托资产拥有赔偿权这一观点。

7.15 然而，如 Lewin 在 *Harvey v. Olliver* 案的基础上所阐述的那样，现在，这个更广泛的主张已经在泽西得到了批准，在那里发现了如下基本原则：

> ……在没有发现违法行为的情况下，为了受益人的利益而行使受信人权力的人，不能出于行使其权力以达到合理支出的目的，来进行其个人财产之外的裁决或是误判。因此，受信人隐含的赔偿权等同于受托人的全部偿付权。[20]

②针对受托人的个人赔偿权

7.16 在 *Harvey v. Olliver* 案中，如果被授权人要求受托人支付费用，但是受托人拒绝了，这种情况下还不清楚被授权人将会得到什么补救措施。有人认为，*Harvey v. Olliver* 案中所描述的是保护人可以亲自（而不是反对信托资产）向受托人提供赔偿的权利。[21] 这意味着在这种情况下，拥有权力的被授权人可能会迫使他们指定的受托人来支付被授权人自己的成本和费用。如果这是正确的，似乎意味着受托人将对保护人负责，以满足保护人适当的费用和开支。

7.17 在这样的情况下，从表面上看：

---

〔19〕 关于这个假设是否正确的讨论，见上文第6.1节。

〔20〕 The HHH Trust [2013] JRC 023, [20] (Jersey).

〔21〕 Lewin 21–31. 见 The HHH Trust [2013] JRC 023, [19] (Jersey)。

a. 受托人将不能控制所产生负债的规模(除非通过质疑索赔金额的合理性);

140 b. 那么紧接着就会有这样的情况,他可能无法从信托资产中有效地获取赔偿;和

c. 在没有或没有可用的信托资产的情况下,可能使保护人在执行赔偿的权利上,比受托人处于一种更优势的地位。

7.18 由于这些原因,法院似乎不可能暗示个人赔偿的权利是支持保护人还是反对受托人,而且对于 *Harvey v. Olliver* 案中存在这种权利没有明确的支持。如果在衡平法中确实存在保护人对受托人可以行使的个人赔偿权利,那么大多数专业受托人都会希望在信托文书的条款中看到这种权利受限制或者被排除在外。

③保护人执行适当的信托管理权

7.19 如果缺少对抗信托资产或者对抗受托人本身的赔偿权,则不清楚保护人如何能够获得其费用和开支的报偿,假设原则上这些损失是可以妥善挽回的。

7.20 与英国法院在信托上固有管辖权相似,在管理信托上行使管辖权的法院似乎有命令受托人支付保护人费用和支出的权力。[22] 目前尚不清楚保护人是否能够亲自提交申请,但似乎有可能。[23] 否则,保护人需要说服受托人或受益人提出适当的申请。

7.21 在泽西的 *X's Settlement* 案中,其他事项上,保护人对作为保护人在行使权利产生和将产生的费用申请获得赔偿,还有与之不同的诉讼费。[24] 不幸的是,这个判决的报告在很多方面还不清楚。例如,根据和解条款,保护人所拥有的"有限的权力"是不清楚的。[25]

7.22 该判决的报告没有明确提及保护人支付其费用和开支的

---

〔22〕 Tat 是根据英国现在的民事诉讼规则第 64 部分申请的,之前是 RSC Order 85。

〔23〕 见下文第 9.3 节。

〔24〕 X's Settlement (1994)1 BOC 600(Jersey).

〔25〕 X's Settlement (1994)1 BOC 600,607(新泽西). 见 The HHH Trust [2013] JRC 023,[19](新泽西)。

申请,这些费用是与诉讼费用不同的。除诉讼费用外的费用申请似乎被理解为是或者包括薪酬的申请(其本身被拒绝)。[26]

7.23 尽管可以注意到,保护人的申请本身并没有受到挑战,但是由于缺乏任何曾被报道过的论据,*X's Settlement* 案中似乎在这个问题上没有建立任何有用的先例。[27] 141

④结论

7.24 虽然泽西已经规定,与受托人的赔偿权一样,在衡平法中拥有受信人权力的保护人有权恢复费用和开支,但问题不能被视为已经解决了。按理说,行使权力(或行使权力的对价)合理产生的保护人的费用和开支构成信托管理的适当费用的一部分,在这个基础上,受托人应合理支付。[28] 如果这是正确的,那么这个原则应当适用于行使受托权力和有限的个人权力。[29]

7.25 根据这些条款的规定,强制执行保护人的"权利"以恢复其费用和开支,很可能需要法院行使对信托的固有管辖权,来指导受托人清偿保护人的费用和开支。目前还不清楚保护人是否被视为有资格提出这样的申请,但他很可能会有。[30]

(3)法定赔偿权

7.26 相关司法管辖权很少赋予保护人法定的赔偿权。这些法定权利的单独例子见于:

a. 圣基茨和尼维斯国内的信托法,其中提道:

---

〔26〕 见第 7.38 段及以下。

〔27〕 见下文第 9.3 节。

〔28〕 Harvey v. Olliver (1887) 57 LT 239.116; The HHH Trust [2013] JRC 023 (Jersey).

〔29〕 见上文第 4.4 节和第 4.5 节。然而,在泽西,可能只有一个拥有受信人权力的保护人才有这样的权利。

〔30〕 见下文第 9.3 节。见上文 IFG Internationaletal v. French (17 December 2012) unrep (Isle of Man)。

在信托条款的规限下,保护人应有权……从与他行使其职责有关的合理产生的所有费用和承担的债务中获得偿还。[31]

b. 圣马力诺的法律有着相似的法律规定。[32]

c. Turksand Caicos 的法律规定,赔偿显然受限于同意权的行使。[33]

7.27 从表面看,这些法规设立了一个在信托资产上具备约束力的法定保护人的赔偿权,这和受托人赔偿权一样。如果信托资产已转让给继任受托人,则该权利的行使大概能够与前受托人行使赔偿权的方式一样。

142 **(4)明示赔偿权**

7.28 鉴于上述情况,几乎在每个相关的法域内,对于在信托文书指定一名保护人,规定保护人有权获得其费用和开支是一个必不可少的(但经常被忽略的)部分。[34] 这可能是一种对信托资产的赔偿形式。明示的赔偿权可能与指定一名拥有有限个人权力而非受托人权力的保护人的任命不一致,或者至少表明,与保护人作为受托人拥有权力的信托工具的构建不一致。[35]

(5)合同赔偿

7.29 除非专业受托人从信托的委托人或受益人的合同中被授予赔偿权,否则在实践中专业受托人往往会拒绝采取行动。例如,已知财产授予中所包含的现金或者资产将不会被变现来支付管理信托

---

〔31〕《1996 年信托法》第 25 条第(9)款(圣基茨和尼维斯)。对比《1994 年国际豁免信托条例》第 9 条(尼维斯)。

〔32〕《2010 年信托制度》第 52 条第(4)款(圣马力诺)。

〔33〕《1990 年信托条例》第 23 条第(4)款第(b)项(特克斯和凯科斯群岛)。

〔34〕 见上文 IFG Internationaletal v. French (17 December 2012) unrep(Isle of Man)。

〔35〕 The HHH Trust [2013] JRC 023, [20] (Jersey).

的费用。鉴于保护人在获得付款中可能面临的困难,出于同样的原因他通常也希望这样做。在某些情况下,来自受托人的合同赔偿也发挥了作用,从而赋予保护人可执行的权利来恢复他的费用和支出。受托人通常倾向于确保这种赔偿被信托资产的价值所限。[36]

3. 薪酬

(1)受托人的地位

7.30 将受托人的薪酬地位作为讨论保护人薪酬的开端便于讨论的开展。

7.31 在衡平法中受托人没有取得薪酬的权利。[37] 这个原则在一些相关管辖权中被给予法令的执行力。[38] 在现代信托惯例中,这个规则的例外情况更值得关注。这些例外情况如下:

a. 信托文书可能规定受托人有权获得薪酬;

b. 专业准备的信托文书几乎总是包括一个条款,该条款至少在受托人以专业身份行事时,赋予受托人从信托资产中取得薪酬的权利;[39] 143

c. 受托人可能被制定法授予享有薪酬的权利;[40]

d. 在向法院提出申请时,法院行使(无论是固有的还是法定的)管辖权的情况下,受托人可能被允许获得薪酬(或额外薪酬)来管

〔36〕 Robinson's Settlement [1912] 1 Ch 717; Dominion Corporate Trustees Ltd v. Capmark Bank Europeplc (2010 - 11) 13 ITELR 154.

〔37〕 Robinson v. Pett (1734) 3 P Wms 249; Diedrichs-Shurland v. Talanga-Stiftung [2006] UKPC 58[27](巴哈马).

〔38〕 《1984 年信托法》第 26 条第(1)款(泽西)。

〔39〕 见上文 J. Kessler, *STEP Standard Provisions*(*England and Wales*)(2nd edn, Society of Trustand Estates Practitioners, 2011) provision 10。

〔40〕 《2000 年信托法》第 28 ~ 29 条。

理信托。[41]

(2)在衡平法中保护人的薪酬

7.32 理论或判例法似乎不支持保护人在衡平法中获得薪酬权利的这一主张。

(3)法院允许薪酬的自由裁量权

①固有的法院管辖权

7.33 在英格兰,法院对受托人给予薪酬(或额外薪酬)的固有管辖权是已经确立的。[42] 据称,这种管辖权是一种在特殊情况下要谨慎使用的管辖权。[43] 在早期英国判例法中,行使管辖权的限制性的方式是显然的,在最近的判决中却较少提到,即使传统的老话仍然经常被引用。[44] 在相关的司法管辖权中,受托人申请薪酬的现行方法通常基于在一些泽西判决中被举例说明的观点。这种观点是,至少在受益人期待为专业受托人的服务付费并且已经得到这种服务的情况下,如果由于技术性的原因受托人被要求无偿行事,那么这对受益人将是一种不合理的意外之财。[45]

②Berkeley Applegate 规则

7.34 *Berkeley Applegate*(*Investment Consultants*)案件的判决中,法院准备行使固有管辖权,允许在信托资产中获得薪酬来支持以“受托人”身份行事的人(清算人),这个人是没有既得利益的信托资产的。[46]

---

〔41〕 见下文第7.33段及以下。

〔42〕 Worthington [1954]1 WLR 526;Duke of Norfolk's Settlement Trusts [1982]Ch 61.

〔43〕 Worthington [1954]1 WLR 526,528.

〔44〕 Foster v. Spencer [1996]2 AllER 672;Perotti v. Watson [2001]AllER(D)73(Jul).

〔45〕 Rathbone Trust Co(Jersey)Ltd v. Kane [2004]JRC 041(Jersey);Landau v. Anburn Trustees [2007]JRC 084(Jersey);In BB [2011]JLR 672(Jersey).

〔46〕 Berkeley Applegate (Investment Consultants)[1989]Ch 32.

在英格兰[47]和其他法域,这个判决被一直延续着。[48]

7.35 *Berkeley Applegate* 案认为: 144

……一个普遍的原则是,如果一个人试图强制实施财产上衡平法利益的主张,作为实现该衡平法利益的一个条件,法院对产生的费用和与管理财产有关的付出的技能和劳动要求补贴具有裁量权。[49]

7.36 这个判决的部分理据是,法院的管辖权可以在许多不同的事实情况下皆适用,而且(对于保护人来说尤其重要)这不仅限于个人的报酬或赔偿问题,无论是被授予信托财产的人还是明示的信托受托人,或是所有其他人。[50]

7.37 因此,在一些案例中,法院行使自由裁量权之下,表面上看来 Berkeley Applegate 规则可能允许保护人在信托资产中获得薪酬。与行使法院自由裁量权有关的因素可能包括:

a. 保护人提供的服务的性质和范围;

b. 保护人在成立信托文书时或在接受指定时是否按预期完成任务;

c. 保护人在多大程度上为符合信托资产的其他权益行事;

d. 如果保护人没有执行当下任务,那么任务是否将落入一个法院允许获得薪酬的人执行,例如,接管人;

e. 信托文书的任何相关合同规定或条款。

③法院自由裁量权的法定排除

7.38 在 *X's Settlement* 案中,保护人对薪酬的申请被泽西皇家法

---

〔47〕 例如,Green v. Bramston [2010]EWHC 3106。

〔48〕 Ararimu Holdings [1989]NZLR 487(新西兰);Eron Mortgage Corporation(Trustee of) v. Eron Mortgage Corporation (1998)53 BCLR(3d)24(不列颠哥伦比亚省);CA Pacific (No.2)[1999]2 HKC 652(中国香港特区).

〔49〕 Berkeley Applegate(Investment Consultants)[1989]Ch 32,50.

〔50〕 Ibid. ,52.

院拒绝,[51]这是基于对保护人(而非受托人)的薪酬没有制裁,依据是《1984年信托法》(泽西),特别依据其第26条第(1)款的规定。相关法定条款规定,除非信托文书,受益人或法院命令授权,否则受托人无权获得薪酬。[52] 这意味着法院无权允许除受托人以外的任何人获得薪酬,因此法院无权允许保护人取得薪酬。

7.39 最近,在泽西,在当考虑到无权受托人(没有获得有效任命的受托人)对获得薪酬的主张之时,遵循了法院关于获得薪酬的管辖权狭隘的解决方法。法院认定其有管辖权来裁决个人薪酬权,当且仅当在《1984年信托法》第26条第(1)款(泽西)规定的受托人的意义下,"无权受托人"才能获得薪酬。[53]

7.40 然而,现在很清楚的是,除法定管辖权外,皇家法院还有一
145 个涉及一般的信托管理的固有司法管辖权,尤其是保护人的管理。[54] 同样清楚的是,在其他相关法域,法院还行使了对保护人的固有管辖权。[55]

7.41 如果在泽西(或者有着类似涉及受托人薪酬的法定条款的管辖权)中再次出现这样的观点,那么似乎可以得出一个很好的论点,那就是管辖权的存在得以让 Berkeley Applegate 规则支持保护人。[56]

(4)法定薪酬权

7.42 有关保护人薪酬权利的问题很少在有关的法规中明确阐

---

[51] X's Settlement (1994) 1 BOC 600, 607 (Jersey).

[52] 《1984年信托法》第26条第(1)款(泽西)。

[53] In BB [2011] JLR 672 (Jersey).

[54] Centre Trustees [2009] JRC 109 (Jersey); The Bird Charitable Trust [2008] JLR 1 (Jersey).

[55] Rawcliffe v. Steele [1993 - 95] MLR 426 (马恩岛); The Circle Trust (2006) 9 ITELR 676 (Cayman).

[56] Landau v. Anburn Trustees [2007] JRC 084, [19] (Jersey); The HHH Trust [2013] JRC 023 (Jersey).

述。根据圣基茨和尼维斯适用于国内信托的法律[57]以及迪拜国际金融中心、[58]圣马力诺[59]的法律，保护人根据信托条款获得了法定的获取薪酬的权利。然而，在巴哈马法律中，与保护人薪酬有关的推定却被驳倒了：

除非信托文书另有规定，否则任何人不得作为保护人因其服务而收取任何薪酬。[60]

7.43 适用于受托人获得薪酬的成文规定不太可能适用于保护人。[61]

(5)明示薪酬权

7.44 信托文书可能包含一项赋予保护人薪酬的条款，如果意图是赋予保护人从信托资产中获得薪酬的权利，则更应当包含此条款。

7.45 保护人有权从信托资产中获得薪酬的规定可以支持结论，即保护人拥有作为信义人的权力。

7.46 如果保护人有权从信托资产中获得薪酬，就应当考虑如何建立和控制薪酬水平。

(6)合同薪酬权 146

7.47 上述关于合同赔偿权的评论同样适用于合同薪酬权。[62]

---

〔57〕《1996年信托法》第25条第(9)款(圣基茨和尼维斯)。
〔58〕《2005年信托法》第68条第(4)款(迪拜国际金融中心)。
〔59〕《2010年信托制度》第52条第(6)款(圣马力诺)。
〔60〕《1998年信托法》第81条第(4)款(巴哈马)。
〔61〕X's Settlement (1994)1 BOC 600(Jersey).
〔62〕见上文第7.29段。

4. 起草要点

(1)赔偿

7.48 保护人赔偿权(如果有的话)的性质和范围应在信托文书中列明。应当明确保护人是否有可以行使信托资产的权利,或者以个人名义对受托人行使的权利。保护人以个人名义对受托人行使的赔偿权可能需要仔细起草,并与受托人协商。

7.49 如果保护人没有任何形式的赔偿权,应该明确是否将该事务留给受托人;如果是,一旦受托人拒绝保护人对其费用和开支的索赔,保护人将会有何种救济权。[63]

147 **(2)薪酬**

7.50 包含信托保护人获得薪酬的条款,也许可以支持保护人以信义人身份持有权力这一结论。若并无此意图,那么可能产生是否应当包含薪酬条款的问题。

7.51 可能需要设计用来证明和控制保护人薪酬的机制。受托人拥有这类权力似乎是不太合适的,因为这类权力似乎通常和指定保护人的目的背道而驰。[64]

---

〔63〕 见上文 IFG Internationaletal v. French (17 Dec 2012) unrep(马恩岛)。

〔64〕 见上文第 1.1 节。

第8章　责任

148

1. 引言

8.01　这一章讨论保护人的个人责任和这些责任是如何被更改或被排除的。这一章也会谈及保护人的权力是如何修正或排除受托人责任的，特别是当受托人在保护人指示或保护人同意下行事时。

8.02　第5章和第6章讨论了保护人权力行使无效或行使不当的救济办法，第9章在对保护人的诉讼中进一步讨论这些救济办法。第9章也讨论保护人对诉讼成本的责任。

8.03　在任何相关的法域，几乎没有判例是处理可能由保护人（或由任何持有权力的非受托人）引起的责任的。由于没有判例，所以这个问题的评论者之间存在分歧。有人认为，缺少法定干预，保护人在行使职责时无须对受益人负责，除非他是不诚实的。[1] 但是也有人

---

〔1〕 A Oakley, Parker and Mellows, *The Modern Law of Trusts*(9th edn, Sweet & Maxwell, 2008) 206 – 7.

认为,保护人至少在拥有受信人权力时,原则上因违反受信人权力所附的信托义务需对受益人负责。[2] 在下文中会审视这些主张。

2. 个人权力不良行使的责任

(1)引言

8.04 保护人声称的有限的个人权力的行使可能由于多种原因而全部或部分无效或可撤销,包括等同权力欺诈的情况。[3] 目前还不清楚保护人是否对这种因这类权力的不良行使所造成的损失负责。唯一一个被引用来支持这种情况下个人权力持有人可能要负责的主张的案例是 *Deane* 案。[4]

(2)*Deane* 案

①*Deane* 案一审

8.05 在 *Deane* 案中,法官认为,父亲为了女儿的利益而行使被赋予的指定权是对权力的欺诈。[5] 信托的资产包括关于指定人的人寿保险单和他一生维持人寿保险的合同利益。信托受益人是指定人的三个成年子女。但指定人的女儿和指定人达成一致,指定人在女儿的支持下行使指定权,将人寿保险利益绝对完全地指定给她,于是她将退出保单并在退出时支付保单价值(897 英镑)。指定人本打算在信托中设立新的人寿保险替代这个要退出的保单,但指定人在还未高效完成这件事之前就去世了。有观点认为,原则上应当用指定人的遗产来补偿信托受益人对保单享有的保单支付至指定人死亡时止本应

---

〔2〕 Lewin 39 – 17; Underhill1.86 – 1.89.

〔3〕 见上文第 5.6 节。

〔4〕 Deane (1889)43 Ch D 9.

〔5〕 Ibid.

具有的价值(超过5000英镑)。

8.06　一审法官在*Deane*案中的判决是基于以下主张,即指定人通过权力欺诈不正当地收到(或应被视为已经收到)以人寿保险为形式的信托财产。[6] 法院明确驳回了根据指定人是违反信托的一方,有责任(如同受托人一样)退赔这一主张,退赔是指赔偿所有信托财产的损失。[7] 149

8.07　违反信托在*Deane*案一审中指的是受托人违反信托,受托人以欺诈而无效的指定受益权把信托资产分给指定人的女儿,所以该行为不符合信托文书的条款。据报道,在*Deane*案中,并未引用有关判例,但是*Deane*案为诸如*Harrison v. Randall*案和*Mackechinie v. Marjoribanks*[8]案的案件定下了先例。尽管受托人违反信托,但是因为他们是无辜的、被误导的,因此认为他们无须负责。[9] 因此,*Deane*案一审中的判决是以下主张的判例,即持有有限个人权力的保护人对该权力的不良行使无须负责(但可能要对因个人权力不良行使而导致的不正当收取的信托财产负责)。

②*Deane*案上诉

8.08　在*Deane*案中,上诉法院的三个成员(记录推事法官Esher,法官Cotton和法官Fry)给出了合理的判决,驳回了关于原则上以指定人遗产支持受益人份额的上诉。但该上诉在某种程度上获得了支持,即死者的女儿因协助违反信托,从而无权获得遗产的相关补偿。[10]

8.09　(英国上诉法院)记录推事法官Esher的判决理由与一审法官给出的理由不同,其是根据被告的进一步争辩所得,即受托人有

---

〔6〕 Deane (1889)43 Ch D 14 – 15.

〔7〕 Ibid.

〔8〕 Harrison v. Randall (1851)9 Hare 397; Mackechnie v. Marjoribanks(1870)39 L J Ch 604.

〔9〕 Deane (1889)42 Ch D 9,18. 见下文第8.12节。

〔10〕 见第8.50段及以下。

权起诉请求指定人的遗产,包括合同内所维持的保险单以及受益人有权从指定人的遗产中就所主张的损害获得利益。[11]

150 8.10 法官 Cotton 并未对该事件持有异议,他关注的是,如果保单仍在继续时,或者在指定人交付保单后起诉指定人,这样的有关违反信托的诉讼会造成怎样的假定结果。法官 Cotton 得出结论,诉讼中的指定人有责任赔偿损失的信托资产(和指定人收取的信托资产),以对"违反信托进行赔偿"。法官 Cotton 得出结论,一旦指定人去世,信托没有替代的人寿保险,可以执行的最佳赔偿形式是在指定人遗产中抽出至其临终前保单所值的金额。

8.11 很明显可以看出,法官 Cotton 判决的理论基础是,指定人作为违反信托的当事方应负责任(而这一主张在一审时被拒)。然而,法官 Cotton 使用的术语可能有些混淆,将原本用于反对在无效指定的情形下违反信托获取信托财产的指定人的这种法令,作为考虑因素的一部分。正是在这个基础上,法官认为,指定人有责任恢复信托财产或同等的财产或财产的价值。如此理解的话,法官 Cotton 表达的指定人不是因为其虚假地行使权力而负有责任,而是因为其不正当地收取信托财产而负有责任。

8.12 法官 Fry 明确地采用了一审法官的推论,并且同意记录推事法官 Esher 的结论,即根据指定人违反持续支付人寿保险的协议,索赔同等价值。[12]

③*Deane* 案的判决理由

8.13 多年来,上诉法院对 *Deane* 案的判决(也许尤其是法官 Cotton 的判决)已经被解读为,之所以认定指定人负有责任,是基于他做出的错误行为——做虚假的指定来弥补信托受益人的损失,而不是

---

[11] Deane (1889) 42 Ch D 9, 18 – 19.

[12] Ibid., 22.

基于他是信托财产的接受人。[13]

8.14　如果对 *Deane* 案的这个解读是正确的，权力的欺诈行使将被视为或等同于指定人违反信托，且指定人要承担其作为受托人会承担的后果。在上文8.06段落提及的这些主张在案件一审中遭到了反对。[14] 进一步说，如果没有指定权是以受信人身份持有的这样的调查结果，就不会得出如此惊人的结论。显然，毫无争议的是，此案中这个指定人是受信人，而且从表面上看，其所持有的指定权是有限的个人权力。[15]

8.15　然而，*Deane* 案的这种解读可能是不正确的，这可以从上诉法院的判决总结（上文第8.08～8.12段）中看出。在案例中，上诉法院的判决理由似乎是指定人负有责任。 151

a. 作为错误的接受人，要么归还信托财产，或（这是那时的审判不可能要求的）归还财产应有的价值；[16] 或

b. 因为指定人违反了维持保单的合同义务，他要赔偿损失，损失额为合同义务履行下的保单价值；

c. 根据本案件中不寻常的案情，指定人的责任应是基于保单本应有的价值，即假设保单还留在信托中，并且也支付至指定人去世时止保单应有的价值，而不是保单在退出时的价值。

(3)结论

8.16　*Deane* 案可能被理解为一项判决，该判决仅处理在无效指定的情形下，收取信托财产的人应付的责任份额，或就像本案所呈现的特别的事实，尤其是指定人负有的维持人寿保险单的合同义务。对

---

〔13〕 Farwell 459; Halsbury's Laws (4th edn, Lexis Nexis Butterworths) Vol. 36 (2) (reissue) para. 369; R Barlowetal, Williamson Wills (9th edn, Lexis Nexis Butterworths, 2008) para. 40.14. Cf, Lewin 29－280.

〔14〕 见上文第8.06段。

〔15〕 见上文第4.4节。

〔16〕 Mackechnie v. Marjoribanks (1870) 39 L J Ch 604.

判例其他的、普遍的和可能错误的解释是，判例认为权力持有人(因此是保护人)有责任赔偿信托或信托的受益人任何因欺诈行使而带来的损失，哪怕只是个人权力的欺诈行使，就如同他是受托人一样。如果*Deane*案的判例支持这一主张，那显然*Deane*案是这一主张的唯一一个案例。在没有发现指定人是以信义人身份拥有权力的情况下，施加这种责任的法律基础是模糊的。同时模糊的是，如果责任存在，这种责任是否局限于涉及权力欺诈的案例，或是当保护人因为在第5章中讨论的其他原因而做出权力的不良行使时，也需要被施加这种责任。

3. 违反信义义务的责任

(1)引言

152 8.17 明确的是，不良行使权力的受托人犯下违反信托的错误，因此，他个人有责任赔偿信托或特定的受益人遭受的损失。[17] 然而不明确的是，这一责任的出现是否仅是因为权力的无效行使，还是因为受托人职位而产生的对更大范围的信义义务的违反。

8.18 似乎根据一般原则，一个由于行使权力而违反信义义务的保护人，将负有个人义务去赔偿因此而使信托或特定受益人所受的损失。[18] 似乎没有好的理由解释为什么这种责任受限于欺诈或不诚实的案例，就像在这种语境下对这些条款的理解。[19] 然而，对于保护人，需要详细分析正被考虑的“信义义务”的内容，以证明是否存在违反。

---

〔17〕 Mackechnie v. Marjoribanks (1870) 39 L J Ch 604. Pauling's Settlement [1964] Ch 303; Pitt v. Holt [2012] Ch 132, [102] – [125].

〔18〕 见附带说明 The HHH Trust [2012] JRC 127 B[22], [26] – [28] (Jersey)。对于美国在该领域的判决见下文第11章。

〔19〕 Armitage v. Nurse [1998] Ch 241.

(2)义务的内容

8.19 保护人违反信义义务时负有责任,这一主张仅仅在可以建立完善信义义务内容的情况下适用。在第 4 章已经指出,“信义”这个术语用作修饰保护人持有的权力,来表明下文中提到的受信关系的其中一个(或多个,有必要的话)适用于特定案例的特点。

a. 法院有指定或任免权力持有人的衡平法管辖权;[20]

b. 权力持有人不得以权谋私;[21]

c. 权力持有人须善意行使权力,不得为欺诈目的使用权力;[22]

d. 权力为任意性权力;[23]

e. 持有人应如受托人那样恰当行使裁量权;[24]

f. 若持有人的个人利益与义务存在冲突,则不得行使权力;[25]

g. 持有人对受益人和/或财产授予的受托人负有义务,且财产授予与行使保护人权力无直接关联,持有人的义务相当于受托人的核心信托义务,即忠诚和善意。[26]

8.20 相应地,在任何情况下,若欲要求保护人对违反信托义务 153
负责,则义务的内容都需要根据信托文书的条款和任何相关的法律规定建立完善。

---

〔20〕 The Freiberg Trust (2004)6 ITELR 1078(Jersey).

〔21〕 Skeats' Settlement (1889)42 Ch D 522, 526; Von Kneiriem v. Bermuda Trust Co (1994)1 BOC 116(Bermuda).

〔22〕 Skeats' Settlement(1889)42 Ch D 522; Von Knieriem v. Bermuda Trust Co. (1994)1 BOC 116(Bermuda); Osiris Trustees(1999 – 2000)2 ITELR 404(Isle of Man); Papadimitriou [2004] WTLR 1141(Isle of Man).

〔23〕 见上文第 4.3 节。

〔24〕 见上文第 5.8 节。

〔25〕 The Z Trust [1997] CILR 248(Cayman).

〔26〕 International Group Trust (1992) unrep (Jersey), Rogers (1928) 63 OLR 180 (Ontario).

(3)救济

①个人责任

8.21 上文已提到,违反信义义务的责任(包括为此目的,根据信托文书和一般法管理信托的义务)表现为个人责任的形式,在信托或某些情况下,亲自赔偿受益人因此遭受的损失。[27] 要求金钱赔偿和评估应付的赔偿的传统形式是将报账说明带到法院。[28] 然而,清楚的是,无论账目结算责任是不是所有违反信托诉讼的根源,无须在法院上要求报账说明,都可以要求衡平法的补偿来恢复信托基金的价值。[29]

8.22 所谓信义义务的违反(或信托违反,不同于违反衡平法的注意义务)的责任通常被视为多于普通法诉讼中标准的损失赔偿估量。在针对受托人的诉讼中,责任被描述为专门重组信托基金(如购买因违反而造成信托损失的有价证券)。如果无法做到,则须赔偿失去的财产的同等价值。[30] 原告还须明确,如果没有违反,就不会遭受损失。[31] 这样做的话,不履行义务的受信人不能诉诸普通法的因果关系规则、预见规则和远隔性规则来减少应支付的赔偿金额。[32] 这些规则将肯定被运用于针对保护人的诉讼。

154 8.23 不履行义务的受信人的责任是个人的,针对不履行义务的受信人判决的执行,取决于其自身拥有的能满足判决的资产。[33]

---

〔27〕 Westdeutsche Landes bank Girocentrale v. Islington LBC [1996] AC 669, 705; Sinclair Investments(UK) v. Versailles Trade Finance [2011] EWCA Civ 347.

〔28〕 Lewin 39 - 03 to 39 - 05.

〔29〕 Target Holdings v. Redferns [1996] AC 421.

〔30〕 Nocton v. Lord Ashburton [1914] AC 932, 952, 958. 明确重新构成信托基金的个人责任不应该与收回丢失资产的所有权诉讼混为一谈(见第8.39段以下)。

〔31〕 Target Holdings v. Redferns [1996] AC 421; AIB Group(UK) v. Mark Redler & Co [2013] EWCA Civ 45; Lewin 39 - 11 to 39 - 14.

〔32〕 Target Holdings v. Redferns [1996] AC 421.

〔33〕 Sinclair Investments(UK) v. Versailles Trade Finance [2011] EWCA Civ 347.

②所有权救济

8.24 把信义义务和其他衡平法义务区别开来的一个原因是违反信义义务也可能导致所有权救济,若是违反其他衡平法义务,则可能不会涉及所有权救济。[34]

8.25 所有权救济与由失职的信义人掌握的信托财产相关,通过跟进信托资产,或把信托价值追溯至由其他人掌握的其他资产的救济。通常当受托人资不抵债因而部分或全然满足不了个人索赔的数额时,所有权救济的价值就得以体现。

8.26 在针对保护人的诉讼中,所有权救济可能没有价值,因为在常规的流程中保护人将不会持有信托资产。[35]

4. 违反注意和技能义务的责任

(1)引言

8.27 受托人对信托的受益人负有注意和技能义务;该义务是就受托人对于信托资产的管理而言的,如关于投资权力。[36] 显然,该义务还与受托人持有的处置性权力有关,该义务与侵权法和专业服务合同中的注意义务相似。[37]

8.28 虽然受托人的注意和技能义务是衡平法的义务,但人们并不认为它适合被称为信义义务。[38] 义务的标准并不是由具体的信义义务的出现与否决定的。[39]

---

〔34〕 Bristoland West Building Society v. Mothew [1998]Ch 1;见下文第8.5节。

〔35〕 见上文第2.02段。

〔36〕 Speight v. Gaunt (1883)9App Cas 1.《2000年受托人法》第1条。

〔37〕 Pitt v. Holt [2012]Ch 132,[107].

〔38〕 Bristoland West Building Society v. Mothew [1998] Ch 1; Permanent Building Society v. Wheeler(1994)14 ACSR 109,157;Armitage v. Nurse [1998]Ch 241;Spread Trustee Co v. Hutcheson [2011]UKPC 13,[60]-[63].

〔39〕 Bristoland West Building Society v. Mothew [1998]Ch 1.

(2)保护人的注意和技能义务

①持有受信人权力的保护人

155 8.29 可以想象,对于持有关于投资的受信人权力的保护人,其有指挥受托人投资的权力,法院因此认为保护人对信托的受益人负有衡平法上的注意义务。这也许是正确的,至少就持有受信人权力的保护人来说。

8.30 注意义务,与受信义务不同,在圣基茨和尼维斯[40]、圣马力诺,有成文法令明确地对国内信托的保护人施加注意义务。[41] 这些法域也把法定受信义务施加于保护人。

②持有个人权力的保护人

8.31 衡平法上的注意义务存在的基础并不是信义关系的存在。[42] 这可能意味着,即使当保护人持有的信托资产的投资或管理的个人权力十分有限,注意和技能义务也可能存在。[43] 施加义务的基础是拥有这种权力的保护人被认为是对信托财产和受益人的事务承担一定的责任。[44]

8.32 没有那么显然的是,持有权力无关信托资产管理的保护人同样被认为负有注意和技能义务。更可能是取决于在特定案例中保护人持有权力的本质和程度,因为这些可以定义保护人对信托受益人事务应承担的责任的范围。[45] 甚至,就受托人来说,并不十分明确的是,注意和技能义务怎样应用到与信托资产管理无关的权力的行使上。[46]

---

〔40〕《1996 年信托法》第 25 条第(8)款第(b)项(圣基茨和尼维斯)。

〔41〕《2010 年信托制度》第 52 条第(3)款(圣马力诺)。

〔42〕Bristoland West Building Society v. Mothew [1998] Ch 1.

〔43〕见上文第 6.5 节。

〔44〕Henderson v. Merrett Syndicates [1995] 2 AC 145, 205.

〔45〕Henderson v. Merrett Syndicates [1995] 2 AC 145, 205 - 6. Cf, Lewin 39 - 17.

〔46〕Pitt v. Holt [2012] Ch 132.

(3)义务的标准

8.33　关于受托人注意和技能义务的标准,经典的阐述可在19世纪的裁决中找到,大意是,受托人必须像一个谨慎的普通商人打理自己生意一样管理信托业务,但还要意识到他是为了他人的利益做出投资。[47] 在这种情况下,强调的是对谨慎的要求,而不是高水平的专业能力。受托人义务的这一构想,即受托人在某种程度上本着"善良家父原则"[48]或"为家庭尽职努力的好父亲原则"[49]行事,可能强调了谨慎要求,并强调了义务的父性特征。[50]

8.34　人们通常认为,法院将或应当期望专业受托人比起一般受 156
托人拥有更高水平的技能,尤其是如果专业受托人能从他提供的服务中得到酬劳,但是判例法并没有明确规定这一点。[51]

8.35　尚不清楚的是,负有注意和技能义务的保护人是否要遵循和受托人一样的标准。有人认为,具备相关的专业技能的保护人应被视作负有达到(更高)正常的专业标准的义务,尤其是关于信托资产的管理专业标准。这是信托受限于圣马力诺法律时出现的情况。[52] 当保护人被授予指导信托基金投资的权力且是一个收取薪酬的专家时,这种施加正常的专业注意义务标准的情况似乎是很合理的。

---

〔47〕 Speight v. Gaunt(1883)9 App Cas 1;Whitely(1886)LR 33 Ch D 347;《1988年信托财产管理法》第9条第(1)款(南非)。

〔48〕 《2007年信托法》第22条第(1)款(根西岛)。

〔49〕 《2010年信托制度》第20条第(1)款(圣马力诺)。

〔50〕 The C Trust [2012]JRC 086B,[143](Jersey).

〔51〕 National Trustees Co of Australasia v. General Finance Co of Australasia [1905] AC373;Bartlett v. Barclays Bank Trust Co [1980]Ch 515,534;Waterman's Will Trusts [1952]2 AllER 1054;《2000年受托人法》第1条第(1)款第(a)项。见 Scottish Law Commission, Supplementary and Miscellaneous Issuesrelating to Trust Law(DP 148,2011),Ch 6。

〔52〕 《2010年信托制度》第52条第(3)款(圣马力诺)。

(4)违反的救济

8.36 违反衡平法的注意和技能义务的救济措施是金钱赔偿,在很多方面,这种金钱赔偿与侵权行为或合同中的赔偿金是无异的。[53] 适用于违反信义义务的索赔的因果关系规则、远隔性规则、估量损失规则被适用于普通法赔偿金的替代规则。[54]

5.归还利润的责任

(1)保护人归还利润的责任

8.37 当保护人的义务和个人利益处于实质或可能的冲突中时,会直接或间接地产生不当个人利益,此时信义人有责任结算任何不当个人利益。[55] 而这个规则在受托人和租赁协议续约的情况下有了一定发展。其已经适用于涉及其他信义人的多种情况中,包括代理人、[56] 公司主管[57] 和合伙人。[58] 因此,可以确信地说,它也适用于持有受信人权力的保护人。与其他受托人比较,保护人义务的范围可能限于发生实际或可能的冲突的情况。[59] 当保护人也是受益人,因而任何利益冲突可被假定为已获得委托人的授权时,这个

〔53〕 Bartlett v. Barclays Bank(No. 2)1 Ch 515,545.

〔54〕 Bristol and West Building Society v. Mothew [1998]Ch 1;Bank of New Zealand v. New Zealand Guardian Trust Co Ltd [1999]1 NZLR 664,686(New Zealand).

〔55〕 Bray v. Ford [1896] AC 44,51;Boardman v. Phipps [1967]2 AC 46;Regal v. Gulliver [1967]2 AC 134n,144 – 45;United Pan-Europe Communications v. Deutsche Bank [2000]2 BCLC 461.

〔56〕 Andrews v. Ramsay & Co [1903]2 KB 635;Imageview Management v. Jack [2009] EWCA Civ 63.

〔57〕 Regal v. Gulliver [1967]2 AC 134.

〔58〕 Lindsley v. Woodfall [2004]2 BCLC 131.

〔59〕 见 Clay v. Clay [2001]HCA 9(Australia),本案不认为儿童监护人的行为违反了她负有的信托义务。

规则可能不适用。[60] 仅持有个人权力的保护人不会受限于这个规则。

8.38 不当利润包括可称为贿赂的利润和其他秘密的佣金以及由受信人公开、间接、本着善意获得的收益。善意不能作为索要利益的辩护理由,也不能为不会或者不能出于信托受益人的利益使用该优势这一结果提供辩护。[61] 157

(2)救济

①个人责任

8.39 利润必须要归还,而非信托遭受的损失。但在某些情况下,法院可能会允许信义人通过付出努力或技能来获得津贴,以防受益人不劳而获。[62]

②所有权救济

8.40 目前,在相关的法域,对于推定信托是否约束不当利益有明确的权力划分,因此持有人受限于所有权诉讼而非个人诉讼。[63] 在英国,法院果断地避免对不当利益施加救济性推定信托。在澳大利亚,法院也处于相似的立场。[64]

---

〔60〕 The Z Trust [1997]CILR 248(Cayman);Papadimitriou [2004]WTLR 1141(Isle of Man);Sargeant v. National Westminster Bank (1990) 61 P & CR 518;Edge v. Pensions Ombudsman [1998]Ch 512,539.

〔61〕 Lewin 20-26 及以下。

〔62〕 Imageview Management v. Jack [2009]EWCA Civ 63.

〔63〕 Sinclair Investments(UK) v. Versailles Trade Finance [2011]EWCA Civ 347(人身诉权);Cf AG for Hong Kong v. Reid [1994]1 AC 324 PC(Hong Kong). Corporacion Nacionaldel Cobrede Chile v. Interg lobal(2002)5 ITELR 744(Cayman)(所有权请求).

〔64〕 Warman International v. Dwyer(1994)128 ALR 201.

6. 附属责任

(1)引言

158 8.41 原则上,保护人作为另一方违反信托的从犯,可能负有责任。这种责任可以从两方面分析:违反信托中的知情协助和信托财产的不当收取。在这一点上,保护人在很多方面和其他当事方处于相同的立场,在通常的教科书中应当提到对这一主题的处理,[65] 在下文会有简短的概述。

(2)违反信托中的知情协助

8.42 当保护人用欺诈手段或不诚实地帮助受托人(或也许是共同保护人)犯下违反信托的错误时,该保护人有责任像受托人一样,对信托遭受的损失负责。[66]

8.43 这里的欺诈和不诚实指的是同一件事情:在这些情况下未担任本应担任的诚实的人的身份(无论被告是否意识到这一点)。[67] 这里必须是被指帮助违反信托的保护人行为不诚实,而非受托人。这时的责任是个人的结算责任,而无关所有权请求。

(3)信托财产的不当收取

8.44 收取信托财产的责任的关键在于信托财产是在违反信托的情况下转移的,并且接受人保留信托财产是显失公平的。[68] 显失

---

〔65〕 Lewinchs 40,42;Thomasand Hudsonch 30;Underhill Ch 24.

〔66〕 Barnes v. Addy(1874)9 Ch App 244.

〔67〕 Royal Brunei Airlines v. Tan [1995]2 AC 738(Brunei Darussalam);Twinsectra v. Yardley [2002]UKHL 12;Barlow Clowes International v. Eurotrust International [2006]1 WLR 1476(IsleofMan).

〔68〕 BCCI v. Akindele [2001]Ch 437.

公平体现在检验接受人彼时知道或本应当知道的事情,但不一定涉及不诚实行为。[69] 不当的接受人将有责任归还收取的信托资产和利益的价值。[70] 基于同样的事实,所有权请求也可能存在,滥用的资产可能会被跟进或追踪。[71]

(4)代理人责任:法人保护人的主管及公务人员

8.45 当不存在不诚实时,一般情况下,法人保护人的代理人(包括公司的主管和其他公务人员)将不会作为保护人对公司的行为负直接责任。[72] 可以确定的是,法人受托人的主管对信托的受益人不负有独立的信义义务。[73] 也可以确定的是,即使指控主管违反了对法人受托人负有的合同义务或受信义务,也不会造成对其发起的诉讼或代表信托受益人发起的诉讼。[74]

8.46 从表面上看,对于持有受信人权力的保护人作出的判决同 159
样适用于法人保护人。然而,公司的主管构成单一信托的保护人是可能的,作为信托保护人的公司主管,没有外部的债权人,可能会遭受直接诉讼,尽管有效界定的法律基础尚不明确。[75]

8.47 在圣基茨和尼维斯适用于国内信托人员的法律免除保护人本着善意的行为和疏忽的法律责任,这一规定包括保护人的代理人。[76]

---

〔69〕 Lewin 42 – 8 及以下。

〔70〕 Deane(1889)43 Ch D 9. Belmont Finance Corporation v. Williams Furniture [1980] 1All ER 393.

〔71〕 Lewin Ch 41;Thomasand Hudson Ch 33.

〔72〕 公司有充分理由因为他们的行为而起诉他们。

〔73〕 Bath v. Standard Land Co [1911] 1 Ch 618;McNulty(2011)14 ITELR 361(New Zealand).

〔74〕 Young v. Murphy [1996] 1 VR 279(Victoria);Alhamrani [2007] JRC 026(Jersey);Gregson v. HAE Trustees [2008] EWHC 1006(Ch). 在根西岛和泽西,原本规定这种责任的法律现已被废除。

〔75〕 HR v. JAPT [1997] OPLR 123.

〔76〕 《1996 年信托法》第 25 条第(11)款(圣基茨和尼维斯)。

8.48 而针对不诚实的诉讼,情况却是不同的。当主管知情并协助法人受托人违反信托时,普遍认为主管可能负有个人责任。[77] 也可能存在这种情况:法院可能找出法人保护人幕后的操控者,来使控制信托的人直接对保护人行为或信托财产保护人不当收取行为负责。[78]

7. 衡平法的辩护和限制

(1)引言

8.49 除在相关的法令和信托文书中的保护性条款外,保护人可能在面对针对他违反衡平法义务的诉讼中求助于衡平法的保护。保护人也有权把限制适用期的到期日作为辩护。

(2)默许、同意和免除

160 8.50 可以确定的是,衡平法的默许、同意和免除将在基于权利的不当行使提出诉讼时提供好的辩护。在不同案例中,辩护往往不可以用于针对无行为能力的人。

①同意

8.51 在充分知悉所同意的内容情况之下,受益人所达成的协议即为同意。[79]

②默许

8.52 英国法建立默许的标准在上文 *De Busche v. Alt* 案中提

---

〔77〕 Royal Brunei Airlines v. Tan [1995] 2 AC 738 (Brunei Darussalam); HR v. JAPT [1997] OPLR 123.

〔78〕 Adams v. CapeIndustries [1990] Ch 433; Trustor AB v. Smallbone (No. 2) [2001] WLR 1177; VTB Capital v. Nutritek International [2013] UKSC 5.

〔79〕 Deane (1889) 42 Ch D 9; Pauling's Settlement Trusts [1962] 1 WLR 86, 108.

到过:[80]

如果权利持有人在看到另一个人即将侵权或正在侵权时却袖手旁观,诱使其作出该侵权行为,即本可以避免或阻止该行为但并没有阻止,则事后他就无权对此行为有怨言。这……是“默许”的正确含义,在这层意义上,默许可以被定义为能合理地推断出允准的沉默;这也仅仅是以语言或行为表现的禁反言规则的一个实例。

③免除

8.53 免除涉及受益人的正式协议,即免除受信人因为已采取(或已避免)行动的现有责任。[81]

④明知

8.54 要成功地诉诸这些辩护,保护人必须展示受益人有足够的明知,能够使保护人公允地免于诉讼。[82] 这通常不要求受益人明确地知道保护人的行为涉及违反信托。[83]

(3)迟误和限制

①迟误

8.55 提出诉讼的可归责的延迟,加上延迟造成的对保护人的不利,将需要衡平法的迟误辩护。[84] 延迟本身没有问题。[85] 当存在限制的法定期限或限制的期限被类比运用时,迟误不适用于衡平法的诉讼。

---

〔80〕 De Busche v. Alt(1877)8 Ch D 286,313.

〔81〕 Lyall v. Edwards(1861)6 H & N 337;*Garnett*(1885)31 Ch D 1.

〔82〕 Pauling's Settlement Trusts [1962]1 WLR 86,108.

〔83〕 Ibid.

〔84〕 Partridge v. Partridge [1894] 1 Ch 351, 359 - 60; Allcard v. Skinner (1887) 36ChD145,Shulman v. Hewson [2002]EWHC 855(Ch).

〔85〕 Eustace [1912]1 Ch 561.

②限制

161 8.56 诉讼时效或惯例的限制关乎程序法而非实体法(至少在英国法律规则冲突的情况下),因此,限制辩护的有效性取决于保护人被起诉法域的程序法,而非(如果不同)信托准据法。下文概括了英国法的立场。[86]

8.57 如上所述,衡平法的诉讼可能受限于法定限制期限,或运用于其他诉讼的法定限制期限被类比运用到衡平法的诉讼中。在缺少可适用的法定限制期限的情况下,从诉讼开始,对于流逝的时间,唯一的辩护是懈怠,但是这种辩护可能在任何关于欺诈和信托财产保留的诉讼中被提及。[87]

8.58 若衡平法的诉讼是基于受托人欺诈或当诉讼要求是收回由被告不当持有的信托财产时,没有适用的限制期限。[88] 这条规则是否适用于保护人欺诈违反信托还不明确。[89]

8.59 其他基于违反信托的诉讼一般受限于6年限制期限,[90]包括基于违反信托中的知情协助提出的诉讼。[91]

8. 共同保护人的责任

(1)引言

8.60 共同保护人可能各自持有可行使的权力以及共同持有可行使的权力。在许多相关的法域的制定法设想中由多数共同保护人

〔86〕 Lewin Ch 44.

〔87〕 Loftus [2007]1 WLR 591.

〔88〕 《1980年时效法》第21条第(1)款。

〔89〕 Paragon Finance v. D. B. Takerar & Co. [1999]1 AllER 400(否定);Gwembe Valley Development Co v. Koshy [2004]WTLR 97,[120](肯定).

〔90〕 《1980年时效法》第21条第(3)款。

〔91〕 Cattley v. Pollard [2007]1 Ch 353;Peconic Industrial Development v. Lau Kwok Fai (2009)11 ITELR 844(Hong Kong).

作出裁决。[92]

(2)在衡平法上的地位

8.61 受托人对共同违反信托负有共同责任和各自责任,无论他们各自对违反负责的程度如何。[93] 同时,即使发生以下情形,受托人也不对由他的共同受托人引起的违反信托的行为承担替代性责任:如没有共同受托人的批准责任,受托人出现过错的;受托人未能有效地阻止这种违反信托的行为;或者如果受托人没有对独立的违反信托负责,当然这种情况是少之又少的。[94]

8.62 正如受信人原则上应当在同样的基础上负有共同责任,保护人持有共同权力。尚不清楚的是,将保护人各自行使权力而不是共同行使权力造成后果的责任施加到共同保护人上,这种做法是否正确。如果共同保护人知道另一个共同保护人将要不当行使自身的权力,却不采取措施防止不当行使权力情况发生,那么法院将可能对共同保护人施加连带责任。[95] 162

(3)法律规定

8.63 共同保护人行使决策权的争议是由制定法处理(在大部分的法域并非如此),而通常默认权力被认为只能共同行使或由多数的共同保护人行使。在安圭拉、[96] 巴巴多斯、[97] 伯利兹、[98] 库克群

---

[92] 见上文第 3.3 节。

[93] Walker v. Symonds(1818)3 Sw 1;Oliver v. Court(1820)8 Price 127;Thomasand Hudson 32.62.

[94] Wilkins v. Hogg(1861)31 L J Ch 41;Underhillart s 88,96.

[95] Styles v. Guy(1849)1 M & G 422,433(executors). 至于保护人可以采取的措施,见下文第 9. C 节。

[96] 《2000 年信托法》第 15 条第(6)款(安圭拉)。

[97] 《1995 年国际信托法》第 26 条第(4)款(巴巴多斯)。

[98] 《1992 年信托法》第 16 条第(7)款(伯利兹)。

岛、[99]多米尼加、[100]毛里求斯、[101]尼维斯[102]以及圣马力诺,[103]情况都是如此。

8.64 多数决策可能会导致保护人权力的行使违背某个共同保护人的愿望。在库克群岛,规定如下:

> 保护人不赞同大多数保护人作出的决策,可能要求以书面形式记录他的异议,再交到信托注册办事处,而根据信托文书,有异议的保护人无须对这个大多数保护人根据此决定而做出的行为负责。[104]

8.65 实质上,在安圭拉、[105]巴巴多斯、[106]伯利兹、[107]毛里求斯、[108]尼维斯[109]和圣马力诺[110]的信托法令中,也发现了同样的(但没有明确排除异议者的责任的)规定。根据这些法域的法律,持有异议的共同保护人,出于善意,无须对多数决策造成的后果负责。

(4)信托文书的规定

163 8.66 假定对共同保护人自身行为或疏忽的责任并未减少至超出法域允许的最小限度,[111]信托文书能够有效地限制共同保护人对彼此失责的责任。

---

[99] 《1984年国际信托法》第20条第(5)款(库克群岛)。
[100] 《1997年国际豁免信托法》第9条第(6)款(多米尼加)。
[101] 《2001年信托法》第24条第(6)款(毛里求斯)。
[102] 《1994年国际豁免信托条例》第9条第(6)款(尼维斯)。
[103] 《1994年国际豁免信托条例》第9条第(6)款(尼维斯)。
[104] 《1984年国际信托法》第20条第(6)款(库克群岛)。
[105] 《2000年信托法》第15条第(7)款(安圭拉)。
[106] 《1995年国际信托法》第26条第(5)款(巴巴多斯)。
[107] 《1992年信托法》第16条第(7)款(伯利兹)。
[108] 《2001年信托法》第24条第(7)款(毛里求斯)。
[109] 《1994年国际豁免信托条例》第9条第(7)款(尼维斯)。
[110] 《2010年信托制度》第52条第(8)款(圣马力诺)。
[111] 见下文第8.11节。

(5)定期缴款权利

8.67 当共同保护人有共同责任时,满足要求的共同保护人将有权利要么根据衡平法,要么根据相关的制定法,寻求定期缴款。[112]

9. 责任的法定修正

(1)涉及信义义务的法律规定

8.68 正如第4章提到的,在一些相关的法域,保护人责任的本质和范围由制定法规定。[113] 修正或排除的范围则有所不同。[114] 除非信托文书有另外的规定,否则有时会施加显然不能被排除的信义义务,[115]或施加已有的信义义务。[116] 相比之下,根西岛法律规定,受限于信托条款,不以法规中提及的权力(包括大部分通常授予保护人的权力)的保留对权力持有人施加信义义务。[117]

8.69 法定的信义义务(或法令排除信托义务)的施加显然将会影响保护人的责任。也就是说,某一法定信义义务的施加并未回答与责任内容相关的所有问题。在任何情况下,可能还有必要检验保护人持有权力和信托文书的任何其他相关条款和具体情况(包括,比如,保护人是否也是受益人)。只有这样,才可以裁决一个特定的义务是被

---

〔112〕 例如,根据《1978年民事责任分担法》;见Lewin 39-77~39-81。

〔113〕 见上文第4.83段及以下。

〔114〕 在安圭拉、安提瓜、巴布达、伯利兹、库克群岛、根西岛、纳闽岛、马耳他、尼维斯、圣文森特和格林纳丁斯、圣马力诺的法律中有这类条款;见下文附录2。

〔115〕 《2007年国际信托法》第56条(安提瓜和巴布达);《1996年信托法》第25条第(8)款(圣基茨和尼维斯);《2010年信托制度》第52条第(6)项(圣马力诺)。

〔116〕 《2000年信托法》第15条第(5)款(安圭拉);《1992年信托法》第16条第(5)款(伯利兹);《1994年国际豁免信托条例》第9条第(5)款(尼维斯);《1996年国际信托法》第16条第(5)款(圣文森特和格林纳丁斯)。

〔117〕 《2007年信托法》第15条第(2)款第(b)项(根西岛)。

遵守或已经被违反。

(2)"非受托人"规定

①引言

164 8.70 相关的法域通常规定,保护人不应该被视为受托人或像受托人一样负有责任。[118] 规定条款各有不同,且从表面上看造成的影响可能在不同的法域会有实质性的不同。一些法律规定保护人行使同意权时不应该被视为受托人,但并未提及任何其他权力的行使。[119] 另一个方法是排除任何法规列出的可能会授予保护人的权力的行使。[120] 第三种方法是总体上排除保护人。[121] 这里明显存在漏洞,因为除在地方的制定法中提及的保护人外,在很多法域,被授予权力和行使权力的保护人可能不可以从不被视为受托人中获益。

②征税效应

8.71 这些规定的一个预期影响显然是财政影响。正如在第1章讨论过的,当受托人的海外居留对于委托人、信托和信托受益人的税务计划很重要时,设立保护人的目的通常是使权力被非海外居留者所持有。[122] 显然,对于设立信托和指定保护人的人,他们担忧的是保护人不应该因为税务目的而被视为受托人。这种担忧可能不足为道,

---

〔118〕 该条款的一个版本在大多数本书提及的处理保护人权力的法令中都能找到,包括安圭拉、安提瓜、巴布达、巴巴多斯、伯利兹、根西岛、纳闽岛、毛里求斯、尼维斯、圣文森特和格林纳丁斯以及圣马力诺等地的法令;见下文附录2。泽西明显是个例外。

〔119〕 《1996年离岸信托法》第35条第(2)款(纳闽岛);《1994年信托法》第36条第(3)款(塞舌尔)和《1990年信托条例》第23条第(4)款(特克斯和凯科斯群岛)。至于同意权,一般见上文第6.6节。

〔120〕 《1998年信托法》第83条第(3)款(巴哈马);《1995年国际信托法》第26条第(1)款(巴巴多斯);《2007年信托法》第15条第(2)款(根西岛);《2001年信托法》第24条第(4)款(毛里求斯);《2010年信托制度》第52条第(6)款(圣马力诺)。

〔121〕 《2000年信托法》第15条第(4)款(安圭拉);《2007年国际信托法》第56条(安提瓜和巴布达);《1992年信托法》第16条第(3)款(伯利兹);《1989年信托和受托人法》第24A条第(3)款(马耳他),《1994年国际豁免信托条例》第9条第(4)款(尼维斯);《1996年国际信托法》第16条第(4)款(圣文森特和格林纳丁斯)。

〔122〕 例如,Green v. Cobham [2000] WTLR 1101。

因为信托法中保护人和受托人的区别在任何情况下是本质性的和显而易见的。[123]

③排除责任

8.72　“非受托人”规定的另一个预期影响可能是排除或限制责任。一些法律规定在某种形式上提及和清楚地限制了这个意图。[124]其他法律规定保护人“不应被当作或视为受托人”，但是没有明确提及相应的个人责任的排除或限制。[125]可能暗含的意思是，排除任何形式的施加于受托人的个人责任。

8.73　这些规定也许可以被理解为在某种程度上对于一个主张的回应，该主张也许是基于 *Deane* 案的传统观点，即保护人如同受托人一样，对因为权力的不良行使而使信托遭受损失负责。正如上文所述，至少在被讨论的权力是个人权力的情况下，该主张可能是错的。[126] 165

(3)责任的明确法定修正

8.74　相关法域的许多制定法明确地排除或修正保护人条文以外或附加在条文上的责任，以使保护人不被视为受托人。

8.75　库克群岛法令为保护人规定了总体的责任排除：

> 根据信托文书的条款，信托保护人根据信托文书行使保护人的职责时，无论从事任何活动或不作为，都无须像受托人或其他有信义义务的人一样要对任何人负责。[127]

---

〔123〕 见上文的第 2.6 节。

〔124〕 见第 8.74 段及以下。

〔125〕 在安圭拉、伯利兹、尼维斯、圣文森特和格林纳丁斯以及圣马力诺的信托法令中适用；见下文附录 2。

〔126〕 见上文第 8.2 节。

〔127〕 《1984 年国际信托法》第 20 条第(4)款(库克群岛)。对于采取或重建这一条款的潜在风险的讨论见第 11.25 段及以下。

8.76 在一些其他法域,明确地把责任的排除限于保护人本着善意执行的活动。在英属维尔京群岛,责任的排除限于保护人法定权力的行使,指定和任免受益人的权力除外。[128] 责任的排除限于巴哈马、毛里求斯、圣基茨和尼维斯国内信托关于保护人法定权力的行使。[129] 值得注意的是,责任排除显然限于法规中提及的保护人权力的行使。安提瓜和巴布达提供对于所有违反信托的法定赔偿,保护人"自己有意或故意的欺诈或疏忽"除外。[130]

8.77 在所有这些法律规定中,似乎假定保护人的所有义务是同种类型的,似乎也将提及对违反衡平法注意和技能义务(与违反信义义务不同)责任的规定。[131]

10. 法院免除保护人责任的权力

(1)无法定权力

166 8.78 大部分的相关法域包含与《1925 年受托人法》第 61 条相似的法律规定。第 61 条规定,如果受托人行为诚实合理,他可以向法院申请免除个人责任和应该被免除违反信托的责任。[132] 这些条款不太可能被解释为适用于保护人,在任何相关法域没有同等的条款明确适用于保护人。

---

〔128〕《1961 年受托人条例》第 86 条第(3)款(英属维尔京群岛),已在上文第 4.79 段讨论。

〔129〕《1998 年受托人法》第 81 条第(3)款(巴哈马);《2001 年信托法》第 24 条第(4)款(毛里求斯);《1996 年信托法》第 25 条第(11)款(圣基茨和尼维斯)。

〔130〕《2007 年国际信托法》第 60 条(安提瓜和巴布达)。

〔131〕见上文第 8.4 节。

〔132〕《1896 年司法受托人法》第 3 条。

(2)衡平法管辖权

8.79 如果受托人可以向法院证明违反信托对于受益人是必要或有益的,法院似乎有免除受托人违反信托责任的固有的衡平法管辖权。[133] 可能也有必要确定的是,如果受托人首先申请指示,法院本可以或将发起的制裁行为会遭到抗议。[134] 必须承认,这个司法管辖权似乎已被狭义地解释了,而且在引入法定权力之前,此管辖权对受托人的益处是有限的,这被理解为放宽了立场。[135] 然而,当法院根据其固有管辖权免除受托人责任,则可能对保护人的做法也一致。这种管辖权可能和泽西法院的管辖权有同样的根源,泽西法院最近确认无权受托人为了信托的良好管理作出的决定可以被批准(意思是已确认但不认可)。[136]

11.信托文书中责任的豁免和限制

(1)在英国法中的地位

8.80 根据英国法律的规定,信托文书能有效地豁免受托人违反义务的责任,除了已被确认为受托人的"核心"信义义务,即忠诚和善意。[137] 这意味着不能免除对于欺诈和故意的不作为的责任。可能豁免因无知而违反信托的责任,或豁免由于过失或严重过失造成的违反信托的责任。许多相关法域有明确的法律规定,可能在其他被认为基

---

〔133〕 Harrison v. Randall(1851)9 Hare 397,407.

〔134〕 Brown v. Smith(1878)10 Ch D 377.

〔135〕 Perrins v. Bellamy [1899]1 Ch 797,801 –2.

〔136〕 Representation of AA [2011]JRC 148(Jersey).

〔137〕 Armitage v. Nurse [1998] Ch 241; Spread Trustee Co v. Hutcheson [2011] UKPC 13.

于英国法制定的信托法的相关法域情况亦是如此。[138]

167 8.81 几乎可以肯定的是,在信托文书可以豁免受托人的情况下,至少同样地可以豁免保护人。因此,似乎可以认为,依据任何法律禁令,信托文书可能豁免保护人的任何违反义务行为,除非保护人犯下了欺诈和故意的违法行为,这些条款(和相关的不诚实的概念)在处理受托人责任的案例中已经解释过。[139]

(2)法定限制

8.82 在这个背景下,明确地适用于受托人的法律规定通常也会被认为直接或间接地适用于保护人。在相关法域,根据制定法,受托人可能不会被豁免某些责任,如严重过失。然而有争议的是,作为解释或公共的政策,该规定对保护人可能同样适用。在这种情况下,禁令可能只适用于持有信义权力的保护人。

8.83 根西岛、泽西、马耳他、毛里求斯和塞舌尔的法定条文规定不能豁免受托人犯下严重过失的责任。[140] 判例法表明苏格兰和加拿大也是如此。[141]

(3)露体[142]

8.84 信托文书不能排除欺诈和故意的违法行为,因为他们是受托人忠诚和善意的"核心"信义义务的必然推定。[143] 因此,非受托人

---

[138] Spread Trustee Co v. Hutcheson [2011] UKPC 13 (Guernsey).

[139] 《2007 年信托法》第 39 条第(7)款(根西岛);《1984 年信托法》第 42 条第(9c)款(泽西);《1989 年信托和受托人法》第 21 条第(7)款(马耳他);《2001 年信托法》第 50 条第(6)款(毛里求斯);《1994 年国际信托法》第 43 条第(4)款(塞舌尔)。

[140] Poche (1983) 6 DLR (4th) 40 (Canada); Lutea Trustees v. Orbis Trustees Guernsey (1997) SCLR 735 (Scotland).

[141] Poche (1983) 6 DLR (4th) 40 (Canada); Lutea Trustees v. Orbis Trustees Guernsey (1997) SCLR 735 (Scotland).

[142] A Duckworth, *Hazards for the Retentive Settlor and his Trustee—Sham, Mistakeand Nudity* (1999) 7 JITCP 183, 191.

[143] Armitage v. Nurse [1998] Ch 241; Spread Trustee Co v. Hutcheson [2011] UKPC 13.

的保护人则可能会被信托文书有效地豁免全部责任。根西岛的情况就是如此,尽管不寻常的是,根据根西岛的法律规定,推定保护人不具备信义义务。[144]

12. 保护人权力对受托人责任的影响

(1)引言

8.85 一般来说,授予保护人权力的作用是直接削弱受托人的权 168
力或使受托人的权力受限于某些条件,如要求受托人获得保护人优先的同意。本节考察保护人权力可能对受托人的义务和责任造成的影响。

(2)在衡平法上的地位

①对于保护人权力的行使

8.86 当保护人行使权力时,受托人通常因此被要求采取行动,如遵循保护人指定权的行使而进行分配或保护人指导投资权力的行使。

8.87 受托人遵循保护人权力的行使而行事将显然对由此造成的信托违反不负有个人责任,比如,如果权利的行使因具有欺诈性而无效,且受托人善意行事(或至少没有权力的行使是无效的合理怀疑)。[145] 但是如果受托人有理由认为权力的行使具有欺诈性,但是依旧根据保护人权力的行使行事,那么受托人要为造成的后果负责。[146]

8.88 需要强调的是,这条规则限制了受托人的个人责任。[147]

---

〔144〕《2007年信托法》第15条第(2)款第(b)项(根西岛)。

〔145〕 Mackechnie v. Marjoribanks(1870)39 L J Ch;*Deane*(1889)43 Ch D 9,18.

〔146〕 Harrison v. Randall(1851)9 Hare 397,407.

〔147〕 其运作方式与《1925年受托人法》第61条的规定及其他法域同等程序的成功应用大致相同。

根据无效行使的权力采取的行动通常对受托人而言是违反信托的。然而,原则上针对信托财产的不当接受人,所有权救济措施会适用。[148]

8.89 由此可知,如果受托人有合理的理由认为保护人无效地行使权力,那么受托人不应该依据保护人声称行使的权力行事。在有怀疑的情况下,应向法院申请指示或其他合适的救济。[149] 尤其是在申请由受益人提出的情况下,合适的救济可能包括禁止令。[150]

8.90 显然,除非有实质的证据质疑权力的行使,否则不应该提出这种申请,如今,法院比以前更愿意要求受托人支付不必要申请的成本,而不是仅仅驳回他的成本,这是法院在 *Campbell v. Home* 案的做法。[151] 同样明显的是,不能根据保护人权力的有效行使而行事的受托人将造成信托违反,并对这种违反造成的通常后果负责。

169 8.91 根据《1982 年限制授予土地法》和它的后继法令,这些原则经常被应用于英国的案例中,在这些案例中,终身地产保有人有指导受托人投资的广泛权力。[152] 为了财产授予的所有利益相关方,终身地产保有人"就如受托人"一样持有权力。在其中一种情况下,终身地产保有人法定权力的存在被认为给受托人指示:

> ……并不意味着受托人可以盲目地接受终身地产保有人的指示或被免除确定应用的模式是基于法案的规定。在任何有怀疑的情况下,他们必须求助律师或检验员的专业意见。[153]

8.92 似乎没有好的理由可以解释为什么这些原则没有应用到

---

[148] Deane(1889)42 Ch D 9.

[149] The Omar Family Trust [2000] WTLR 731(Cayman). 对于指示申请一般见 Lewin Ch 27。对于保护人向法院的申请见下文第 9 章。

[150] Middlemas v. Stevens [1901] 1 Ch 574.

[151] Campbell v. Home (1842) 1 Y & C Ch. 664.

[152] Lord Coleridge's Settlement [1895] 2 Ch 704; Gladwin's Trust [1919] 1 Ch 232.

[153] Duke of Northumberland, decd [1951] 1 Ch 202, 207.

保护人给予指示的情况或保护人其他权力的行使。受托人须保证其相信权力得到有效的行使,这种质询的本质首先取决于权力是不是受信人权力或有限的个人权力,其次取决于讨论中的权力的类型。在最低限度上,受托人有义务检查信托文书,确保权力委托给保护人并且没有被过度行使。[154] 受托人须行使该义务到何种程度似乎是一个很难回答的问题(信托文书中限制受托人这方面义务的条文往往解答了这个问题)。

②对于保护人未能行使权力

8.93 有时会出现保护人没有行使应当行使的受信人权力(或者至少在应考虑行使权力时),或者保护人错误地拒绝同意受托人行使权力。这反过来可能要求受托人有义务向法院申请强制保护人行事(或同意)或替换保护人。如果受托人错误地没有及时作出这样的申请,受托人可能会承担责任。[155]

(3)对受托人的法定保护

①适用于各种保护人权力的法规

8.94 在许多相关法域,依据保护人权力的行使而行事的受托人 170
可得到一定程度的法定保护。在泽西,对于法规列出的这类权力,如同那些可能会授予(非明确地)保护人的权力,“受托人依据权力的行使而行事并不是违反信托”。[156] 在开曼群岛和根西岛存在相似的规定,虽然明确表示只有遵守权力的有效行使才能免除受托人的责任。[157] 泽西的法规似乎可能以同样的方式被解读。

②仅适用于同意权的法令

8.95 开曼群岛、根西岛和泽西的信托法规列出的可能被授予

---

[154] 见上文第5.5节。

[155] 见下文第9.3节。

[156] 《1984年信托法》第9A条第(3)款(泽西)。

[157] 《2011年信托法》第15条(开曼群岛);《2007年信托法》第15条第(3)款(根西岛)。

(或被保留)的权力,是给予同意的权力。[158] 从表面上看,受托人得到保护人同意,行使他自身的权力,但受托人不因此根据保护人权力的行使而行事。如果这样是对的,那么在先前的段落中提到的法定豁免将不适用于保护人行使同意权的情况。

8.96 在一些其他的法域,如果受托人依据保护人的同意而行事,那么他明确地被免除责任,但显然对于保护人其他权力的行使,受托人不会被免除责任。在巴哈马、文莱达鲁萨兰国和迪拜国际金融中心,这受限于包含这个条款的信托文书和依据善意行事的受托人。[159] 英属维尔京群岛法律中的同等条款并未明确提及善意的要求,但应当在所有这一类的条款中有所暗示。[160]

8.97 需要注意的是,给予或保留同意的权力从表面上看仅仅于此。看似奇怪的是,仅因为获得保护人的同意这一必要的和附加的要求得到满足,受托人就应该完全被免除行使他自身权力的责任。这些制定法可能表明,在实际操作中,使受托人权力受限于保护人的同意,意图是达到使信托受限于保护人的指示同样的实际效果。[161]

③适用于投资建议依赖或指导投资权力的行使的法令

8.98 在文莱达鲁萨兰国法律中,保护人是受托人可能从中获得投资建议的一类人(如果受托人相信保护人有能力给予建议),而受托人无须为依此建议所作出的投资决策负责。[162] 巴哈马目前有详尽的条文,来明确处理受托人依据权力持有人的指导投资权力的行使而行事所造成的后果。[163] 这一款项规定,如果受托人遵照有效的善意指示或遵照关于指导投资权力的指示,那么受托人不承担相应的义务和责任。

---

〔158〕 见上文第6.6节。

〔159〕 《2000年国际豁免信托法令》第88条第(1)款(文莱达鲁萨兰国);《2005年信托法》第68条第(1)款(迪拜国际金融中心)。

〔160〕 《1961年信托条例》第86条第(1)款(英属维尔京群岛)。

〔161〕 见上文第6.120段及以下。

〔162〕 《2000年国际豁免信托法令》第7条(文莱达鲁萨兰国)。

〔163〕 《1998年受托人法》第81A条(巴哈马)。

(4)信托文书的规定

8.99 信托文书往往因为保护人的指定而变更受托人的义务和责任。比如,信托文书通常包含条款,来免除受托人采取任何措施用以证明保护人的指示有效的义务。[164] 另外,或除此之外,信托文书还包含条款,规定免除依据保护人的指示行事的受托人的责任。除在任何情况下构成有效信托所必须的“不可或缺的核心”外,这样的条款的任何组合似乎都不可能被认为有效地削弱了受托人的义务和责任。[165] 171

13. 起草要点

(1)综述

8.100 信托文书应该处理保护人的责任。这点在保护人持有个人权力时尤为重要。

(2)义务条款的定义

8.101 责任会因为定义保护人义务的条款以及豁免保护人违反信托责任的条款而受到限制。

(3)利益冲突和归还利润的责任

8.102 信托文书应该解决如下情况(若有的话),持有受信人权力的保护人是否有责任归还因指定而带来的利润。

---

[164] 常由有关限制受托人监管信托利益相关公司的义务的条款来规定:见上文第 6.98 段及以下。

[165] Armitage v. Nurse [1998] Ch 241.

(4)共同保护人

8.103　是否需要有共同保护人责任的相关规定,应该思考这个问题。如果共同保护人将拥有任何可能各自行使的权力,那么这种规定尤为需要。规定将受到作出决策所采取的方法的影响。当规定意图限制共同保护人对彼此行为的责任时,应根据保护人被授予的权力,去考虑他们会采取什么行为。针对受托人的判决先例则不太可能适用,并以此作为参考。

(5)代理人、主管和公务人员

172 8.104　可能没有必要包括这些条款:排除法人受托人的代理人、主管和公务人员责任的条款。这类责任理所当然被确定是不存在的。

(6)豁免条款

8.105　当为保护人起草豁免条款时,需要注意,要考虑地方的可适用于受托人的豁免限制,也应该参照相关的 STEP 实践规则。[166]

(7)受托人义务和责任的修正

8.106　要求受托人按照保护人的指示行事的信托文书,应该对受托人的义务和责任作出适当的修正。那么,在要求受托人须征得保护人同意的情况下,如何对受托人的责任进行适当的修正,这是个问题。

---

〔166〕 STEP 协会对受托人豁免条款的惯例规则(信托和房地产从业者协会,2009 年)作出规定。

第 9 章　保护人提起的诉讼和针对保护人的诉讼

1. 引言

9.01　实体法关系到保护人权力的行使，并且反对在其他方面针对保护人个别的考虑。[1] 此章节涉及可能因某原因导致的诉讼程序。该主题是直接关于每个相关法域的不同诉讼法以及许多其他可能对此类主张提起诉讼的法域的诉讼法。本书对该法律不作调查，更不从细节上考察该法律。 173

9.02　然而，裁判书报告显示，至少大部分相关法域会以大致相似的方式处理本章的主题，也就是说，在法域之间寻求适用诉讼条例时，必须特别小心。除非另有说明，否则本章提及的诉讼法是当前的英国诉讼法。

9.03　本章涉及的主要议题是管辖权、保护人在法院上的起诉权以及费用问题。还有一 174

---

[1] 见上文第 5 章（保护人权力的有效行使）和上文第 8 章（责任）有所涉及。

些关于作为诉讼方的保护人的讨论。信托认可事宜在第 11 章有所涉及。[2]

2. 管辖权

(1)引言

9.04 在英国和大多数欧洲国家,管辖权问题往往参照《1968 年布鲁塞尔公约》来裁决,如今,在欧盟成员国之间,《2000 年委员会条例》[3]很大程度上取代了这一公约,包括瑞士的欧洲自由贸易区,《1988 年卢加诺公约》也取代了这一公约(下文将这些公约统称为公约)。根据《1982 年民事管辖权和判决法令》,这些公约在英格兰获得效力。

9.05 当公约不适用时(如在大多数相关法域内公约不适用的情况),管辖权受限于普通法条例。与依据公约不同,依据条例,一旦达到门槛标准,法院拥有裁量权,决定程序是否应该开始或继续进行,或者在本法院进行还是在外国的法院进行。

(2)普通法条例

9.06 下文概述的关于管辖权的英国普通法条例可能适用于大多数相关法域,但公约适用的区域除外。在英国,考虑这个问题通常是在获得向司法管辖范围之外提出诉讼和质疑的法院许可的情况下。[4] 英国的法院条例包含了关于区外服务的详细规定。[5] 这些条

---

〔2〕 见下文第 11.4 节。

〔3〕《关于民商事管辖权及判决的承认与执行的第 44/2001 号条例》。

〔4〕 通常被称为区外服务。

〔5〕《1998 年民事诉讼规则》(民事诉讼规则)第 6 条第(4)款和《诉讼指引》第 6B 条(6BPD)。

例专门适用于英国,而其他法域拥有自己的条例。[6]

①对人诉讼管辖权

9.07　根据普通法,英国法院对被告人的管辖权(对人诉讼管辖权)主要取决于对被告的诉讼程序是否在管辖权范围内。如果法院许可对在国外的被告执行诉讼程序,[7]或被告自愿服从法院的管辖,那么英国法院可对未在司法管辖范围内的人行使对人管辖权。

②对事管辖权

9.08　如果必要当事人(特别是受托人)出庭,英国法院将对信托 175
诉讼的主体具有管辖权。无论管理信托的法律是否为英国法,无论信托资产是否在英格兰和威尔士,这一主张都是正确的。[8] 尚不明确的是,如果保护人是必要当事人,那么会对这一主张造成怎样的影响。[9] 在受托人和保护人都是必要当事人的情况下,他们都需要出庭以构建管辖权。

9.09　尽管英国法院不会就外国不动产(如土地)的所有权争议承担管辖权,但它将裁决包括拥有外国不动产的信托受益人的权利。[10] 在管理这种信托时,英国法院可以通过向在法院上的受托人(或其他人)执行对人诉讼法令,行使关于外国不动产的受益人权利。[11]

9.10　英国法院不承认外国法院就英格兰和威尔士的不动产所有权争议进行裁决的管辖权。目前还不清楚,英国法院是否会承认外国法院裁决信托受益人权利的管辖权,这种管辖实际上是裁决受益人

---

〔6〕 在一些相关法域,仿效早期的《1965 年英国最高法院规则》(RSC)第 11 条法令。

〔7〕 《民事诉讼规则》第 6 条。

〔8〕 Chelleram v. Chelleram [1985] Ch 409.

〔9〕 见下文第 9.3 节和第 9.4 节。

〔10〕 Penn v. Lord Baltimore (1750) 1 Ves Sen 444; Ewing v. Orr Ewing (1883) LR 9 HL 34; Cook Industries Inc v. Galliher [1979] Ch 439.

〔11〕 Lightning v. Lightning Electrical Contractors Ltd [2009] 23 (1) Tru LI 35; Luxe Holding v. Midland Resources Holding [2010] EWHC 1908; Bandone v. Sol Properties [2008] CILR 301 (Cayman).

关于不动产的法定权利。[12]

③信托专属管辖权

9.11 正如第6章所指出的,法院可能会实施信托文书中的一项条款,对此的解释是该文书授予特定法域法院专属管辖权,可裁决某些或全部争议,就如同合同中的同等条款。[13] 但是,如果适当解释,这些条款在大多数相关法域中是相当罕见的(但是在信托由瑞士驻地受托人管理的国际信托文书中则较为常见)。[14] 试图通过使用这些条款来取代外国法院的婚姻管辖权,是不太可能成功的,至少对于行使该管辖权的法院是如此。[15]

④法域外服务

176 9.12 由于对人诉讼管辖权的基础是有效的程序服务,在法域以外的服务法令往往必不可少。在英格兰,适用于信托诉讼的区外服务的条例(公约不适用)在CPR 6 BPD第3.1段中可找到。除非指定原因其一存在,否则不能给予许可。

9.13 这些条例意味着,一般来说,除非原告可以展示关于请求许可的诉讼有一个很好的可论证的案例,否则与外国法律管理的明示信托有关的诉讼(或者即使由英国法律管理,如果受送达人不是受托人)[16]不能送达到管辖范围之外。有一个很有说服力的案例是:

a. 如果诉讼已经或将要送达另一方,则受送达的当事人是诉讼的必要或适当当事人;[17]

b. 该诉讼是为定居该法域内的人提出的救济;[18]

---

〔12〕 Pattni v. Ali [2006] UKPC 51, [26] (Isle of Man).

〔13〕 见上文第6.88段及以下。

〔14〕 P. O' Hagan, *Trustsin Switzerland(a Tale of Two Conventions)* (2012) 18(8) Trusts & Trustees 732 -45.

〔15〕 Charalambous v. Charalambous [2004] EWCA 1030.

〔16〕 6 BPD 3.1(12). 这似乎因此排除了对于保护人的区外服务。

〔17〕 6 BPD 3.1(3).

〔18〕 6 BPD 3.1(1).

c. 诉讼的整个主体是关于法域内的财产;[19]

d. 被告的责任是作为推定受托人或进行赔偿,该责任是由在法域内的触犯法案行为引起的。[20]

9.14　根据这些条例,如果对受托人或受益人的服务已经或将要受到影响,[21]或者被讨论的信托财产属于管辖范围内,则极有可能需要命令对保护人进行管辖范围外的服务。[22] 否则,即使信托的准据法是英国法律,区外服务对保护人的起诉可能难以达成。

9.15　原告还必须证明英格兰是适合提出起诉的地点(见下文),并且证明该问题足够严重,需要依据审判。[23]

⑤方便法院/不方便法院

9.16　在请求或质疑域外服务许可时,或请求禁止令以约束外国法院的开始程序时,其决定性因素是英国法院是否是最适合裁决争议的法院。[24] 信托文书的条款是否给予某一特定国家法院非专属性管辖权,将对该决定产生影响。(而给予专属管辖权的条款很可能起决定性作用,但不是在任何情况下都是如此)[25]

⑥对外国判决的执行和认可

9.17　当公约不适用时,法院将执行或认可对人诉讼判决。如果 177
顾及英国法律法规冲突,则外国法院对被告有管辖权。[26] 因为英国法院认为外国法院没有对事管辖权,所以外国法院对物权的判决很可能无法执行。[27]

---

〔19〕 6 BPD 3.1(11).

〔20〕 6 BPD 3.1(15)(16);NABBBrothers v. Lloyds Bank International(Guernsey) Ltd [2005]405(Ch).

〔21〕 6 BPD 3.1(3).

〔22〕 6 BPD 3.1(11).

〔23〕 CPR 6.37(3).

〔24〕 VTB Capital v. Nutritek International [2013]UKSC5,[11]及以下。

〔25〕 Representation of AA [2010]JRC 164(Jersey).

〔26〕 关于金钱判决给予直接执行;否则是认可外国法令;Bandone v. Sol Properties [2008]CILR 301(Cayman)。

〔27〕 Pattni v. Ali [2006]UKPC 51(Isle of Man).

⑦服从管辖权

9.18　受托人自愿服从外国法院的管辖权,外国法院对受托人的法令很可能在他的国内法院得以执行。以这种方式得以执行的法令可能并不限于针对受托人的对人诉讼法令。虽然在相关法域很普遍的“防火墙”法律会阻止法令的执行,但变更信托条款或影响信托管理的法令,如在外国法域的婚姻诉讼中作出的法令,可能因此能够执行。[28]

(3)公约

9.19　当公约适用时,法院管辖权主要是由被告的住所地来裁决(由相关法院裁决)。[29] 根据法院的对事国内法,规定被告必须在其住所地所在的法院受到起诉,而仅为了这个特定的目的,在英国法律中,这种住所地被定义为和管辖权有实质联系的住所地。[30]

9.20　关于信托,另一项条例允许向“信托所在的成员国的法院”提出诉讼,被起诉的人可作为“信托的委托人或受托人或受益人”而被起诉。[31] 信托所在地是由每个成员国定义的。在英国法中,它指的法域是其法律体系与其有着最密切和最实际的联系。然而,瑞士以不同的方式定义信托所在地。[32]

178 9.21　一般认为,对保护人的诉讼不在本规定范围内。[33]

---

〔28〕 Mubarak v. Mubarik [2008] JRC 136 (Jersey); T. Graham and P. Steen, *Recognition and Enforcement of Orders of the Family Division against Offshore Trustees* (2011) 17 (4) Trusts & Trustees 334 – 41,《1984 年信托法》(泽西)第 9 条和其他地方相似的“防火墙”法律进一步改进。参见 Yearwood v. Yearwood (10 March 2011) unrep (Isle of Man)。

〔29〕 Lewin 11 – 18 及以下;Thomasand Hudson 44.11 及以下。

〔30〕《民事诉讼规则》第 6.33 条。

〔31〕《判决规章》第 5 条第(6)款。

〔32〕 P. O' Hagan (n 15 above).

〔33〕 Gomes v. Gomez-Monche Vives [2008] EWCA Civ 1065, [99].

3. 保护人的起诉权

(1)诉讼类型

9.22　保护人很可能被认为信托各类诉讼角色中的一方：[34]

a. 关于信托管理的申请，特别是关于行使保护人权力的申请；

b. 对违反信托与违反信义义务的诉讼；

c. 对受托人所持资产的用益所有权的诉讼，包括质疑信托有效性的诉讼，或是质疑委托人或其他人对信托处置的有效性的诉讼；

d. 受托人与第三方之间的诉讼。

(2)与保护人直接相关的管理申请

①引言

9.23　受托人通常会有向法院提出有关信托管理申请的法定地位，至少有些受益人也是如此。这一部分讨论保护人是否或何时能采取同样的做法；由此而论，可以确定关于信托管理的两类诉讼：

a. 关于保护人持有权力的行使的诉讼；和

b. 关于信托管理且无关保护人持有权力的行使的诉讼。

②关于保护人行使权力的申请

9.24　保护人可以向法院提出有关行使其权力的申请（尽管在任何已汇编的判决中似乎没有相反的论调）有明确规定。保护人提起的这类诉讼的例子包括 *Omar Family Trust* 案，[35] 其中保护人申请声明行使罢免受托人的权力是有效的；*The Hare Trust* 案中，[36] 保护人要求

---

〔34〕 Buckton [1907]2 Ch 406；Mc Donald v. Horn [1995]1 All ER 961，970 – 74；Alsop Wilkinson v. Neary [1995]1 AllER 431，434.

〔35〕 Omar Family Trust [2000]WTLR 713(Cayman).

〔36〕 The Hare Trust (2001)4I TELR 288(Jersey).

声明未经其同意而指定新受托人是无效的；*Papadimitriou* 案中，[37]保护人申请就行使其指定受托人权力的有效性作出声明。在 *Virani v. Guernsey International Trustees Ltd*(*No.* 1)案中，保护人成功地向根西岛上诉法院提出类似的申请。[38] 在 *The HHH Trust* 案中，保留了指定受托人和保护人受信人权力的委托人有权寻求法院指示以回应受益人信息公开的要求。[39]

179 9.25 在泽西的另一起案例中，保护人L申请撤销她指定自己在黑斯廷斯巴斯法域为财产授予的受托人的权力。[40]

9.26 尽管上述例子涉及的是保护人关于指定受托人的权力，但似乎没有任何理由说明保护人不能就任何其他权力向法院提出申请，正如 *Internine Trustand Intertrader Trust* 案中，共同保护人请求泽西皇家法院裁决给予保护人修订信托文书的权力是否是受信人权力以及该权力是否可以各自行使和共同行使。[41]

9.27 为此，保护人权力是他以个人或受托人的身份持有，这一点并不重要。而这一点在第三方提出诉讼时可能很重要，由于法院对个人权力的管辖权显然是受到限制的。[42]

③关于指定和罢免保护人的申请

9.28 尽管关于指定和罢免保护人有若干案例报告，但似乎并没有一个汇编的案例是由保护人提出申请的。[43] 然而，似乎没有理由认定保护人不可能向法院提出有关指定和罢免自己保护人身份的申请。

④索要损害赔偿、薪酬或针对其他权利的诉讼

9.29 如果保护人有获得损害赔偿或薪酬的权利或其他个人权

---

〔37〕 Papadimitriou [2004] WTLR 1141(Isle of Man).

〔38〕 Virani v. Guernsey International Trustees(No. 1)[2004] WTLR 1007(Guernsey).

〔39〕 The HHH Trust [2013] JRC 023,[19](Jersey).

〔40〕 L [2011] JLR 085(Jersey).

〔41〕 Alhamrani v. Russa Management [2010] WTLR 443(Jersey).

〔42〕 见上文第5章。

〔43〕 见上文第3.70段及以下。

利，似乎可以认为，保护人有权通过向法院申请指示或其他信托救济来执行该权利。[44] 然而，在没有获得损害赔偿权的情况下，尚不清楚保护人是否或怎样在法院提出诉讼，来弥补因其不当处置履行义务而造成的费用，或执行薪酬要求。[45]

(3)其他信托管理申请

9.30　目前还不清楚(至少在没有可行的法律条文的情况下)保护人是否有权就与其所持有的权力没有直接关系的事项申请指示和其他救济。[46] 180

①*X's Settlement* 案

9.31　在 *X's Settlemt* 案中，专业保护人提出了限制受托人披露财产授予的交叉诉讼。保护人的做法回应了受托人的申请，关于他们是否或何时应该向 X 的执行人披露信息的指示，来使这些执行人能够提交 X 的遗产完整的美国纳税申报表。已故者 X 很可能是真正的委托人。[47]

9.32　在 *X's Settlement* 案中的保护人有权罢免和指定受托人，但他是否拥有任何其他权力尚不清楚。无论如何，保护人限制受托人披露信息似乎无关于(关于钱财转让的)财产授予给予他的任何权力的行使。尽管法院准备好发现保护人已经按照适格的律师和会计师的意见采取行动，且发现保护人已经采取了他认为是最能给受益人和 X 的家庭带来最佳利益的行动(善意)，但是法院评述道："我们必然会表示，他的一些行动在我们看来似乎构成对死者遗产的干预。"[48]

9.33　该评述的基础似乎是保护人在受托人实施的信托管理中承担了一个信托文书关于保护人的明文规定不支持的角色。似乎可

[44]　见上文第 7 章。
[45]　见上文第 7.2 节。
[46]　关于法定条文见下文第 9.42 段及以下。
[47]　X's Settlement (1994)1 BOC 600(Jersey).
[48]　Ibid. ,603.

以认定(可能正确地)保护人既无义务也无权利干预信托管理,被授予给保护人的罢免权有要求的情况除外。在此案例中的保护人似乎对他的角色持有不同的观念。[49]

9.34 在 *X's Settlement* 案中,法院拒绝给予保护人任何在听证会之前造成的费用,明确意图是保护人不应继续干预受托人关于继续披露的申请。[50] 法院进一步指示保护人不应该在没有法院进一步法令的情况下企图罢免受托人,显然是以防止保护人通过不同的途径实现其目标。[51]

②其他判例

181 9.35 如上所述,在 *The Hare Trus*t 案中,保护人寻求声明,指出未经其同意而指定新受托人是无效的。[52] 保护人还提出支持其诉讼的论据,大概意思是,由于缺乏执行令,受托人的契据是无效的。[53] 此外,保护人似乎寻求和获取了(经由同意)法令,以反对准备信托账户的持续且无效指定的受托人。然而,就保护人可以适当寻求的救济范围或保护人可以适当提出的论据,无人提出疑义。考虑到被告受托人在此案例中承认的恶劣行为,这也许不足为奇。

9.36 在有些情况下,保护人被认为对财产授予的受益人承担信义义务,这显然比保护人权力的有效行使所要求的义务更广泛。[54] 在这种情况下,保护人应该被认为有权通过申请指示或其他适当救济来免除该责任,即使该申请与授予他的任何权力的行使无直接关系。

(4)违反信托诉讼

9.37 目前尚不清楚根据违反信托(违反信托义务,违反注意和

---

〔49〕 从该判决和 *X's Settlement* 案的相关判决来看,这是显而易见的。

〔50〕 这显然没有完全地制止保护人,见 X's Settlement (1994)1 BOC 608(Jersey)。

〔51〕 X's Settlement (1994)1 BOC 600,607(Jersey).

〔52〕 The Hare Trust (2001)4 ITELR 288(Jersey).

〔53〕 Ibid.,[19].

〔54〕 Rogers (1928)63 OLR 180(Ontario);International Group Trust (1992) unrep (Jersey).

技能义务,或违反其他任何衡平法的义务),保护人是否有资格为了信托利益,向受托人或其他任何人提出诉讼。按理说这类诉讼只能针对受托人[55]和受益人,但该条例的真实依据是不明确的。[56] 除非信托文书或法规规定,否则似乎没有显然的理由来解释保护人应该拥有这样的权利。[57]

9.38　比起只有个人权力的保护人,拥有受信人权力的保护人似 182
乎更有权提出这样的诉讼。[58] 保护人持有权力的范围与受托人权力和责任的任何相应的减少可能也是有关联的。然而即使受托人违反信托与保护人权力行使有关,似乎也没有正当理由允许保护人在不获得法院对经营后果的指示的情况下,以自己的名义起诉来救济违反信托的财务后果。[59]

9.39　保护人提出违反信托诉讼的另一种可能的角色是作为无法自行提出诉讼的受益人的代理人。这种代表的适当性需要根据具体情况而定。[60]

(5)对受托人持有的资产的诉讼

9.40　如果对信托的有效性有质疑,或者对委托人或第三方所作的信托处置的有效性有质疑,可以对受托人提出诉讼。但就持有如此质疑的保护人,不太可能去提出这类诉讼。对于保护人声称有权代表他持有权力的信托,而对另一信托的受托人提出这类诉讼,似乎没有明显的根据。

---

〔55〕　也就是,据说共同受托人或继任受托人违反了信托。

〔56〕　Clowes v. Hilliard (1876) 4 Ch D 51,但见 Schmidt v. Rose Wood Trust [2003] UKPC 26(Isle of Man)。

〔57〕　这可以和执行人的处境作比较;见下文第10章。

〔58〕　Lewin 39 – 70.

〔59〕　Ibid.

〔60〕　见下文第9.50段。

(6)其他第三方诉讼

9.41 保护人不太可能希望以合同或侵权的方式向作为受托人的第三方提出诉讼。除作为有关合同的当事方或作为因为相关侵权行为而遭受损害的一方外,保护人似乎没有理由提出此类诉讼。

(7)法律规定

9.42 在英国法律中,目前在《民事诉讼规则》第 64 条中找到了向法院申请信托管理的程序基础。其前身 RSC 第 85 号法令第 2 条开头的文字是:"在管理诉讼中,针对任何问题的裁决,或任何可以判定或授予的救济,可以根据具体情况提出诉讼。"这些规定表现在法院对于信托管理的衡平法管辖权的一个方面,但没有规定谁可能提出这类申请。

9.43 在许多相关法域,适用法院的对信托管理或变更信托条款的法定权利,大致相当于上述英国程序法条例。在一些法域,法规明确包括提出这类申请的保护人,在其他法域,据称可能提出申请的人根本未提及保护人,在另一些法域,申请权是授予有信托"利益"的人(或"合法利益")。其他法规没有说明谁可以申请。对这些规定的讨论如下。

183 9.44 值得注意的是,在开曼群岛、泽西和马恩岛这三个法域,保护人提出了申请,[61] 没有法规明确认可或任何法律规定明确支持保护人申请权。[62] 根据泽西法律,在提出这样的申请之前,保护人作为"第三方"要求法庭许可,尽管法庭可能会授予许可。[63] 这种法定地

---

〔61〕 见上文第 9.24 ~ 26 段。

〔62〕 《2011 年信托法》第 48 条(开曼群岛);《1961 年受托人法》第 56 条第(61)款(马恩岛)。

〔63〕 《1984 年信托法》第 51 条第(3)款(泽西);In Broere Trust [2003] JLR 509, [26] (Jersey);The HHH Trust [2013] JRC 023, [19] (Jersey)。

位与土耳其和凯科斯群岛[64]的法定地位相同，与根西岛相似，尽管在根西岛持有同意权的保护人可能会在不请求许可的情况下申请。[65]

9.45 根据安圭拉法律规定，保护人可以申请变更信托，[66]可以向法院申请关于信托管理救济。[67] 安提瓜和巴布达、[68]伯利兹、[69]拉邦、[70]蒙特塞拉特、[71]尼维斯（国际信托）、[72]圣基茨和尼维斯（国内信托）[73]和圣马力诺的法规中有类似的规定。[74]

9.46 根据安圭拉法律的有关规定，保护人也有“执行信托”的独立法定权力。[75] 尚不清楚的是，该规定是否或如何增加保护人向法院提出申请的权利，但该规定的意图可能是授予保护人提出违反信托诉讼的权利。[76] 然而，这可能是该法规未能充分区分适用于保护人和执法者的条款和仅适用于执法者的条款而导致的意外结果。[77]

9.47 当保护人提出申请时（如关于保护人权力行使），从可能向法院提出信托申请的申请人名单中遗漏保护人似乎不太可能被解释为剥夺法院审理此类申请的管辖权。另外，保护人可以提出与信托有关的申请的这个事实，并不意味着允许保护人进行与他本人或他的权力毫不相关的申请。总之，无论是通过包含或是排除的方式，这些法律规定都不可能是法院对于保护人申请的衡平法管辖权的详尽阐述，也不可能是法院对于信托管理的权力的详尽阐述。

---

[64] 《1990年信托条例》第52条第（3）款（特克斯和凯科斯群岛）。

[65] 《2007年信托法》第69条第（2）款第（e）项、第69条第（2）款第（g）项（根西岛）。

[66] 《2000年信托法》第49条（安圭拉）。

[67] 《2000年信托法》第56条（安圭拉）。

[68] 《2007年国际信托法》第77条（安提瓜和巴布达）（法院的一般权力）。

[69] 《1992年国际信托法》第48条第（58）款（伯利兹）。

[70] 《1996年离岸信托法》第47条（纳闽岛）（信托变更）。

[71] 《1998年信托法》第49条（蒙特塞拉特）（信托变更）。

[72] 《1994年国际豁免信托条例》第22条（尼维斯）（法院的一般权力）。

[73] 《1996年信托法》第56条第（104）款（圣基茨和尼维斯）。

[74] 《2010年信托制度》第53条（圣马力诺）。

[75] 《2010年信托制度》第53条（圣马力诺）。

[76] 见上文第9.37段及以下。

[77] 见下文第10.26段及以下。

4. 作为诉讼方的保护人

(1)信托管理申请

①综述

184 9.48 通常可以申请关于信托管理的指示和类似的救济,只要信托管理涉及保护人的指定和免除或赋予保护人的权力的行使。主要的例外可能是,当保护人拥有或行使有限的个人权力,并且未能证实对该权力的过度执行或欺诈持有。在这种情况下,可能意味着法院没有管辖权去控制权力的行使。〔78〕

②当事人

9.49 如果保护人或保护人的权力处于争议中,通常有必要作为申请方加入保护人或被指控的保护人行列中。相比之下,若信托不直接涉及保护人或保护人权力的行使,似乎没有理由让保护人必须或应该加入向法院申请信托管理的指示和其他救济。

9.50 根据库克群岛法律的规定,信托文书可指定一名保护人,代表那些无法代表自身的未成年人或其他受益人,代表他们同意或批准受托人的作为或不作为。〔79〕 尚不清楚的是,这项规定是否只限于法庭代表,或保护人是否可以有效地给予同意,以避免诉讼程序。

③法律救济

9.51 对保护人或其权力行使的救济措施将取决于所提问题的性质。当受托人向法院寻求指示时,所寻求救济的性质可能是信托文

〔78〕 Rawson Trust Co v. Perlman (1990) 1 BOC 31 (Bahamas); The Z Trust [1997] CILR 248 (Cayman); Centre Trustees [2009] JRC 109 (Jersey); The HHH Trust [2012] JRC 127 B, [21] - [28] (Jersey).

〔79〕 《1984 年国际信托法》第 21 条(库克群岛)。

书的解释；法院批准受托人认为属于其权力范围的诉讼，和受托人希望进行且“极重要”的诉讼；法院指示受托人是否应当走诉讼程序，如提出诉讼；或由法院代表受托人行使放弃裁量权的权力。[80]

9.52 法院是信托管理申请中所寻求救济的组成部分，往往受邀就某些事项作出声明。法院已经行使对保护人的管辖权。[81] 通常这是否有必要以及在某些情况下法院是否有权准予声明，如果有权，那么是否应该在这种情况下行使，这些都值得怀疑。[82] 185

9.53 专门针对保护人的救济措施包括暂时或永久中止其权力，无须声称的任何变更信托条款的司法管辖权的行使。[83] 法院承担的“固有管辖权”的司法基础尚不清楚。该固有管辖权针对的是与保护人权力有关的信托利益。

9.54 保护人的另一角色可能是申请披露的被告。*The HHH Trust* 案涉及针对被视为保留受信人权力和个人权力的委托人的披露申请，委托人被视为和保护人处于同一立场。[84] 当泽西法院有此法定管辖权和固有管辖权，即控制委托人行使指定受托人和保护人保留的受信人权力，法院将不会下令寻求更大范围的披露，基于这样的主张基础，即或者是有关超出权力范围的事项，或者是有关受益人可以和应该从受托人处寻求的文件。[85]

(2)其他诉讼

9.55 保护人是否为涉及或关于信托的其他类型诉讼的必要方，

---

〔80〕 Public Trustee v. Cooper [2001] WTLR 901; IFG Internationaletal v. French (17 December 2012).

〔81〕 Omar Family Trust [2000] WTLR 713 (Cayman); The Hare Trust (2002) 4 ITELR 288 (Jersey); Papadimitriou [2004] WTLR 1141 (Isle of Man); Alhamrani v. Russa Management [2010] WTLR 443 (Jersey).

〔82〕 Guaranty Trust Co of New York v. Hannay & Co [1915] 2KB 536.

〔83〕 X's Settlement (1994) 1 BOC 600 (Jersey); M Settlement [2009] JRC 140 (Jersey).

〔84〕 The HHH Trust [2012] JRC 127 B (Jersey).

〔85〕 Ibid., [58].

取决于案件的情况，但通常要求对保护人采取公正的诉因。当然不能假定保护人应该参与指控受托人违反信托的诉讼或受托人与第三方的诉讼。

5. 费用

(1)引言

186 9.56 保护人的诉讼费用应区别于保护人可能有权寻求赔偿的一般债务，还应区别于保护人的薪酬权(若有的话)。[86] 关于诉讼费用有两个不同的问题，首先，在什么情况下，可以使保护人有责任支付另一方的费用，其次，在什么情况下，保护人因其诉讼费用而有权获得信托资产的赔款。这些问题需要在费用条例通常应用于涉及信托的诉讼的情况下考虑。[87]

(2)信托相关诉讼费用

①受托人与第三方之间的诉讼

9.57 正常费用条例通常会适用于受托人和第三方之间的诉讼中，因此原则上败诉方将支付胜诉方的费用。[88] 在受托人和受益人中，根据一般赔偿权，如果诉讼费用诚实合理地产生，受托人有权从信托资产中获得与第三方的诉讼中未弥补的费用。[89]

9.58 由于受托人通常不愿亲自冒承担败诉费用的风险，[90] 因

---

〔86〕 见上文第7章。

〔87〕 Lewin 第21~48段及以下。

〔88〕 Buckton [1907]2 Ch 406; Omar Family Trust [2000] WTLR 713(Cayman).

〔89〕 In Beddoe [1893]1 Ch 547,562; Grimthorpe [1958] Ch 615.

〔90〕 Lloyds Bank Private Banking(Channel Islands) Limited v. Cala Cristal SA (1996) unrep(Jersey); Singh v. Bhasin [2000] WTLR 275; Bonham v. Blake Lapthorn Linell [2006] AllER(D)164(Oct).

此，对第三方提起或进行诉讼的合理性往往是向法院申请指示的主旨（通常称为 Beddoe 申请）。[91] 在特殊情况下，对保护人——这个保护人可能是受信义务人也可能不是——会作出此类命令，由保护人与受托人共同进行防御诉讼，双方应从信托资产中获得合理的诉讼费用。[92]

②对信托资产用益所有权的异议

9.59　涉及受托人的诉讼有时实质上是信托条款规定的受益人与声称有权获得信托资产的其他方之间的争议。这可能涉及对信托有效性的质疑。至少竞争的受益人小组可以对争议提起诉讼，[93] 在这个问题上，按理说受托人应当采取中立，基于他应该乐意为任何一组法院判定的是信托资产的真正所有权人的"受益人"持有信托资产。[94]

9.60　尽管对信托资产提出诉讼的人往往争辩道，受托人有义务 187
保持中立，但法院迟迟不予同意，除非证明信托受益人可以并将妥善地保护信托的利益。[95]

9.61　如果一项诉讼导致整个信托基金属于第三方，那么被起诉的受托人会处于困境中，因为在大多数情况下，这将使受托人失去可以用以寻求赔偿的基金。尽管如此，法院有权酌情允许受托人从争议基金中获得补偿。[96]

---

〔91〕 In Beddoe [1893] 1 Ch 547.

〔92〕 Lloyds Bank International (Cayman) Ltd v. Byleven Corp [1994 – 95] CILR 519 (Cayman). 但见 IFG Internationaletal v. French (17 December 2012) unrep (Isle of Man)。

〔93〕 Evans [1986] 1 WLR 101.

〔94〕 Alsop Wilkinson v. Neary [1995] 1 AllER 431.

〔95〕 Lloyds Bank International (Cayman) Ltd v. Byleven Corp [1994 – 95] CILR 519 (Cayman); Poyiadjis [2003 – 5] MLR 198 (IsleofMan); Bank of America (1995) unrep (Jersey); Representation of V V [2011] JRC 209 (Jersey).

〔96〕 Bullock v. Lloyds Bank Limited [1954] 3 AllER 726; Den Haag Trust [1995] JLR 150 (Jersey).

③违反信托诉讼

9.62 在基于违反信托的诉讼中，诉讼费用视结果而定。[97] 败诉的被告通常（无悬念地）无权从信托资产中获得费用赔偿。[98]

④信托管理申请

9.63 不同的费用条例适用于信托管理申请。对于这类申请，正如其他必要方，受托人通常有权从信托资产中获得费用的赔偿，因为法院往往会认为该申请是为了整个信托的利益。[99] 因此，申请与信托管理申请费用有关的 Beddoe 救济通常是不必要的。

9.64 受托人所作的信托管理申请，作为适当的做法，是为信托及其受益人的整体利益而行事，如果受托人在法院上的处理方法是错误地偏从一方，[100] 或如果他为自身利益而不是信托利益行事，或在指示申请是申请人无理行为的情况下，则受托人可能会受到费用处罚。[101] 如果申请的提出是由于受托人未能正确地管理信托，或被法院批评其法律行为，则受托人也可能会受到费用处罚。[102]

188 9.65 根据案件的实情，法院可以剥夺受托人获得部分或全部费用的赔偿权，或另外命令受托人亲自支付其他当事方的费用。[103] 在这种性质的诉讼中，除受托人以外的其他当事方可以寻求法令，使其有权从信托基金中获得费用赔偿。[104] 另外，在不利于受托人的诉讼案件中，可以作出这种法令。[105]

---

〔97〕 Mc Donald v. Horn [1995] 1 AllER 961, 972j; Alsop Wilkinson v. Neary [1996] 1 WLR 1220, 1224 G.

〔98〕 Armitage v. Nurse [1998] Ch 241, 262 D-H.

〔99〕 Buckton [1907] 2 Ch 406, 413 – 15; Mc Donald v. Horn [1995] 1 AllER 961, 970 – 71;（民事诉讼规则）第 48 条第（4）款（原来是 RSC 第 62 条法令第 2 条规定）。

〔100〕 National Anti-Vivisection Society Ltd v. Duddington (1989), The Times, 23 November 1989. Breadner v. Granville-Grossman [2001] WTLR 377.

〔101〕 Lewin 21 – 64, 21 – 65.

〔102〕 E, L, O & R Trusts [2010] WTLR 31 (Jersey).

〔103〕 Ibid.

〔104〕 Mc Donald v. Horn [1995] 1 AllER 961, 970 – 1.

〔105〕 HR Trustees Ltd v. German [2010] PLR 131.

⑤具有一种特征以上的诉讼

9.66　理论上很容易对不同类型的信托诉讼进行明确的划分。实际上,划分可能没那么明确,费用结果可能取决于案例情况,案例情况可能会随着诉讼的继续和将来诉求的采纳或驳回而改变。[106] 应该是诉讼的实质而非形式决定合适的费用结果。[107] 比如,对信托契据的解释可能会出现在受托人与专业经理之间的第三方诉讼中,应该是诉讼的本质而非寻求的救济决定适用的费用条例。[108] 此外,在任何特定案例中作出的指控,如果指控的性质得到证实,那么,在受益人基于受托人的不当行为寻求信托管理的法令情况下,受托人将不太可能有权获得对于费用的赔偿。

(3)保护人

9.67　可用的判例法表明上述条例既可利于也可不利于保护人。就信托诉讼的其他当事方而言,亦是如此。

9.68　*X's Settlement* 案是有关信托管理申请。[109] 法院命令保护人应该在其间的听证会之日前获得诉讼费用的补偿,不能拖延至更进一步的诉讼阶段。法院会承认保护人根据善意和按照建议行事,但显然不承认保护人采取的方法是正确的。[110]

9.69　*Centre Trustees* 案是有关信托管理申请,因为寻求的救济 189
是由法院免除信托的保护人和指定人。[111] 尽管在庭审前这个救济措施没有遭到反对,法院还是公布了合理的费用判决。法院发现,鉴于保护人个人利益(和行为)和他的"责任"之间的矛盾,保护人本应该放弃

[106] Buckton [1907]2 Ch 406.

[107] Buckton [1907]2 Ch 406;The HHH Trust [2013]JRC 023,[22]-[28](Jersey).

[108] Singapore Airlines Ltd and another v. Buck Consultants Ltd [2011] AllER(D)96 (Dec).

[109] X's Settlement (1994)1 BOC 600(Jersey).

[110] Ibid.,见上文第 9.31 段及以下。

[111] Centre Trustees [2009]JRC 109(Jersey).委托人有任免保护人的权力。

保护人的身份,和本应该配合指定新的指定人的申请。法院得出结论:

我们认为保护人的行为完全不合理和公然地违反了他作为保护人和指定受益人的义务。由信托财产承担结果费用是不合理的。因此,我们下令[保护人]以赔偿的方式支付共同受托人和[受益人]的费用和附带的补偿费用。[112]

9.70 在 *Virani v. Guernsey International Trustees Ltd*(*No.* 1)案中,保护人申请行使罢免受托人的权力,在针对此类申请的诉讼过程中,被告采取"不公正的立场",鉴于此,赔偿费用倾向于给保护人而非受托人。[113] 相似地,在 *The Hare Trust* 案中,两名法人受托人承认他们应该承担保护人成功申请一项法令的费用,该法令说明由另一个信托人亲自指定一个信托人受益是无效的,但他们对于怎样分摊赔偿责任存有争议。[114] 基于不同的事实,保护人申请罢免信托人(对其指控合理)的法令,遭到主要受益人的反对。受托人在向法院提出对于保护人权利行使的担忧后,允许从信托基金中获得费用赔偿,即使受托人没有宣称权力被无效地行使。[115]

9.71 在 *The HHH Trust* 案中,受益人提出了针对委托人但并未成功的披露申请,认为披露内容应该包括信义权力和有限的个人权力(和谁被视为和保护人类似)。[116] 给予委托人费用赔偿的法院认为:

根本原则是,为了受益人利益行使受信人权力的人,若没有发现违法行为,不能期望其用个人资产支付行使权力时造成的费用。因此,受托人隐含的赔偿权等同于受托人获得全额赔偿而不受限于根据

---

[112] Centre Trustees [2009] JRC 109, [38] (Jersey).

[113] Virani v. Guernsey International Trustees (No. 1) [2004] WTLR 1007 (Guernsey).

[114] The Hare Trust (2001) 4 ITELR 288 [22] – [24] (Jersey).

[115] Omar Family Trust [2000] WTLR 713 (Cayman).

[116] The HHH Trust [2013] JRC 023 (Jersey).

《2004 年英国皇家法院法则》12/3 法则课税的权利。[117]

上文已经提出,法院对保护人申请的反应可能取决于申请是否关于保护人权力的行使。这也可能影响法院对费用问题的判决[118]。 190

9.72　在某一领域信托诉讼中保护人的地位可能是重要的,即是对于优先费用法令的有效性而言的。这往往很重要,因为保护人通常不能直接获得用于诉讼的信托资金,保护人可能不愿或不能把自身资产用于诉讼。[119]

为此,保护人是否应获得受托人的待遇或更限制获取本应该适用于信托诉讼其他方当事人的优先法令,还有待解决;这很可能取决于案件实际情况和保护人打算在诉讼中扮演的角色。[120]

---

〔117〕 The HHH Trust [2013] JRC 023(Jersey).

〔118〕 Re X's Settlement 1 BOC 600(Jersey). See paras 9.31 et seq above.

〔119〕 Lloyds Bank International (Cayman) Ltd v. Byleven Corp [1994 – 95] CILR 51 9 (Cayman).

〔120〕 Evans (Decd) [1986] 1 WLR 101; National Anti-Vivisection Society Ltd v. Duddington (1989), The Times, 23 November 1989.

第 10 章　目的信托的执行人

191 1. 引言

10.01　本章节将探讨非慈善目的信托(参考下文目的信托)[1]中的执行人。本章从普通法的角度进行概述,并考察现已实行的、为使某些信托有效(否则很可能无效的)的法定制度。这些制度的一个关键之处通常体现在,其有义务在受益人无权使受托人执行其义务时委任一位执行人。我们将探讨保护人与执行人之间的关系以及执行人相关法律的关键特征。

---

〔1〕 对目的信托的完整讨论见 Thomas and Hudson 第 6 章、第 41 章以及第 42 章。按处理私益基金的法律所指定的"执行人"以及"保护人"在本书所涉范围外,参见 J. Gold Sworth, *Private Foundations*: *Lawand Practice* (Mulberry House Press,2011)。

2. 英国法中的目的信托 192

(1)关于有效性

10.02 在相关法域,制定和执行目的信托的法定制度是在英国法院拒绝的背景下发展起来的。除非其是慈善性的,则此类制度极少认可此种信托的有效性。

(2)衡平法中目的信托的普遍无效性

10.03 根据英国法律的一般规定,有效的非慈善信托"必须是为了个人的利益而存在":若"无法按某一目的或对象进行起诉","法院的裁决一定是对某个人有利的",否则要求受托人执行信托的目的将无法实现。[2] 非慈善目的信托无效,是英国法原则的基础。[3]

10.04 受托人须由具有起诉权的人带入法庭,法院将就其行使信托财产相关义务作出法令。若该信托裁决的执行不对任何人有利,此信托将不会受法院承认。"考虑到衡平法在历史上的渊源,很难想象无法由任何人执行的衡平法义务是如何发展的。"[4]

(3)"不完全义务信托"

10.05 而也有一些"棘手的、破格的、非常规的",显然与这项规定形成了对比的案例。[5] 但是法院将其作为少有的一系列"对人类弱点与情感的让步"。[6] 为对墓碑进行修筑和维护,为对某些动物进

---

〔2〕 Thomas and Hudson 6.01.

〔3〕 Ibid.,6.13.对于目的信托在英国法中无效的常见观点的趣味分析和"坦率批判",请谨慎参考 P. Baxendale-Walker, *Purpose Trusts* (Butter worths,1999)。

〔4〕 Astor's Settlement Trust [1952] Ch 534,542 per Roxburg L J.

〔5〕 Endacott [1960] Ch 232,251per Harman L J.

〔6〕 Astor's Settlement Trust [1952] Ch 534,547 per Roxburgh J.

行保护,或为人们的言论而存在的遗嘱信托就是例证。[7] 但说到执行的问题,在遗嘱信托的情况下,若受托人未基于要求的目的提出申请,那么剩余的受益人(或那些信托剩余案例中,在无遗嘱情况下享有权利的人)将有权提起诉讼来领取赠与。[8]

193 10.06 *Quistclose* 信托,在财产借出或因某种有限的"目的"而进行移转,但是为贷方以归复信托形式持有,直到该"目的"达成或无法达到的情况下产生。但是,这并不属于此处我们所讨论的目的信托。[9]

(4)目的信托与个人信托的对比——*Denley* 案

10.07 Goff J. 在 *Dwnley* 案[10]中的裁决使受益人原则的现代化理解得到完善。在该案中,该土地被转移给受托人,"为其持有并以雇员利益为主作娱乐和运动场所使用",服务于该公司,"其次,为其他此类人或团体(如果有的话)的利益,受托人也准许将土地作相同用途";针对土地的使用及权力,受托人拥有"随时根据使用者表现拟定规章制度的权力",以对该土地及赋有资格的雇员进行约束。

10.08 Goff J. 反对作娱乐消遣目的而非为达团体利益所用时信托无效的论点,他说:

> 或许有一个目的或客体信托,其执行对个人或团体有利,其利益是如此间接和无形,或反之其极明确地规定相关团体将不被授予任何出庭资格来向法院申请信托的执行。这种情况下,在我看来,受益人

---

〔7〕 例外情况的列表参见 Endacott [1960] Ch 232,246 per Lord Evershed MR 应用于新加坡的两项案例:Hong Kong Bank Trustee(Singapore) Ltd v. Tan Farrer [1988] 1 SLR 227; Trust(Singapore) Ltd v. Wee Richard [2000] 2 SLR 126。

〔8〕 Trimmer v. Danby (1856) 25 L J Ch 424; Tompson [1934] Ch 342. Contra Shaw [1957] 1 WLR 729; Thomas and Hudson 6.45.

〔9〕 Thomas and Hudson 第 51.16 段及以下内容。

〔10〕 Denley [1969] 1 Ch 373. Doubted Horley Town Football Club [2006] WTLR 1817; Thomas and Hudson 第 6.15 段及以下内容。

原则将致使信托作废，就更不用说任何不确定性或永久持有权了。在我看来，当前案例与以上情况不同，且我们可以看到的是，信托契据明确规定，按受托人所制定的任意条例及条款，该公司雇员应被授予对该土地的用益物权。排开这种例外的可能，在我看来，该受益人原则仅限于抽象的、客观的目的或客体信托。反对理由并不在于此信托是为某个目的或对象设立，而是因为没有受益人或信托资产收益受益人。而不管怎样，虽然此信托被称为一个目的，但是其被直接或间接地服务于个人或团体的利益，对我来说，这大体上并非对受益人原则的损害。[11]

10.09 基于这一点来看，所谓的目的信托，其有效性取决于是否能被解释为实质上根本不是为了信托目的而存在。Millett QC(时任)将受益人原则对 *Denley* 案不成立视为错误的结论，[12] 并就此提出异议，其说法(用现在常用的话来说)如下：[13]

有人认为，无论何时都得思考的问题是，首先，信托是否服务于一类人的利益，其次，对其所有权作何特殊规定(例如，对花园的使用)； 194
又是否按特殊规定行使所有权才是赠与的本质，个人所获间接利益是其次。若是第一种情况，该信托对那类在没有异议的情况下将终止信托并请求信托财产的特定人群是有效的。若是第二种情况(如 Grant's Will Trust)，[14] 该信托属无效的目的信托。

10.10 在从前的案例中，有一些依赖于 Goff J. 在 *Denley* 案中的

---

[11] Denley [1969]1 Ch 373,382－84.

[12] 结论同 Megarry v. Cin Northern Developments Holdings Ltd (6 October 1978) unrep。

[13] P. J. Millett QC, *The Quistclose Trust: Who Can Enforce It?* (1985) 101 LQR 269, 282.

[14] Grant's Will Trust [1980]1 WLR 360.

判决,其恰巧得出一样的判决或至少也可以在以下原则上行得通:信托服务于确定的个人直接或间接的利益,必要时那些人将因此被赋有权力以执行信托。另外,信托财产是否(或何种程度上)必须为“特定人群”专有尚未确定;因此,Millet QC 得出结论,表示此类案件中的“特定人群”须赋有权力,必要的话,将终止信托并将信托财产私有化(认为 *Denley* 案一类的信托与非法人组织信托类似)。尽管这个结论被普遍接受,但是其正确性也尚待商议。[15]

(5)慈善目的信托

10.11 尽管受益人原则对英国法庭的历史推论很重要,但慈善信托为受托人义务的执行和监管提供了另一种模式。而受限于慈善目的信托的财产并没有一个这样的受益所有权人,因此,同国家亲权制,该信托由总检察长代表王室执行。[16] 而纵观历史,一些慈善机构内部事务的监管权也把握在巡督员手里。[17]

10.12 由此可见,英国法院所认定的目的信托中理论与实践的难点本身并不在于是目的还是个人信托,而在于设立一项公共政策,一个允许设立有效目的信托,且对强制执行力的问题和用益所有权的问题进行单独处理的政策。

(6)义务理论和财产理论

10.13 本章节剩余地产权中我们讨论了关于信托本质的理论辩

---

〔15〕 Grant's Will Trusts [1980] 1 WLR 360; Horley Town Football Club [2006] WTLR 1817, [131].

〔16〕 A G v. Brown (1818) 1 Swans 265, 290 per Lord Eldon; A G v. Bishop of Worcester (1851) 9 Hare 328, 361; Wallis v. Solicitor-General for NZ [1903] AC 173, 181 – 82 (New Zealand).

〔17〕 Halsbury's Laws (5th edn, Butterworths Lexis Nexis), vol 8 (2010) paras 513 及以下内容。

论,这在法定目的信托的发展中发挥了一定作用。[18] 虽然此处不便 195
详细分析,但辩论可概括为是发生在主张信托主要是义务法的一部分(或此时应称为所有权),因此问题主要在于如何以及由谁来决定处理相关财产相关义务的执行,及支持信托主要属于财产法这个历史观点,因此问题主要关乎财产所有权人的权利及其他们如何执行权利。[19]

10.14　立法的发展中强制性非慈善目的信托被设立,就信托而言,相对所有权方面,其在义务问题上有着精深的理论源头(且可能因此被认为使信托在概念上向民法更近了一步)。[20]

(7)导致无效的其他原因

10.15　除不可强制执行外,目的信托的失败还有其他因素。原因可能是其目的不明确、不合理,无法履行或变得无法履行。[21] 因此,以下所提到的多数法规都要求信托的目的"具体,合理以及能够履行"。[22]

---

〔18〕 P. Matthews, *Shooting STAR: The New Special Trusts Regime from the Cayman Islands*(1998)11 Trust Law Int 67; A Duck Worth, *STAR WARS: The Colony Strikes Back*(1998) 12 Trust Law Int 16; P. Matthews, *STAR: Big Bang or Red Dwarf*(1998)12 Trust Law Int 98; D Hayton, *Developing the Obligation Characteristic of the Trust*(2001)117 L Q R 96,203; T Wei, *The Irreducible Core Content of Modern Trust Law*(2009)15(6)Trusts & Trustees 477.

〔19〕 更细致的概述参见 P. Panico, *International Trust Laws* (Oxford University Press, 2010)12.84 - 12.94。

〔20〕 P. Matthews, *From Obligation to Property and Back Again*? in D Haytonetal, Extending the Boundaries of Trusts and Similar Ring-Fenced Funds (Kluwer Law International, 2002).

〔21〕 在目的信托所涉及的土地之后被强制性购买的情况下, Hong Kong Bank Trustee (Singapore) Ltd v. Tan Farrer [1988]1 SLR 227(Singapore)。

〔22〕 《2000 年信托法》第 14 条第(1)款第(a)项(安圭拉)。

3. 法定目的信托[23]

(1)引言

10.16　本章节所涉及的目的信托案例在相关司法管辖权的法定条文下所设立,大多是近20年来的事。[24] 相关司法管辖权下对法定目的信托的采用是由需求或对需求的认知来驱动的,因为在其体制下,出于各种原因,受益人信托无法发挥其作用(或可能没有那么受欢迎),有效的目的信托却可以。此种要求经常发起于纯商业环境。

(2)目的信托的优势

10.17　目的信托优先于其他信托为人们所使用,其常见特点有,目的信托条款下的资产没有受益所有权人,受托人的权力受严格限制
196 (因此受益人权利将不存在或非常受限),允许信托目的的设立和实现,而这在一项妥善管理的受益人信托条款下是难以实现的。

①受益所有权的缺失

10.18　目的信托没有确定的受益所有权人,但可以持有资产。因此,目的信托替代了包括为支持慈善而设的不作为信托在内的信托模式。[25] 其重要性在许多商业环境下将得以体现;举个例子,为一项信托模式提供"最后担保",可使其完全跳出信托人或其他当事人的所有权之外。这一点对于,或者曾经对于资产负债表外的证券化交易来说很重要,尤其是2008年信贷紧缩前的那段时期。"最后担保"也应用于投资基金模式。另外,想办法获得管理实体,如扮演受托人或保护人角色的私人信托公司的股份,以避免潜在的股东纠纷或涉及股东

---

〔23〕 参见 Thomas and Hudson Ch 41。

〔24〕 参见下文附录2。

〔25〕 即红十字信托;参见上文第6.59段及以下内容。

为居民时的管辖权问题，在此情况下，“最后担保”也将体现其重要性。[26]

②受托人权力及受益人权利的限制

10.19　当经营管理被看得比特定资产——例如，由委托人打理的贸易生意——重要时，目的信托，特别是“特殊制度”目的信托将成为一种选择，而其不应受受托人或那些可能在受益人信托模式下成为受益人的人干涉。目的信托在此处作为一种手段，其目的仅在于管理资产，如通过公司股份形式进行的交易。[27]

③更好地实现特定目的

10.20　将信托目的定义在受益人利益之外将带来使用信托资产的机会，而种这种方式也许是一位有良知的受益人信托的受托人难以认同的。其目的可能为非慈善目的，与慈善信托（例如，出自对建筑物或私人藏品维护目的的信托）中所常见的类似。此种目的也可能是纯商业目的。

（3）执行人的角色

10.21　仅一个目的是无法执行信托的，除非受托人的义务是可强制执行的，否则信托不成立。因此，几乎所有对有效的目的信托予以承认的司法管辖权都包含对信托的执行以及由指定人员对受托人进行监管，其往往但不总是在执法中充当执行人。

（4）对执行人的描述 197

10.22　在安圭拉、[28]巴巴多斯、[29]伯利兹、[30]多米尼加、[31]尼

---

〔26〕 参见上文第 3.32 段及以下内容。

〔27〕 参见 Thomasand Hudson 42.22 – 42.26，VISTA 信托背景下。

〔28〕 《2000 年信托法》第 14 条第（1）款第（c）项（安圭拉）。

〔29〕 《1995 年国际信托法》第 10 条第（1）款第（c）项（巴巴多斯）。

〔30〕 《1992 年信托法》第 15 条第（1）款第（c）项（伯利兹）。

〔31〕 《1997 年国际豁免信托文书》第 8 条第（1）款第（c）项（多米尼加）。

维斯[32]以及圣文森特和格林纳丁斯[33]的制定法中(其目的信托相关的法律规定存在密切联系),执行人与保护人相当。在圣马力诺,同样的角色被称为"*guardiano*",该术语同样用于保护人。[34] 以上七个法域用同样的术语来表示保护人和执行人,显然是有意为之,尽管后者与前者的角色截然不同的安圭拉可能是个例外。[35]

10.23 在巴哈马,执行人即经授权的申请人;[36]在库克群岛[37]和塞浦路斯,[38]执行人是"指定执行信托的人";在圣基茨和尼维斯国内的信托中,执行的角色由"按信托条款被指定执行信托的人"(等等)来担当。[39] 为了方便,除了在必要时指出地区差异,在这里我们将所有被指定执行目的信托的人称为"执行人"。

10.24 另外,或者除了指定一位特别执行人外,法律也可能将信托的申请权授予如委托人或其个人代表的个人,甚至是其余任何法庭认为有足够兴趣来执行信托的人。[40]

10.25 同时,法律可对不具备任何权利执行信托的人作具体规定:根据开曼群岛的特别信托法(STAR),只有按照或由信托条款指定,或由法庭指示的执行人有权执行 STAR 信托。[41]因此 STAR 信托的受益人同样无权执行信托。[42]

---

[32] 《1994 年国际豁免信托条例》第 8 条第(1)款第(c)项(尼维斯)。
[33] 《1996 年国际信托法》第 12 条第(1)款第(c)项(圣文森特和格林纳丁斯)。
[34] 《2010 年信托机构法》第 7.1 条第(d)项,第 52.1 条(圣马力诺)。
[35] 见下文第 10.28 段。
[36] 《2004 年目的信托法》第 2 条第(1)款(巴哈马)。
[37] 《1984 年国际信托法》第 12 条第(2)款(库克群岛)。
[38] 《1992 年国际信托法》第 7 条第(3)款(塞浦路斯)。
[39] 《1996 年信托法》第 13 条第(4)款(圣基茨和尼维斯)。
[40] 如《1998 年信托法(特别规定)》第 12B 条第(1)款第(d)项(百慕大)。
[41] 《2011 年信托法》第 100 条第(2)款(开曼群岛)。
[42] 《2011 年信托法》第 100 条第(1)款(开曼群岛)。

(5)目的信托的保护人

10.26　执行人在多个法域中被称作"保护人"或类似称谓。至少在这些法域中,执行人显然被当作特殊的保护人,他们被指定处理目的信托事宜,指定后被赋予一定权力,却无疑和它类信托保护人具备同样特质。因此这些法域中,如同本书其他章节所讨论到那样,保护人法律条例似乎也适用于执行人。 198

10.27　很明显,一些为目的信托设立的法规允许此类信托同时拥有保护人和执行人。[43] 在这些法域中(或许其他大部分法域也一样,因为指定保护人在任何地方都未明文禁止),被本书的剩余部分称作保护人的这类人士依照目的信托条款同样可以得到指定。其角色,似乎可以是执行人,又或是其他人。

10.28　以上所提到的,涉及目的信托的受任人及在任一类信托中担任"保护人"的保护人的法规,需要在特定的案例中进行审查,因为只适用于执行人的法律条令,可能容易与那些用于保护人的条令混淆。而且如何适当地将其划分还不好说。例如,在安圭拉(这似乎是个特例),任何一类信托的"保护人"显然都有一种优先法定权来"强制执行信托",即使另有规定指出执行人也应拥有此种权力。[44]

4. 指定、罢免和替换

(1)引言

10.29　库克群岛《1984 年国际信托法》阐述了在对执行人的指

〔43〕　见第 10.35 段及以下部分。

〔44〕　《2000 年信托法》第 15 条第(2)款第(b)项(安圭拉)。适用于执行人的专项条款见该法规第 14 条。

定,罢免和替换中所面临的问题。[45] 对此列出以下问题:

①如何对导致辞任和罢免的情况加以控制?

②谁有资格担任执行人?这里提出的一个具体的问题是(并由不同法域从不同方面来回答)是否可以将一项目的信托受托人也指定为其执行人?且

③在因某种或其他原因,没有(或没有能胜任的或愿意担任的)执行人的情况下,谁能保证填补此空缺?

10.30 据库克群岛的《1984 年国际信托法》第 12 条第(2)款的规定,目的信托应按信托文书所述条款可强制执行,或由信托文书指定的执行信托的个人或团体执行,即使其个人或团体并非受益人。

199 10.31 按信托文书,执行人可辞任或被罢免和替换。[46] 若执行人辞任或被罢免或不愿、拒绝或不采取行动,且根据信托文书无可指定的继任人,受托人被授予义务,向法院寻求指示以另寻个人或团体执行信托。当法院尚未指定时,总检察长有权(但非必须),按可能要求的信托文书条款,拥有与信托文书指定的执行人选同等的权利和权力来执行信托。[47] 然而,似乎没有法律条文规定受托人有义务向法院执行申请,也没有义务确保总检察长足够注意该项需要执行的信托。

10.32 我们尚不清楚,对于另外规定信托应按信托文书所示条款或由信托文书中指定执行信托的个人或团体执行,库克群岛的立法者们会作何考虑。如上所述,库克群岛的《1984 年国际信托法》规定受托人在"指定执行信托的人"辞任或并未执行时提出申请。[48] 或许,这也只在此人的名字出现在符合该法第 12 条第(2)款备选条款的信托文书中时才起作用。

---

〔45〕 由《1995/1996 年国际信托修正法案》(库克群岛)修正。

〔46〕 《1984 年国际信托法》第 12 条第(3)款(库克群岛)。

〔47〕 同上,第 12 条第(4)款。

〔48〕 同上。

10.33　库克群岛《1984 年国际信托法》并未明确规定执行人不能同时也是受托人，即使按理说这与执行人的角色是相矛盾的。

(2)执行人由谁来担任?

10.34　鉴于执行人在法律上的概念，无法就由谁来行使执行权的问题给出一个大致的回答也就不足为奇了。问题的答案须在设立相关制度的法规中寻找，在该制度下信托得以获准。该制度可授予特定类型的人群自动执行的权利，可为信托的执行进行特别指定(或将执行权授予某些其他职位)，也可对指定特定人选加以限定。

①保护人

10.35　相关法域许多法规将执行人与保护人都归为“保护人”。此处执行人被认为是拥有特定权力的保护人，因而我们可以说保护人可以是执行人。一些法规明确表示保护人可同时担任委托人、受益人(对于个人及目的的混合信托，相关立法是允许的)或受托人。[49] 由 200
此看来，在相关法域中，执行人可能担任以上任意职位。

10.36　对于 2004 年 3 月 1 日前所设立的信托，英属维尔京群岛《1961 年受托人条例》(修订本)规定设立目的信托的信托文书应指定“某人来执行该信托”，且规定由其担任保护人。[50] 除了规定该指定人选作为该信托文书的当事人，或同意以书面形式向受托人告知指定人选之外，无其余条件或限制。[51]

10.37　为使一项于 2004 年 3 月 1 日或之后所设立的英属维尔京群岛目的信托有效，其信托文书须指任一位“该信托的执行人”且该执行人须为信托文书当事人，或同意以书面形式向受托人告知指定人

---

〔49〕《2000 年信托法》第 15 条第(3)款(安圭拉);《1992 年信托法》第 16 条第(3)款(伯利兹);《国际豁免信托》(1997 年)第 9 条第(3)款(多米尼加);《1994 年国际豁免信托条例》第 9 条第(3)款(尼维斯)。

〔50〕《1961 年受托人条例》第 84 条第(2)款第(d)项(英属维尔京群岛)。保护人及其权力，见该条例第 86 条。

〔51〕《1961 年受托人条例》第 84 条第(2)款第(e)项(英属维尔京群岛)。

选。以往明确规定执行人可以担任信托保护人的条款已被撤销,但也没有禁令,且似乎也没有理由说为什么两种职位不能相结合(如果这样会更方便的话)。英属维尔京群岛《2003 年特别信托法》(VISTA)依照《受托人条例》第 84A 条规定对“执行人”进行界定;因此 VISTA 条例与普通目的信托在由谁担任执行人的问题上并无二异。

②委托人与受益人

10.38 纳闽岛《1996 年离岸信托法》(修订本)明确规定信托人及其个人代表有资格担任执行人。[52] STAR 信托[53]可服务于个人或目的或兼顾两者,其受益人也可被指定为该信托的执行人,[54]否则将不具备执行的权利。这里的“受益人”指一个将要或者可能从一项特殊信托的执行中直接或间接地获得利益或好处的人。[55] 当执行人被认为是保护人的一种时,保护人也常常被允许担任信托人或受益人。而似乎也没有理由解释为什么本段所定义的委托人或受益人,或许不能担任任何目的信托的执行人。

③受托人

10.39 那些似乎将执行人当作一种保护人的法域中,关于保护人是否可以作为受托人的当地法规似乎在执行人的问题上是一样的。
201 这似乎意味着其中某些法域,至少在理论上允许执行人也是受托人。

10.40 根据马恩岛《1996 年目的信托法》,执行人必须是,[56]且一直保持,[57]独立于受托人的状态;因此,虽未明确列出,受托人似乎必然无资格被指定。若执行人随后被指定为受托人,也并不意味着其执行人的指定将因此结束,除非信托文书规定其终止(看似是法规的

---

〔52〕《1996 年离岸信托法》第 11C 条第(4)款(纳闽岛)。

〔53〕依据《2011 年信托法》(开曼群岛)第 8 部分的《特别信托法》设立的信托。

〔54〕《2011 年信托法》第 100 条第(2)款(开曼群岛)。

〔55〕《2011 年信托法》第 95 条第(1)款(开曼群岛)。

〔56〕《1996 年目的信托法》第 1 条第(1)款第(d)项第(i)目(马恩岛)。

〔57〕《1996 年目的信托法》第 1 条第(1)款第(d)项第(ii)目、第 3 条第(1)款第(b)项(马恩岛)。

意图)；[58]但若执行人显然不再独立于受托人而存在，对作为受托人的执行人的任命就要求被指定的受托人向总检察长告知，以作为撤销程序的第一阶段。[59]

10.41　其余法域则更直截了当地禁止执行人同时担任受托人。据根西岛《2007 年信托法》规定，如果此人同时担任该信托的受托人，将其指定为信托执行人是无效的，[60]且规定一旦指定，受托人立即离职。[61] 同样的案例发生在泽西、[62]毛里求斯、[63]迪拜，[64]似乎还有纳闽岛[65]和巴巴多斯。[66] 奇怪的是，虽然在巴哈马，目的信托受托人无法成为法院指定授权申请人，由信托文书指定受托人为授权申请人却似乎未被禁止，虽然这样一条禁止令或许理应是默示的。[67]

10.42　将受托人指定为执行人究竟是否可取是值得考虑的，这也将涉及受托人义务的强制执行力(或允许此种指定的相关法令的释义)及接下来的信托效力的问题，虽然在共同受托人被指定为执行人的情况下可能会引发其他问题。

④联合执行人

10.43　一些条例明确规定允许不止一位执行人同时履行职责。[68] 因此伯利兹《1992 年信托法》列出了多数针对有不止一位执行 202

[58] 《1996 年目的信托法》第 1 条第(1)款第(d)项第(ii)目(马恩岛)。

[59] 《1996 年目的信托法》第 3 条第(1)款第(b)项第(i)目、第(ii)目(马恩岛)。

[60] 《2007 年信托法》第 12 条第(3)款(根西岛)。

[61] 《2007 年信托法》第 12 条第(7)款第(d)项(根西岛)。

[62] 《1984 年信托法》第 13 条第(2)款、第 14 条第(1)款第(d)项(泽西)。

[63] 《2001 年信托法》第 21 条第(2)款、第(8)款(毛里求斯)。

[64] 《2005 年信托法》第 29 条第(4)款、第(8)款第(d)项(迪拜国际金融中心)。

[65] 《1996 年离岸信托法》第 11C 条第(3)项(纳闽岛)。

[66] 《1995 年国际信托法》第 11 条第(1)款(巴巴多斯)。

[67] 《2004 年目的信托法》第 6 条第(3)款(巴哈马)。

[68] 《1984 年国际信托法》第 12 条第(2)款(库克群岛)，“信托文件中所提到的个人或团体”；《1992 年国际信托法》第 7 条第(3)款(塞浦路斯)：“一位执行人或数人。”

人的诉讼,并反对以书面形式记录执行人选票的条款。[69] 在一些法域中,法律规定不止一人拥有执行一项目的信托的起诉权,其无须握有执行人职位。[70] 而当相关法律仅适用于"一位执行人"时,是否可能对不止一人进行指定就值得思考了。[71]

(3)辞任和罢免

10.44 在一些法域中,辞任的权力由法规明确授予,或明确设想,[72]且在更详细的法规中,情节及后果将有更为详细的规定。因此,依据根西岛《2007 年信托法》,[73]执行人可向受托人呈交一份书面辞呈以辞去职位,且凭辞呈递交或按其中所述的延迟日期或延迟事件,该辞任生效。辞任生效,执行人即时终止其执行人身份;但导致违反信托或执行人违反信义义务的辞任无效。[74] 该法案同时规定,同纳闽岛(该地没有制定法明确规定导致违反信托或义务的辞任无效)一样,执行人的辞任将不会免除其辞任前所成立信托的

---

〔69〕《1992 年信托法》第 16 条第(6)款、第(7)款(伯利兹);类似条款参见《1984 年国际信托法》第 20 条第(5)款、第(6)款(库克群岛),此条款适用于保护人同时被指定为执行人的情况;《2000 年信托法》第 15 条第(6)款、第(7)款(安圭拉);《1994 年国际豁免信托条例》第 9 条第(6)款、第(7)款(尼维斯);《1996 年国际信托法》第 16 条第(6)款、第(7)款(圣文森特和格林纳丁斯);《2010 年信托机构法》第 52 条第(8)款(圣马力诺)。

〔70〕例如,《1997 年信托(特别规定)法》第 12B 条(百慕大);《2004 年目的信托法》第 6 条第(2)款(巴哈马)。

〔71〕指定联合执行人的这种情况似乎与指定联合保护人的意外情况类似;见以上第 3. C 节。

〔72〕《1984 年国际信托法》第 12 条第(3)款(库克群岛),若权力是由信托文件所赋予则显然是(由法规明确授予);《1984 年信托法》第 14 条第(1)款(泽西);《1996 年离岸信托法》第 11C 条第(10)款(纳闽岛);《2001 年信托法》第 21 条第(5)款(毛里求斯);《2005 年信托法》第 29 条第(6)款(迪拜国际金融中心);《2007 年信托法》第 12 条第(4)款(根西岛)。

〔73〕《2007 年信托法》第 12 条第(4)款至第 12 条第(7)款(根西岛);参见《1984 年信托法》第 14 条(根西岛)。

〔74〕参见《1984 年信托法》第 14 条(泽西);《2005 年信托法》第 29 条第(6)款至第 29 条第(8)款(迪拜国际金融中心)。

责任。[75]

10.45　若没有法定的辞任权力,似乎就会对委托人在信托文书中对此提供自己的权力主张形成妨碍。事实上,这必须是这些条款背后的考虑因素之一,这些条款要求委托人不仅要指定执行人,而且要对其继任者作出规定。[76]

10.46　多数制度明确规定法庭将罢免无能力或非自愿或不适合执行其义务的执行人。[77] 因此,在泽西,受托人有义务向法院申请对所述执行人进行罢免,并对替换人选进行指定,[78] 且据规定由法院罢免的执行人应停止担任执行人。[79] 203

10.47　其他制度规定,申请并非由受托人直接进行,而是由国家官员按受托人提供的信息进行申请。[80] 在伯利兹,法院有权就执行人关于受托人、受益人、委托人或委托人的遗嘱执行人的申请下达命

---

〔75〕《1996 年离岸信托法》第 11C 条第(11)款(纳闽岛);参见《2001 年信托法》第 21 条第(7)款(毛里求斯)。

〔76〕《1961 年受托人条例》第 84 条第(2)款第(d)项(英属维尔京群岛);《1992 年信托法》第 15 条第(1)款第(c)项(伯利兹);《2000 年信托法》第 14 条第(1)款第(c)项(安圭拉);《1995 年国际信托法》第 10 条第(1)款第(d)项(巴巴多斯);《1994 年国际豁免信托条例》第 8 条第(1)款第(c)项(尼维斯);《1996 年国际信托法》第 12 条第(1)款第(c)项第(ii)目(圣文森特和格林纳丁斯);《2001 年信托法》第 19 条第(2)款第(b)项(毛里求斯)。

〔77〕此种情况下一些法域赋予总检察长执行信托的权力,直至新的执行人被指定:《1984 年国际信托法》第 12 条第(4)款(库克群岛)。在根西岛,破产被明确归为不适合(执行义务)的一种因素:《2007 年信托法》第 12 条第(9)款第(b)项(根西岛)。

〔78〕《1984 年信托法》第 21 条第(7)款(泽西)。参见《1984 年国际信托法》第 12 条第(4)款(库克群岛);《1995 年国际信托法》第 12 条第(1)款(巴巴多斯);《2005 年信托法》第 29 条第(10)款(迪拜国际金融中心);《2007 年信托法》第 12 条第(9)款(根西岛)。

〔79〕《1984 年信托法》第 14 条第(4)款第(a)项(泽西);参见《1995 年国际信托法》第 12 条第(2)款(巴巴多斯);《2007 年信托法》第 12 条第(7)款(根西岛)。

〔80〕参见《1961 年受托人条例》第 84 条第(5)款至第 84 条第(8)款(英属维尔京群岛);《2000 年信托法》第 14 条第(2)款(安圭拉);《1996 年国际信托法》第 14 条(圣文森特和格林纳丁斯);《2001 年信托法》第 19 条第(4)款、第(5)款(毛里求斯)。该程序让人想到某些慈善诉讼。

令。[81] 该权力明确规定包括指定的权力;但其局限在于,法院被禁止就罢免和替任下令,这似乎是很无理的。

10.48 执行人也应被授予法定权力以就其职位更替向法院进行申请;[82] 或至少,像开曼群岛规定的那样,在特定情况下进行申请,如在没有法院的协助将没有可能、很难或不适宜进行申请的情况下。[83]

10.49 某个特定事件有时也可能被认为导致对执行人采取自动罢免,如将执行人指定为受托人。[84] 同样,委托人也许会选择将信托文书中情节的达成当作执行人的指定自动终止的条件。[85]

(4)填补空缺

10.50 将目的信托判作有效的理论很大程度上有赖于一位能够
204 执行信托的执行人。无有效指定或无有能力的执行人将带来某种特殊的问题。为防止职位空缺或确保不会一直空缺,相关法规做了各种各样的尝试。

10.51 塞浦路斯《1992 年国际信托法》以及圣基茨和尼维斯《1996 年信托法》中针对执行人指定的法规与库克群岛制定法(《1984 年国际信托法》)第 12 条第(2)款中的法规非常相似。然而与按"信托文书中所示条款"执行信托的法规不同的是委托人及其遗嘱执行人

---

〔81〕《1992 年信托法》第 58 条第(1)款第(a)项第(iii)目(伯利兹);《1996 年信托法》第 104 条(圣基茨和尼维斯)。

〔82〕《2000 年国际豁免信托令》第 72 条(文莱达鲁萨兰国);《2010 年信托机构法》第 53 条(圣马力诺)。

〔83〕《2011 年信托法》第 100 条第(4)款(开曼群岛);《1961 年受托人条例》第 84A 条第(9)款(英属维尔京群岛);《2000 年国际豁免信托令》第 80 条第(1)款(文莱达鲁萨兰国)。

〔84〕《1984 年信托法》第 14 条第(4)款第(d)项(泽西);《2007 年信托法》第 12 条第(7)款第(d)项(根西岛);《2005 年信托法》第 29 条第(8)款第(d)项(迪拜国际金融中心)。

〔85〕此种可能在一些立法的法定条款中被认可,如《1984 年信托法》第 14 条第(4)款第(c)项(泽西);《2005 年信托法》第 29 条第(8)款第(c)项(迪拜国际金融中心);《2007 年信托法》第 12 条第(7)款第(c)项(根西岛)。

被授予了执行权。[86] 这项规定或许借鉴了(且无疑与其有着共通之处),当无其他巡督员被指定时,某些慈善组织创立人和继承人担任巡督员的权利。

10.52　按伯利兹《1992 年信托法》,在目的信托的设立有效的条件下,对执行人(保护人)的初始指定及对继任者的指定须按信托条款进行。[87] 法院有就受托人、委托人或其遗嘱执行人、保护人本人,或经法院许可的任意人选的申请对保护人进行指定的权力。[88] 该条款还授予了受益人申请保护人指定的诉权,但仅限于针对个人及目的的混合信托(第 2 条规定)。

10.53　与伯利兹《1992 年信托法》类似,英属维尔京群岛《1961 年受托人条例》也要求指定一名执行人并为其继任者提供与 2004 年 3 月 1 日前设立的目的信托相关的条款,[89] 且规定执行人为信托文书的当事人,或同意以书面形式向受托人告知"指定人选"的身份(以符合条令)。[90] 在 2004 年 3 月 1 日前所成立的信托中,指定受托人还应承担替换执行人的义务:确定替换的必要性之后须由指定受托人尽快以书面形式向总检察长告知实情并提供一份设立该信托的文件副本。[91] 随后总检察长需要在 90 日内对信息进行确认以向法院申请指定新的执行人。[92] 最后一个步骤在于确保指定受托人按其义务告知总检察长不执行是犯罪行为。[93] 该步骤为指定人为避免该罪行实施 205
了所有合理步骤并作了一切应尽的努力的辩护证明。[94]

---

[86] 《1992 年国际信托法》第 7 条第(3)款(塞浦路斯);《1996 年信托法》第 13 条第(4)款(圣基茨和尼维斯)。

[87] 《1992 年信托法》第 15 条第(1)款第(c)项(伯利兹)。

[88] 《1992 年信托法》第 58 条第(1)款第(a)项第(iii)目(伯利兹)。

[89] 《1961 年信托法》第 84 条第(2)款第(d)项(英属维尔京群岛)。

[90] 《1961 年信托法》第 84 条第(2)款第(e)项(英属维尔京群岛)。

[91] 《1961 年信托法》第 84 条第(5)款(英属维尔京群岛)。

[92] 《1961 年信托法》第 84 条第(6)款(英属维尔京群岛)。

[93] 《1961 年信托法》第 84 条第(9)款(英属维尔京群岛)。

[94] 《1961 年信托法》第 84 条第(10)款(英属维尔京群岛)。

10.54 因英属维尔京群岛《1961 年受托人条例》适用于 2004 年 3 月 1 日以后设立的目的信托,信托文书明确规定了委托人不仅像往常那样对原有执行人继任者的指定,并规定了针对任何执行人空缺或没有执行人可胜任或自愿的情况而对另一位执行人进行指定的义务。[95] 担任信托文书当事人或书面同意作为指定人选的受托人的规定被保留。[96] 法院同样被明确授予了指定执行人以填补空缺或代替现有执行人的权力,只要是在该委任是有利的及需要法院协助的情况下。[97]

10.55 指定受托人须告知总检察长并为其提供一份,像往常一样,使指定受托人有理由认为执行人空缺或没有能胜任或自愿执行的执行人的设立信托的文书副本;但此种义务如今也受到了限制,那就是指定受托人也有理由相信短时间内不会有执行人受到指定。[98] 因此,也许只有在需要包含在信托文书中的机制因某种原因遭到破坏时,指定受托人的责任才会产生。指定受托人未能履行其职责仍属犯罪行为。[99] 修订后的条例保留了对为避免犯罪采取一切合理步骤,并尽所有应尽努力的辩护。[100]

10.56 英属维尔京群岛所采用的修订范本有两个层面,国内的和公共的:首先,一项有效目的信托的信托文书须包含一种替换死亡的或履行职责不足的执行人的国内机制;其次,该国内机制因某种原因被破坏时,一种公共机制——明显受总检察长在慈善(公认的公共目的)信托执行中的角色所支配——则被设立,法院将按总检察长的诉讼下令对执行人进行替换。

10.57 此范本的一个可能的问题在于公共机制的触发是由其中

[95] 《1961 年信托法》第 84A 条第(3)款第(d)项(英属维尔京群岛)。
[96] 《1961 年信托法》第 84A 条第(3)款第(e)项(英属维尔京群岛)。
[97] 《1961 年信托法》第 84A 条第(9)款(英属维尔京群岛)。
[98] 《1961 年信托法》第 84A 条第(10)款(英属维尔京群岛)。
[99] 《1961 年信托法》第 84A 条第(13)款(英属维尔京群岛)。
[100] 《1961 年信托法》第 84A 条第(14)款(英属维尔京群岛)。

一位受托人进行诉讼。而当受托人可能从执行人的死亡或不足中获取的最多利益时,他们是否会选择无视自己的义务。借该模式获取潜在不正当私利属犯罪行为,而这显然是需要解决的问题。

10.58　同样的范本最终以刑事制裁终结的情况在别处已发生,[101]但许多法域避免靠执行的方法来解决这个问题,即使是在为替换执行人决定对受托人施加责任的情况下。[102] 一些法域规定由总检察长或另一位公职人员行使其创制权来进行执行人替换,却未规定受托人或他人任何相关义务以提醒其执行的必要性。[103] 206

10.59　公职人员被授予的指定执行人的权力可与法院按指定当事人的申请作出指定的权力同时存在。例如,在伯利兹,可由受托人、委托人或其遗嘱执行人,或当前的保护人向法院申请对执行人("保护人")的指定。[104] 虽然一项目的信托的基本的有效性通常取决于该信托针对指定执行人的条款,法规也可规定若实际情况中规定时间内没有人被指定或执行人不存在的话,该信托将不会失效而其保护人将被认为已撤除,如圣文森特和格林纳丁斯《1996 年国际信托法》第 16 条第(8)款。此规定及该法第 14 条之间的联系尚不明确,该联系假设存在一种机制,在没有执行人可行事时,官方财务督察有权指定执行人。

10.60　在巴哈马,委托人及任何由信托文书指定,[105]或由法院为达诉讼目的按总检察长的申请指定的人选,[106]都是一项授权目的

---

[101]　《1995 年国际信托法》第 12 条(巴巴多斯);《1996 年目的信托法》第 6 条第(4)款(马恩岛);《2000 年国际豁免信托令》第 80 条(文莱达鲁萨兰国);《2011 年信托法》第 100 条(开曼群岛)。

[102]　《1984 年信托法》第 21 条(泽西);《2001 年信托法》第 19 条(毛里求斯);《2007 年信托法》第 12 条(根西岛);《2005 年信托法》第 29 条(迪拜国际金融中心)。

[103]　《2000 年信托法》第 15 条(安圭拉)(总检察长);《1992 年信托法》第 15 条(伯利兹)(总检察长);《1997 年国际豁免信托文书》第 8 条(大臣);《1996 年国际信托法》第 14 条(圣文森特和格林纳丁斯)(离岸金融督察)。

[104]　例如,《1992 年信托法》第 58 条第(1)款(伯利兹)。

[105]　《2004 年目的信托法》第 6 条第(2)款第(a)项、第(b)项(巴哈马)。

[106]　《2004 年目的信托法》第 6 条第(4)款(巴哈马)。

信托的“授权申请人”。否则填补空缺的权力将被授予给法院：对任何可能被授权的申请人，在法庭看来，因为他提出申请并就该信托提起诉讼，则他在促进一个信托目的或多项信托目的。例如，使信托目的更加合理的方面，会由法院权威宣布（按对此宣告的申请）他是享有金钱或非金钱利益的。[107] 在没有自愿或有资格行事的授权申请人，且
207 不可能或无法进行指定时，除非信托文书另有规定，否则法院须宣布该信托终止并对剩余财产进行处置（如果有的话）。此种声明须由总检察长或目的信托受托人或授权申请人申请。[108]

5. 权力、权利和义务

（1）引言

10.61 执行人的义务、权利及权力来自制定法及管理其被指定的信托的信托文书。我们尚不清楚授予执行人是否适用于受托人的相关法律规定还是适用于法规或信托文书缺失时法院在执行一项信托的衡平法管辖权。只要执行人被明示或暗示地被认为是一种保护人，那么第 4 章至第 9 章所讨论的内容似乎就直接相关了。

（2）执行的权力

10.62 和本书所讨论的其他权力不同，执行人的权力实际上是一种就执行信托条款提出申请的出庭资格发言权，主要与受托人相对，至少是在涉及信义义务的情况下，执行人通过申请来执行该权力的义务。该权力与指定和罢免受托人的权力有一些共同之处，但显然，在任何情况下，只有向法院提出合理的救济申请才能执行权力。

---

〔107〕《2004 年目的信托法》第 6 条第（2）款第（c）项（巴哈马）。

〔108〕《2004 年目的信托法》第 6 条第（5）款（巴哈马）。

10.63 所有相关法域都认为执行人需要向法院提出申请。在文莱，作为一项信托的“执行人”意味着要求或强迫受托人根据信托文书执行、实施，并履行其义务并提起诉讼程序以执行信托条款。提起诉讼的权力或义务是对“执行人”定义的一部分。

10.64 例如，在安圭拉、伯利兹及毛里求斯，相关法域包含可能将由法院对相关当事人的申请进行审理的申请列表，包括执行人（在那里被称为保护人），包括信托的实施、管理或执行；包括针对受托人的要求实行其职能的；包括针对保护人的；或针对任何信托财产的授予、保管、申请、放弃或收回的。一项申请的从属费用或开支可下令通过信托财产或其他方式由法院认为合适的人来支付。对执行人颁布命令的权力足够广泛，准许就任何特定情况下执行人应采取步骤的指 208
示进行申请。

10.65 马恩岛及文莱达鲁萨兰国采纳的计划则摒弃了可能的申请表，仅授予法院就其认为执行一项授权目的信托颁布必要的或得当的（马恩岛）或者正当的或适当的（文莱达鲁萨兰国）法令的权力。此外，（针对开销）文莱达鲁萨兰国颁布其认为适当的通过信托资产支付开销的法令。然而，值得一提的是，文莱达鲁萨兰国的法律也明确规定法院在任一申请开始时，颁布先发制人的法令，从信托资产中免除申请人之后可能承担或被下令支付给他方的任何费用和开支。

10.66 开曼群岛的方案则很诱人，执行人的权力及权利参照了普通信托中当事人的权力和权利。这个方案被纳闽岛采纳，执行人（a）具备受益权，来采取管理行动和其他行动包括向法院提出寻求有利于信托的指示的申请；（b）拥有普通信托受托人所拥有的保护，赔偿，及通过信托财产支付开销，并就如何处理信托相关事宜向法院申请指示的权利；且（c）对于信托的利益，和普通信托受益人一样，针对信托的违反进行个人及所有权救济。

10.67 其他法域似乎未对执法援助授予明确权利，而仅规定，如库克群岛,在预期由信托文书处理相关事宜时,信托可按指定人选的“请求”执行。然而,基于“按请求”一词,执行人必须被授予向法院作出一切需要执行的申请的权力,其中可能包括应采取的相关步骤的指示申请,或有关费用的申请。

(3)辅助权力和个人权利

10.68 执行人需要能使其履行执行信托义务(或权力)的权力。因此需要授予其审查信托文件和账目的权力,并能够向法院就其自身行为及针对受托人或第三方的实体救济做出指示申请。

10.69 执行人应被授予使用信托基金保护其合理费用和开销的偿付权利(这也许对其基本执行权力的行使是必要的,因为向法院申
209 请可能需要经费支持)。执行人是否应赋有薪酬的权利则而另当别论,这需要考虑所有的情况。

10.70 在开曼群岛,以上权利的授予则参照常规信托的受益人或受托人的权利。因此,按其指定条款,执行人被授予了与普通信托的受益人相同的权利。

①进行遗产管理向法院进行申请;

②被告知信托条款,接受信托及受托人行政行为的相关信息,并对信托文书进行审查和副本采集。[109]

按其义务的履行,如果有的话,会像普通的信托受托人那样,享有获得保护和赔偿,及向法院申请意见、建议、指示、或责任免除等同样的权利。[110] 在信托违约中,为了信托利益,执行人拥有与普通信托受益人一样进行针对受托人或第三方的个人及所有权救济的权力。[111]

10.71 其余条例则承认和授予特别信息权。因此,如英属维尔京群岛《1961 年受托人条例》则适用于2004 年3 月1 日以后所设立的

---

〔109〕《2011 年信托法》第 102 条第(a)款(开曼群岛)。

〔110〕《2011 年信托法》第 102 条第(b)款(开曼群岛)。

〔111〕《2011 年信托法》第 102 条第(c)款(开曼群岛)。

目的信托,并特别规定目的信托受托人向执行人提供(a)信托账目;(b)信托文书和契据的副本以及其他按该文书执行的书面文书;(c)由受托人所获取的法律及其他的专业建议;(d)此类,如果有的话,信托文书所要求的其他文件及信息。[112] 依此条款措辞,似乎并不允许信托文书减除(a)(b)(c)款中所规定的权利。包含由受托人获取的法律和专业的建议则可能引致特权问题:在一些法域中,受制于诉讼特权的文件是被明确排除的。[113]

10.72　在毛里求斯,授予的权利则不是那么的具体,收到请求,受托人应向执行人提供信托财产状况和数量及信托管理行为的准确信息,除非受托人有理由相信执行人是在受胁迫的情况下作出的要求;[114] 或在根西岛,受托人有责任在一切合理时间内就执行人的书面请求,提供"信托财产状况和数量相关的完整且准确的信息"。[115] 在巴巴多斯,受托人须允许执行人审查登记情况,其中再载有必要文件,以反映信托的真实财务状况,对审查不予允许属犯罪行为。[116] 在 210
马恩岛,信托文书必须规定执行人对任何信托、信托资产或信托管理相关的信息或文件拥有"绝对的审查权";[117] 该权利由高等法院的一项明确权力加以巩固,按执行人的申请,使执行人可获得此类信息。[118]

10.73　由此可见,一些法域授予了执行人明确的从信托基金中

---

〔112〕《1961 年受托人条例》第 84A 条第(15)款(英属维尔京群岛);参见《1996 年离岸信托法》第 11 条第(6)款(纳闽岛);《2000 年国际豁免信托令》第 73 条第(1)款(文莱达鲁萨兰国)。

〔113〕《2000 年国际豁免信托令》第 73 条第(2)款(文莱达鲁萨兰国)。

〔114〕《2001 年信托法》第 33 条第(1)款第(b)项(毛里求斯)。

〔115〕《2007 年信托法》第 26 条第(1)款第(a)项(根西岛)。

〔116〕《1995 年国际信托法》第 13 条第(2)款、第 13 条第(3)款第(b)项(巴巴多斯)。

〔117〕《1996 年目的信托法》第 1 条第(1)款第(e)项(马恩岛)。

〔118〕《1996 年目的信托法》第 1 条第(2)款第(b)项(马恩岛)。

获得赔偿的权利,类似于受托人从衡平法中获得的权利。[119] 然而,这不属于一个普遍的条款。举例而言,这并非在泽西《1984 年信托法》或马恩岛《1996 年目的信托法》中所设立的。如若缺失,则需要在信托文书中考虑相关条款。而需要注意的是,授予执行人的赔款不可像被授予受托人的那样对其有利,因为将要从中赔偿的信托资产将不会由该执行人拥有。[120]

(4)义务

10.74 开曼群岛的 STAR 信托案例可说明这一点。在此制度下,执行一项 STAR 信托的诉讼权可能作为一种被"授予或保留"的权利或责任。这一术语似乎是要将一种不受限制的个人权力("权利")与一种信义权力("义务")区别开来。[121] 依照相反意图的证据,执行人"被认定有负责任地行事以适当地执行信托的信义义务";且信托文书明确授予受托人或另一位执行人或任何人为履行该义务而采取行动的起诉权。[122]

10.75 因此,要注意的是,在执行人没有义务执行时(在执行权明显是一种不受限制的个人权力或"权利"时),委托人可以选择设立一项 STAR 信托;[123] 且委托人也可免除该制度默认的执行人作为信义人的义务(如果有的话)。若为了不让执行人获得可执行的义务而将任意一种可能变为现实,认可该信托意味着什么,则需要仔细

〔119〕《2011 年信托法》第 102 条第(b)款(开曼群岛);《1996 年离岸信托法》第 11C 条第(8)款(纳闽岛);《1996 年信托法》第 25 条第(9)款(圣基茨和尼维斯);《2000 年国际豁免信托令》第 82 条第(4)款(文莱达鲁萨兰国);《2001 年信托法》第 21 条第(4)款第(b)项(毛里求斯);《2010 年信托机构法》第 52.4 条(圣马力诺);《2007 年信托法》第 13 条第(2)款(根西岛)。

〔120〕见上文第 7 章。

〔121〕见上文第 4 章。

〔122〕《2011 年信托法》第 101 条(开曼群岛)。

〔123〕见上文第 4 章。

考量了。[124]

10.76　相反，根西岛则简单规定执行一项信托的非慈善性目的是执行人的信义责任。[125] 同样的意思有时由以下一项法规来表达，即执行人对信托设立的目的有信义责任。[126] 211

10.77　采用“对一个目的的义务”这种表述可以说体现了对执行人的信义义务进行描述的难点，因为这种说法通常是用在个人信托中的。[127] 也就是说，我们可以将执行人的义务与慈善受托人被授予的义务进行类比；在以上情况的案例中一项实际存在但很抽象的义务是很常见的，且这个义务须由一位基于目的指定的人选来执行，但并非为其直接拥有的义务。

10.78　在其余法域中，执行人有执行信托的法定义务，没有明确规定这种义务是信义的，[128] 或允许该信托条款免除该义务。[129] 在一些承认执行人的地方，执行人的职位描述也尚不明确。[130] 显然这一疏漏应由信托文书用直白的条款来填补，同样，采取一种非受信关系模式的后果需要再三思量。

10.79　根西岛对其关于信义义务执行的陈述进行了补充，除非

---

〔124〕 见下文第 11.4 节。

〔125〕 《2007 年信托法》第 12 条第(2)款(根西岛)；《1996 年信托法》第 25 条第(8)款(圣基茨和尼维斯)。

〔126〕 《1992 年信托法》第 16 条第(5)款(伯利兹)；《2000 年信托法》第 15 条第(5)款(安圭拉)；《1994 年国际豁免信托条例》第 9 条第(5)款(尼维斯)；《1996 年信托法》第 25 条第(8)款(圣基茨和尼维斯)；《1996 年国际信托法》第 16 条第(5)款(圣文森特和格林纳丁斯)。

〔127〕 S. Pryke, *Of Protector Sand Enforcers*(2010)16(2)Trusts & Trustees 64,68 - 69.

〔128〕 《1961 年受托人条例》第 84 条 A 部分第(17)款(英属维尔京群岛)；《1984 年信托法》第 13 条第(1)款(泽西)；《1996 年离岸信托法》第 11 条 C 部分第(1)款(纳闽岛)；《2001 年信托法》第 21 条第(1)款(毛里求斯)；《2005 年信托法》第 29 条第(3)款(迪拜国际金融中心)。

〔129〕 《1992 年信托法》第 16 条第(5)款(伯利兹)；《2000 年信托法》第 15 条第(5)款(安圭拉)；《1996 年国际信托法》第 16 条第(5)款(圣文森特和格林纳丁斯)。

〔130〕 《1984 年国际信托法》第 12 条第(2)款(库克群岛)；《1992 年国际信托法》第 7 条第(3)款(塞浦路斯)。

法规准许,获得法院批准,或信托条款明确规定,否则禁止执行人从其职务中直接或间接获取利益,致使或允许任何其他人获取该利益,或以其账户与受托人或在可能致使该利益产生的涉及信托财产的情况下进行任何交易。[131] 这种常见的规定,想必是为了避免关于非慈善目的模式下信义义务范围的争论,[132] 而且可能进一步明确禁止执行人使其私人利益与执行信托目的的义务相冲突。[133]

212 10.80 在一些法域中,执行人有明确的保密义务。[134]

6. 责任

10.81 关于执行人的责任似乎没有案例可参考,这一主题的探讨则限于原则上的建议及与受托人和保护人进行类比。

10.82 执行人是权力的持有人,往往但显然并非普遍情况下,也是受信人权力的持有人。只要执行人拥有除执行权以外的权力,通常就关系到第8章中围绕保护人责任的讨论了。

10.83 作为受信人权力执行的拥有者,执行人似乎有时有义务考虑执行该权力的义务。因不执行而对该信托或受益人造成损失的执行人可能将与未对前任或违反信托的违约受托人提出索赔的受托人面临同样的后果。

---

〔131〕《2007年信托法》第13条第(1)款(根西岛)。

〔132〕《1984年信托法》第13条第(3)款、第21条第(4)款(泽西);《1996年信托法》第11C条第(5)款(纳闽岛);《2001年信托法》第21条第(4)款(毛里求斯);《2005年信托法》第28条第(5)款(迪拜国际金融中心)。

〔133〕《1984年信托法》第13条第(3)款第(i)目(泽西);《1996年信托法》第11C条第(5)款第(a)项(纳闽岛);《2001年信托法》第24条第(a)项(毛里求斯)。似乎也是受《2010年信托机构法》第7.1条第(b)项和第52.3条(圣马力诺)的影响:见D. Brownbilletal, *International Trust Laws* (Jordans), A. 35. 186 – 88。

〔134〕《1995年国际信托法》第28条第(1)款(巴巴多斯);《1996年国际信托法》第64条(圣文森特和格林纳丁斯)。

10.84　作为一种相当有限的个人权力的“权利”，执行人有责任将其执行，同样情况下，则可能需要一位拥有同样权力的保护人来承担该责任。[135]

10.85　按理说，执行人拥有一项注意义务以及执行其权力的技能（即使是拥有一种作为“权利”而非一种“义务”来执行的权力），否则将就不执行而承担责任。[136]

10.86　按理说，信托文书可豁免执行人的责任，其豁免程度至少在其法域，与针对个人的信托受托人获得的豁免是类似的。[137]

---

〔135〕 见上文第 8 章。

〔136〕 见上文第 8.4 节。

〔137〕 见上文第 8.11 节。

第 11 章　总之，它是谁的法律？

213

1. 引言

11.01　本书对适用于保护人的法令的探讨很大程度上是基于在所有相关立法中，至少是在"国际信托"（最有可能涉及保护人指定的信托）案例中，都存在一种单一的、一贯的和一贯适用的"国际"信托法的。[1]

11.02　本书提出、实际情况中存在这样一种单一国际信托法和其通常涉及的一类信托，以及相关法域的法院对其如何实施达成的广泛共识。本章将对这种单一国际信托法的渊源及其所受限制进行探讨。

---

〔1〕 见上文第 1.1 节。

2. 英国国内信托的传播和发展

11.03　在英格兰，从伊丽莎白一世时期起直到伊丽莎白二世时期，信托最初的运用曾经是而且依旧是对财富的享有及转移的监管，在英格兰和威尔士，往往是限于居民家庭内土地的形式。至少在最近的 100 年里，这种类型的信托通常被用于遗嘱中，但其形式随国内税法的修改而不断被重塑，大部分是出于财政方面的考虑，但这个考虑并非其最初设立和口授信托的主要目的。受托人通常为家庭成员或受信任的顾问，或两者兼有。英国土地法和英国信托法的发展紧密结合，这一点可从英国不断的土地和信托立法浪潮中看到，如 19 世纪 80 214
年代和 1925 年。

11.04　在大英帝国，起先是商人，接着是皇室，英格兰信托法往往都很快地跟上，这个形式至少在最初阶段是非正式的。这往往是通过当地或皇室法令或殖民地宪法的形式。直至后来才正式确定英国法成为当地法律的基础（至少对那些不遵守早已存在的当地法律的王室臣民来说是如此，如印度当地原居民）。

11.05　随后国内信托法在不同领土上得以发展，通过采用那些主要参照英国所执行制定法的国内信托制定法，很大程度上与英国在同步发展。[2] 说到信托本身，没有必要对国内信托法在英国的及那些在 20 世纪仍受着大英帝国法律及英格兰法律直接影响的法域的发展进行区分。显然，美国的历史截然不同，且自 17 世纪起就基本展开了信托法的独立发展。[3]

---

〔2〕《1882 年信托法》（印度）是将英国法和苏格兰法概念相融合的一个很好的例子，同时也是一个例外，导致了信托资产中衡平法上的利益的缺失。

〔3〕 见下文第 11.6 节。

3. 国际信托的发展

11.06 离岸信托产业的发展及相关法域对其的积极采用给20世纪70年代的(基本上如今也有的)国内私益信托模式带来了飞速变化,该信托依旧存在于许多与国内信托有关的相关法域。即使在位于离岸信托产业前线的法域,国内信托也继续执行着其对当地家庭的当地土地及其他形式财产的使用和转让进行管理的传统职责。

11.07 离岸信托产业为非该法域居民的委托人及受益人的需要设计信托,以解决其没有居住在信托被支配的法域或者受托人应为当地居民的需求。离岸信托几乎都为当事人在世时有效的信托,且并非用于(且根据制定法,往往不能用于)在该法域持有土地,往往也没有信托资产将设于该法域。为使其成立,这种信托需具备国际特性,且具备(或者
215 说至少是被认可的)灵活性以应对委托人不同的要求,及他们希望处理的资产,以及不可能与受托人有任何私人来往的受益人的不同要求。

11.08 此种情况下使用的信托在许多相关法域几乎在同一时间有着非正式的发展(20世纪60年代起),与之并行的是"信托结构"的概念,即经由一种或多种法人途径,继而通过一种或多种信托来使最终受益人获取资产。单独的结构刻意涉及了遵从不同法域的法律的元素,成为我们所常见的那些在该法域内工作的人所提供给他们客户的更精密老道的财富计划的一部分。

11.09 在此期间,出现了许多从业人员所认定为典型的"国际"信托文书,即通常在相关司法管辖范围之外,由委托人用于声明私益信托的信托文书,没有国内受益人,也不在该法域中持有土地。[4]

---

〔4〕 当然,商业目的的信托有着不同的模式,并且许多相关立法区随后都发展出了特别信托制度,如STAR信托和VISTA信托;见上文第10章。

11.10　尽管可能存在基于不同的相关司法辖区而形成的截然不同的“标准”形式的“国际”信托文书,但是无论是否受制于马恩岛或英属维尔京群岛的法律,典型的国际信托文书的内容往往几乎没有地域差异。[5]

11.11　在这类典型的国际信托中,信托资产将由针对某一类受益人的全权信托所持有,而之后这类受益人可能将(且往往是打算)通过一项有利于指定慈善机构的默认信托而被特别指定或加入该信托。[6] 该信托涵盖的授予受托人的权力非常广泛,通常包括对某些或所有信托条款和准据法进行修订。通常保护人被指定和赋予对受托人进行指定和罢免的权力,有时被授予的权力更宽泛。

11.12　国际信托发展迎来了其正式阶段,一方面,基于一些相关法域的需求,那些法域的法律体系也通过一种与前面所提到的不同的路径产生了演变,以按照已广泛采用的英国法律的模式设立该信托,该信托也确实构成了其现有当地法的一部分(如泽西和根西岛)。[7] 而另一方面,是基于那些法域及其他法域(包括那些信托并未构成其现存当地法的法域,如文莱达鲁萨兰国、迪拜国际金融中心、纳闽岛以及圣马力诺)希望互相竞争以吸引委托人及他们的顾问的愿望,这些 216
人实际上可以选择数量众多(且在上升中)的提供信托的法域或者是国际市场上提供的法人服务。其发展还在继续。例如,2012 年 1 月 1 日库拉索岛成为提供受其准据法[8]约束的信托的法域的一员。2012 年 3 月 23 日,塞浦路斯《1992 年国际信托法》进行了修订,显然是为了“最新最好的信托制度及加强塞浦路斯作为欧盟中的一个理想的信

[5]　有时差别太小了,如当一个按泽西法律指定的信托文书含有针对地按契约实施文件的规定时,Oakley v. Osiris Trustees [2008] UKPC 2。

[6]　如一个极端的形式“红十字会信托”,只能指定一位慈善组织默认的受益人,且拥有添加任何人为受益人的权力;见下文第 6.95 段及以下段落。

[7]　参考 Spread Trustee Co v. Hutcheson [2011] UKPC 13。

[8]　见《2011 年库拉索岛国家条例》。

托法域的地位”。[9]

11.13 其结果是许多着眼于(且常常限于)国际信托的相关法域一再地对信托法规进行修订,当地居民并非受益人且往往未持有国内土地。[10] 本书涉及最多的法规中,许多的相关法域就保护人作出规定。这些法规往往非常相似,尽管本书提到,它们在特定的议题和措辞存在很大出入。最大的相似点在于这些制定法无一例外地遵守信托文书条款,且信托文书条款往往很少变动。

11.14 在这些国际信托法规中,相关法域有意脱离了(或者说至少是处在边缘)在英国很常见的国内信托模式,且许多相同的法域也如此。这些修改包括大幅延长或取消永久性期限和限制“过度”的累积、认可包含实质性保留权力的信托的有效性、保护信托资产免受委托人的债权人损害的方法、[11] 明显的侵略性陈述或重申排除外国法律[12]、私人目的信托的有效性[13](包括托管人有限的干涉信托公司管理权限和相应责任限制的信托[14])以及受益人无权执行的信托。[15] 当然,还有对保护人的法定认可。[16]

11.15 然而信托法的发展并不限于那些通常被归为离岸信托区
217 的法域。例如,相关法域按如今成为英国法律一部分的第 17 届英国法律委员会 1998 年判例汇编的改革建议[17]就财产永久性及累积对其法律作出的变革。[18] 尽管已有人指出,信托概念是可具有弹性的,

---

[9] See http://www.deloitte.com/assets/Dcom-Cyprus/LocalAssets/Documents/PDF/ReformoftheCyprusInternational Trusts Law of 1992 pdf. (2013 - 12 - 23).

[10] 通常还有与设立具有相似目的及限制的国际商业公司的制定法。

[11] Thomas and Hudson Ch 40.

[12] 如《2012 年信托(第五号修订)法》(泽西)。

[13] 见上文第 10 章。

[14] 《2003 年特别信托法》(英属维尔京群岛)。

[15] 开曼群岛 STAR 信托规定;见上文第 10 章。

[16] 见下文附录 2。

[17] “反对财产永久性和过度积累的规则”, Law Commission Report, Law Com No. 251, 31 March 1998。

[18] 《2009 年永续和累积法》(英国)。

但是一些法定国际信托模式会认为或者至少那些在相关法域之外会说，信托概念是有弹性的。[19]

11.16　相关法域内信托法明显的一致性部分可被看作英国对许多该法域的执业律师培养中发挥（或者说直到最近的）重要作用的结果，部分是身处国外的英国居民律师所努力的结果。高级英国律师作为一审法官出席若干相关法域的上诉法院对信托案件的处理方法给予了进一步支持，枢密院作为最高上诉法院的立场也是如此。[20]

11.17　同样值得注意的是，对一个法域的国际信托的判决经常被另一个法域的法院引用和效仿，往往完全不担心他们采用了外国法。[21]

11.18　同样，相关法域的法院通常对主导英国信托法教科书（如 Lewin，Underhill，Tomas，Thomas and Hudson 的作者）的观点给予很高的重视。[22] 这些作者自身也经常援引那些明显不顾虑其“外来”特征而用相关法域裁决的案例。[23]

4. 国际信托的认可

(1) 引言

11.19　对信托的认可在法律上是一个争论点。如果一项遵循外国法的信托得到了国内法院的认可，则根据该外国法执行该信托。而认可该信托的效力可能须根据国内法进行评估，例如在出于财政目的时。[24]

---

[19] J. Glass and G. Thomas (eds.), *The International Trust* (2nd edn, Jordans, 2006), pxciii.

[20] Spread Trustee Co v. Hutcheson [2011] UKPC 13 (Guernsey).

[21] The Bird Trust [2008] JRC 013, [80] (Jersey).

[22] The HHH Trust [2012] JRC 127, [21] (Jersey).

[23] Lewin 29 – 41.

[24] A Y and the B Y Trust (1998) 1 ITELR 703 (the Netherlands).

11.20 如果一项遵循外国法的信托未得到国内法院的认可,该国内法院将可能适用当地法(或同类型其他外国法,而之后会发现关于其法律条例冲突的问题得到了掌控)。一项不被认可的信托会产生
218 两种极有可能的结果,该“信托”仅被当作一项合约(大陆法系)[25]或仅是一项针对“委托人”(普通法系)的被指定人协议,就像一项“虚假”信托。[26]

11.21 国内法院不认可一项外国法信托的顾虑主要侧重两个问题:

a. 大陆法系是否认可任何信托(此为当金融机构和大公司正广泛采用一系列商业信托时所作的特别考虑);以及

b. 普通法系内,某些国际信托形式是否会得到认可,尤其是那些实质上背离了相关法域的国内信托法准则的信托形式。

(2)海牙信托公约

11.22 《1985 年关于信托的法律适用及其认可的公约》(以下简称《海牙信托公约》)将大陆法系的信托认可视作最为急迫的问题。[27]《海牙信托公约》于 1992 年开始执行。[28]

11.23 认可《海牙信托公约》[29]的法域是认可[30]信托[31]的,主要是那些根据任意外国法(不仅是其他公约当事人的法律),由一份书

---

〔25〕 Note;G v. C Trust Co (Jersey) Ltd (1999) 4 ITELR 779 (Switzerland); see Rybolovlev v. Rybolovleva Swiss Federal Supreme Court, 26 April 2012 (5A _ 259/2010) (Switzerland).

〔26〕 Shalson v. Russo [2005] Ch 281.

〔27〕 Underhillch 25, Thomas and Hudson Ch 43.

〔28〕 虽然在英国,法规的效力是由《1987 年承认信托法》所赋予的。

〔29〕 澳大利亚、加拿大(仅 8 个省)、中国(仅香港特别行政区)、意大利、卢森堡、列支敦士登、马尔他、摩纳哥、荷兰(仅欧洲领土)、圣马力诺、瑞士以及英国[包括 12 个附属地(英国属地:百慕大群岛、特克斯和凯科斯群岛、英属维尔京群岛、蒙特塞拉特、马恩岛、泽西以及直布罗陀)]。

〔30〕 见该公约第 11 条。

〔31〕 该公约所适用的信托规定见第 2 条。

面文书[32]自动设立的信托。然而,《海牙信托公约》既没有将信托法引入无信托法的国家的国内法中,也没有给那些有信托法的国家的国内信托法带来改变。[33]

11.24 《海牙信托公约》也涉及了对法律的选择[34]以及选定的支配信托的法律有关的待决议事项范围。[35]《海牙信托公约》目的并不在于去声称,要求法院将支配信托的法律运用于相关信托的有效设 219
立事项或受托人的资产转让。[36]

(3)国际信托和公共政策的认可

11.25 《海牙信托公约》认可在其自身准据法下具有效力的信托[37],但如果这种做法"明显与公共措施(公共政策)不符"的话,则无须实施公约规定,估计也不会实施。[38]

11.26 公共政策的例外范围尚不明确。有人认为应对其进行保守解读。[39] 这在信托作为国内法的一种特性的法域内实际意味着什么尚不明确。有人提出,至少国际信托的某些形式或许无法按政策得到认可,即使其根源是相关法域的成文法。[40] 如果出于个人利益而非目(但无法由那些个人执行的)的考虑而形成的信托,或作为一项仅出于持有及管理信托财产的非慈善信托,那么"特别制度"信托就成为

[32] 见该公约第 3 条。

[33] 然而,正如圣马力诺和列支敦士登的先例一样,批准可能激起或缘于此类这样做的意愿。

[34] 见该公约第 6 条。

[35] 见该公约第 8 条。

[36] Joint Administrators of Rangers Foot ball Club [2012] C SOH 55 (Scotland). See Underhill 100. 104 etseq; J. Harris, *Launching the Rocket—Capacity and the Creation of Inter Vivos Transnational Trusts*, in Glasson and Tomas(n19 above),111.

[37] 意指某些信托将因为在其自身准据法下是无效的而不被承认;见案例 Exeter Settlement [2010] JLR 169(Jersey)。

[38] 公约第 18 条。

[39] Underhill 100. 205, 但参见 Rybolovlev v. Rybolovleva, Swiss Federal Supreme Court,26 April 2012(5A_259/2010)(Switzerland)。

[40] Underhill 100. 205.

一种在英国法院看来对于信托不认可相当脆弱的国际信托模式。[41]如此而言,VISTA 信托似乎处境危险。[42]

11.27 此外,最近英国上诉法院的一项判决表明至少英国司法体系的一些成员,在回应针对国际信托委托人的起诉时,采取构成或近乎构成不认可国际信托的措施似乎无须鼓励。[43]

11.28 尽管如此,普通法或公约下的国际信托的相互认可将国际信托法进一步联系在了一起。

220 ## 5. 国际信托法角色的局限

11.29 上文所说的国际信托法意味着相关法域的法院往往会发现国际信托的相关法律是一样的,且以一贯的方式实行该法。

11.30 然而,每个法域将实行其自有的诉讼法。案件中信托法的要素可能只是众多问题之一,并且不同地区针对其他问题采用当地法的结果可能不同。[44] 必须注意的是,不同法域的法院可能受到当地的先例及其当地信托制定法的特殊措辞限制。[45] 有时当地法院也可能有意地采用有别于英式的方法,如泽西和马恩岛对那些信托设立及管理上的错误的处理更为宽松。[46] 当地法院也可能拒绝遵循其他

---

〔41〕 Underhill 100.205 - 100.210; D. Waters, *The Future of the Trust from a World Wide Perspective*, Glasson and Thomas (n 19 above), 841.

〔42〕 Contra C. Mc Kenzie and J. Glasson, *VISTA Trusts*, in Glasson and Thomas (n 19 above), 689.

〔43〕 North Shore Ventures v. Anstead Holdings [2012] EWCA Civ 1 1; M. Hubbard, *Puppet Masters Beware* (April 2012) Trusts and Estates Law & Tax Journal 14 - 16.

〔44〕 举例而言,虽然在众多相关法域的公司及破产法都与接近更早版本的英国法律相互关联。

〔45〕 但因为多数相关法定条文都遵循信托文书条款,大量国际信托文书间的共同之处可能致使这种变化比实际更为明显。

〔46〕 Betsham Trust [2009] WLTR 1489 (Isle of Man); S [2011] JLR 375 (Jersey); The B Life Interest Settlement [2012] JRC 229 (Jersey).

相关法域的判决。例如，泽西的 *Exeter Settlement* 案[47]判决指出未能辨认违约受益人的"红十字信托"是无效的，且其拒绝遵循 *Rawcliffe v. Steele* 案[48]中被认为是马恩岛上诉法院的有关法官附带意见。[49]

6. 美国法

11.31　本书未将美国法作为上述国际信托法的一部分。并非因为本书所讨论的保护人不是构成美国信托法的一部分。正如《统一信托法》所指出的，保护人确实是其中的一部分。[50] 另外自 1997 年起，阿拉斯加州、特拉华州、爱达荷州、南达科他州、田纳西州以及怀俄明州就已颁布了含有与保护人明确相关条款的信托制定。[51] 即使是在 221 没有制定法支持的州，有时也会（或许还并不罕见地）对保护人进行指定。[52]

11.32　美国针对美国法信托的保护人的裁决显然很少见。[53] 遵循相关法域美国法律信托保护人的案例报道也非常少。或许出乎

---

〔47〕 Exeter Settlement [2010] JLR 169 (Jersey).

〔48〕 RE Manisty's Settlement [1974] 1ch 17.

〔49〕 Rawcliffe v. Steele [1993 – 95] MLR 426 (Isle of Man).

〔50〕《统一信托法》第 808 条。《统一信托法》已被 21 个州及哥伦比亚特区（除了犹他州，所有采用《统一信托法》的州）采用。

〔51〕《阿拉斯加法典》，§ 13.36.370；《特拉华州法典》，12，§ 3313 (a)；《爱达荷州法典》，§ 15 – 7 – 501 (1) (g)；《南达科他州法典》，§ 55 – 1B – 1 (2)；《田纳西州注释法典》，§ 35 – 15 – 808cmt；《怀俄明州法典》，§ 4 – 10711。

〔52〕 S. Sterk, *Trust Protectors, Agency Costs and Fiduciary Duty* (2006) 27 Cardozo Law Review 2761; Bove, *The Development, Use, and Misuse of the Trust Protect or and its Rolein Trust Law and Practice*, available at http://www.rwi.uzh.ch/lehre for schung/alphabetisch/jakob/lehre/unterlagenfs 12/nachlassplanung/Lecture_Bove_Alexander_120228.pdf; P. Ruce, *The Trustee and the Trust Protector: A Question of Fiduciary Power. Should a Trust Protector be Held to a Fiduciary Standard?* (2010) 59 Drake Law Review 67.

〔53〕 Robert T Mc Lean Irrevocable Trust v. Patrick Davi. P C 283 S W 3 d 786, 789 (Mo Ct App 2009) (Missouri)，该判决存在争议，其宣布了密苏里州法律信托保护人责任的违约；Torn Brook International Inc v. Rivercross Foundation Caseno. 03 C 1113 (US Dist Ct I 2003)。

意料的是,美国人已经成为国际信托消费的领头人。[54] 在美国,也有一些对遗嘱信托所指定的"顾问"的裁决,他们拥有投资方面的权力,这按理说关系到美国法中的保护人。[55]

11.33 这些法律区域里,美国评论家们频繁引用相关法域的判决,虽然往往是在所涉及的保护人主要由那些遵循"外国"法的信托所指定,或是在同时涉及这种保护人及美国法保护人,但是没有区分法域范围。[56]

11.34 如此说来,对美国保护人进行指定的信托法及美国法院对该信托法(以及那些曾经或者应当划分为外国信托法的信托法)的实施都被认为与本书(以及作者的经验)所主要涉及的法律以及法域
222 的惯例相去甚远,因而甚至通过类比也无法使其看起来适用于相关法域。[57]

---

〔54〕 National Bank of Detroit v. Shelden 730 F 2d 421(6th Cir 1984)(Michigan);Detroit Bank & Trust Co v. Trust Co of Virgin Islands,644 F Supp 444(DPR 1985)(Puerto Rico);Shelden v. Trust Coof Virgin Islands,535 Supp 667(DPR 1982)(Puerto Rico),尚不明确信托是否遵循密歇根州法律或英属维尔京群岛法律情况下的所有单一诉讼的裁决;Federal Trade Commission v. Affordable Media LLC 179 F 3 d 1228(9th Cir 1999),(1999)2 ITELR 73(California)涉及库克群岛信托的保护人;关于包括开曼群岛信托法人保护人的纽约进程的描述,参见 Lloyds Bank International(Cayman)v. Bylever Co [1994 - 95] CILR 519(Cayman)。

〔55〕 See Bove(above n 52)、Contra Ruce(above n 52):Gathright's Trustee v. Gaut 1241 W 2 d 782(KY 1939)(Kentucky);United States National Bank of Port land v. First National Bank of Portland 14212 d 785(Oregon 1943);Warner v. First National Bank of Minneapolis 23612 d 853(8th Cir 1956)(Minnesota).

〔56〕 See Bove(above n 52),Ruce(above n 52).

〔57〕 See D. Waters,*The Future of the Trust from a World Wide Perspective*,Glasson and Tomas(上文脚注第 19 条),841.

附录1　起草

A. 引言 223

A1.1　本书主要讨论了乍看对包含示范性条款有不利影响的两大法律特征。首先(也是最重要的),本书的主题是保护人是或应该是在特定环境下由于特殊需求而产生的角色,且“一刀切”的做法并不合理。保护人所拥有的权力的本质和范围必须因不同的信托而产生实质性的不同。其次,在相关司法管辖范围内信托法虽然扮演着国际角色,信托草案的细则必须依照特定司法管辖权适用信托的相关法律来制定。例如,依泽西法律作出的合情合理的判决先例可能不适用于圣马力诺法律所管辖的信托。[1]

A1.2　在牢记这些重要的警示条例的同时,指定保护人的信托文书应包含的条例以C章中的示范条款为基础。

A1.3　完整的信托先例超出了这项工作

〔1〕 见上文第11章国际信托法相关内容。

的范围,将下文所示的示范条款和信托文书的其他规定相结合需要技巧。

A1.4　特定的起草细则在本书相关章节的结尾部分也有论述。[2]

A1.5　针对信托起草实用的建议,皇家律师 James Kessler 在其著作中提出了黄金标准,同时 C 章中大部分示范条款都反映出他所提倡的信托起草方案(虽然提出的涉及保护人的方案只有要点,并不具体)。[3] 以下条款是基于其撰写的适用于英格兰和威尔士的《信托和财产从业者协会标准条款》第 2 版中有关信托起草的内容。[4]

B. 起草人注意事项

A1.6　在起草信托文书、指定保护人时,铭记以下要点可能有用。起草人应:

a. 清楚地了解保护人权力的本质和权力范围。

b. 清楚地了解指定保护人对受托人的权力和义务意图产生的影响(若存在)。

224 c. 查阅支配信托的法律,尤其注意与以下内容相关的法定条文:

(a)保护人本身;

(b)受托人的指定和罢免;

(c)保留的权力。[5]

d. 考虑在管理信托的法律下,这些准则是否以及如何适用于保护人的法定权力。

---

〔2〕 见上文第 2.11 节、第 3.10 节、第 4.10 节、第 5.11 节、第 6.9 节、第 7.4 节、第 8.13 节。

〔3〕 例如,Kessler 中第 7.29 段及以下。

〔4〕 参见《信托与财产从业者协会法》(第 2 版)。

〔5〕 见下文附录 2。

e. 了解是否应该指定共同保护人(或是否能够被指定为保护人),如果是,则包含哪些相关规定。

f. 了解授予保护人的赔偿权和薪酬权以及保护人是否能够和如何行使上述权利,并包含相关规定。

g. 了解保护人如何以及对谁进行庭外指定和罢免(如存在),并包含相关规定。

h. 考虑并告知委托人限制保护人或受托人的义务、责任的所有条款。[6]

A1.7 以下示范条款涉及书面文书所具权力的行使。在信托文书中该术语可以被定义为契约文件(所指契约是管理信托的法律的组成部分),或者是可能需要的手续,也可以是司法管辖权下的相关要求。[7] 除另外说明外,示范条款还能在信托文书的其他地方采用大写的专业术语(如受益人、信托基金、信托期等)。

C. 示范条款

(A)示范条款:定义

A1.8 1. 在本信托文书中,

a. "保护人"是指当时充当财产授予协议书保护人的人。

b. "共同保护人"是指在同一时间以另一人的身份充当保护人的人。

2. 保护人有且仅有本信托文书设立或专门提及的权力、义务和个人权利[条款第【 】条和条款第【 】条提及保护人法定权力的除外]。

---

〔6〕 见上文第8.11节。

〔7〕 案例A l-Ibraheem v. Bank of Butter field International(Cayman)Ltd(1999)3 ITELR 1(Cayman)。

3. 不止一人充当保护人角色时，条款第【 】条[8]规定适用。

（B）指定和罢免

1. 引言

A1.9　关于保护人指定机制，存在多种学派思想；各学派均有其不足。第一保护人通常由信托文书提名和指定。之后的指定可由（a）指定人（通常是委托人本身或者第一保护人）执行；（b）信托文书中对继任保护人的预指定或提名；（c）现任保护人对继任保护人不时进行的预指定或提名；或（d）综上所述。

2. 示范条款：第三方指定人指定保护人的权力

A1.10　a.【姓名】被指定为保护人，立即生效。

225 b. 指定和罢免保护人的权力：

（a）授予 AB【作为基于财产授予的受益人利益的善意行使的信义权力/个人权利】，且在 AB 死亡或无法行使上述权力时，该权力授予 CD。

（b）应依照传达至受托人的书面文书或（只限于指定权力，且在立遗嘱者死亡之时权力已被授予）遗嘱行使；

（c）不得被授权或只能授权给传达至受托人的书面文书所规定的除受托人外的人。条款第【 】条中的委托限制条例均不适用。只要指定人在筛选和监督过程中小心谨慎，指定人无须承担此人的过失所带来的责任（即使授权并非完全必要或只是权宜之计）。

c. 指定权力的行使：

（a）【可/不可】被撤销；

（b）【可/不可】指定权力持有人；

（c）不可指定排除在外人士；[9]

---

〔8〕 见下文第 A1.12 段。

〔9〕 草案应包含黜除人员的定义。草案还应包含受托人以及其雇员或代理人相关的内容，同时还应对无法充当保护人的个人或者类别作出规定；见上文第 3 章。

(d)【反对/服从】条款第【 】条下保护人的提名权力;

(e)只在指定人将具有执行效力并能证实被指定人同意的书面文书传达至受托人的情况下生效,或(如需依照遗嘱行使权力)经认证的遗嘱副本和证实被指定人同意的书面文书传达至受托人时生效;

(f)【可/不可】指定多人同时担当保护人。

d. 罢免权力的行使:

(a)如果罢免权力和指定权力同时行使导致保护人缺失,则该项权力无效;

(b)在具有执行效力的书面文书传送至受托人以及被罢免的保护人时,该项权力才正式生效。

3. 示范条款:当前保护人预指定继任人的权力

A1.11 保护人可通过提交提名和证实被提名人同意的书面文书至受托人来提名其继任人(被提名人)。[10]

a. 提名可能会在提名人不再担任保护人前的任何时间被撤销:

(a)提名人向受托人提交书面撤销申请;或

(b)被提名人向保护人和受托人提交不同意担任的申请。

b. 依据条款第【 】条提名人不再担任保护人时,提名人立即被指定为保护人。

c. 条款第【 】条相关规定(保护人的权力)适用于该条款。

(C)共同保护人

1. 引言

A1.12 以下内容涉及共同保护人的指定,相应地,也存在更为详细的规定。一些起草人包含一项条款,允许共同保护人设立内部与会和投票表决的程序,且由自己掌控。但相对于解决的问题,该条款引

---

〔10〕 其他先例表明:可提名多个有优先次序的继承人,但在指定生效(指定发布则生效)之前不需要获得被提名人的同意。如果这是指定一名继任保护人的首选方法,那么似乎是一项不尽如人意的程序。

发的问题更多,因此不建议使用。同时应该决定是否计划指定多名保护人,如果是,还应决定如何达成目标。另外,还应考虑到,是否可以
226 接受共同保护人对保护人权力有效行使持相反意见且双方人数相同的僵局。可以避免僵局的方法如下:规定进行多数人决策且保护人总数目为奇数,或者采纳加权多数的条款(给予共同保护人,往往也是委托人第二次投票),但是为打破僵局,其他共同保护人似乎必须被排除在外。下列先例用于解决在指定共同保护人时通常遇到的问题:

2. 示范条款

A1.13 a. 保护人最多为【 】名,最少为【 】名。

b. 只有在被条款第【 】条授予的权力能够被各个共同保护人单独行使的情况下,共同保护人才能共同行使保护人的权力。[11]

c. 保护人权力可由所有有资格的共同保护人随时行使,或只在被指定且有能力行事的共同保护人数目达到最少标准时行使。

d. 在不违反第 c 条的情况下,大部分共同保护人作出的关于保护人权利行使的决策可以约束所有共同保护人。倘若双方投票数相同,委托人(如果也是一名共同保护人)在首次投票以后还可以再投出决定性的一票。[12]

e. 关于保护人权力行使的有异议的决策只能是在共同保护人的会议上作出:

(a)该会议必须在所有共同保护人收到合理的会议和议事日程相关告知后举行;

(b)至少有【 】名共同保护人出席。

f. 依据条款第【 】条[13]作出的保护人辞任的决策可约束所有共同保护人。

---

〔11〕 合理行使权力的例子包括指定共同保护人继承人的权力以及作为共同保护人退任的权力。

〔12〕 本条表明,尽管是由大多数共同保护人作出决策,所有共同保护人还是应该共同行使权力。这是一项针对受托人的保护性条款,因此受托人不用考虑保护人是否合理行使权力。

〔13〕 见下文第 A1.15 段。

g. 共同保护人的决策以及任何对大多数共同保护人的决策提出的异议应记录在案。

h. 基于善意行使的共同保护人不同意大部分共同保护人作出的决策时，对该决策或者随之而来的保护人权利的行使不承担责任。

i. 保护人权力可以使共同保护人受益(就如同他不是共同保护人一般)，规定如下：

(a)涉及的受益的共同保护人不是条款第【 】条〔14〕所述独立个人和没有利益冲突的人，使上述共同保护人受益的相关决策必须获得其他共同保护人的同意；或者

(b)所有共同保护人原本已经由信托文书指定。

j. 条款第【 】条适用于共同保护人，该条所有涉及“保护人”的内容似乎均可用“共同保护人”替换。〔15〕

(D)辞任和空缺

1. 引言

A1.14 可能出现的问题包括保护人空缺及其产生的影响等，起草人可通过多种方式解决。如果存在空缺的情况，以下示范条款允许 227
保护人辞任，尽管保护人辞任可能造成保护人空缺以及受托人不受保护人权力限制的情况。〔16〕 处理暂时不能担任保护人的可能是永久停止其担任保护人，但同时遵从如果能力恢复，会再次被指定的可能性。据表明，以下条款是解决一系列困难处境的实用方法。

2. 示范条款

A1.15 a. 遇以下情况，当事人立即并永久停止担任保护人：

(a)死亡；

---

〔14〕 见下文第 A1.28 段。

〔15〕 指与指定、辞任、薪酬等相关的条款。

〔16〕 如果保护人的权力属于积极性的，起草人应该确保无保护人存在时信托也能正常实施。

(b)依照条款第 d 条辞任；

(c)没有能力担当(包括下列描述的情况)；

(d)【拒绝担当】；[17]

(e)依照条款第【 】条被罢免；

(f)指定为受托人或者受托人的代理人或雇员。

b. 个人不能担任保护人的情况如下：

(a)因心理原因不能行使保护人权力；

(b)因疾病、伤痛或其他身体原因不能行使保护人权力；

(c)入狱或被拘留超 7 天；

(d)破产或因破产出现的类似情况。

c. 公司不能担任保护人的情况如下：

(a)作为企业从公司备案登记上注销；

(b)公司解散；

(c)处于行政管理、清算或类似破产程序中；

(d)公司领导者和职员权力因指定接管人或类似人员受到限制或被废止。

d. 保护人可辞任，且

(a)该项权力是适用条款第【 】条的权力(但其保护人权力行使也应考虑其自身的利益)；

(b)辞任的同时，除条款第【 】条列出的情况外，协议下的权力、义务和权利均终止。[18]

e. 出现没有强有力的保护人担当的情况时，受托人有权力和义务在不考虑保护人权力的情况下行使其权力(或任何需取得保护人同意的义务)，同时受托人的义务和责任不受限制。

f. 依据本条款相关辞任内容而停止担任保护人的人或者有能力

---

〔17〕 适用于保护人持有信托权力的情况，但不适用于其只持有有限个人权利的大多数情况。

〔18〕 应包含赔偿权的条款。

重新担任保护人的人可以依据条款第【 】条重新指定。[19]

(E)权力总则

1. 引言

A1.16 第4~6章内容涉及保护人权力和义务(如果有)的本质。正如所说的那样,"基于信义的"和"个人的"这两个简单的标签通常不起作用,每个财产授予都必须准确地列出保护人的权力和义务。也就是说,保护人权力既可被定义为一项与受信人权力相关的权力,也可被定义为一项个人权力。下列提出的第一个先例旨在说明基于信义的权力,第二个旨在说明个人有限权力。

2. 信义权力示范条款

A1.17 a. 保护人行使权力的同时,对财产授予的受益人负有信义义务,因此保护人:

(a)应考虑如何行使其权力;

(b)在对财产授予的受益人行使权力时,有注意和技能服务义务; 228

(c)应确保自身知晓财产授予的各项内容,以确保作出充分考虑并有效行使权力;

(d)【不得以谋取自身利益而行使权利】;[20]

(e)除充分考虑和有效行使权力外,没有其他义务;

(f)尽管信义义务与其个人利益之间可能或已经发生冲突,必须依照条款第【 】条采取措施;[21]

(g)不得授权权力;或

可通过向受托人提交书面文书,将其权力授权给除受托人之外的其他人,同时:

(i)条款第【 】条中限制授权条款均不适用;

---

〔19〕 见上文第A1.10段。

〔20〕 如果保护人有权使其本身获利;见下文第A1.27段。

〔21〕 见下文第A1.27段。

(ii)可通过向受托人提交书面文书以撤销授权；

(iii)如授权人不再担当保护人,授权也会立即被撤销；

(iv)只要保护人在筛选和监督过程中小心谨慎,保护人无须承担受托人的过失所带来的责任(即使授权并非完全必要或只是权宜之计)；

(v)在不知道授权被撤销的情况下,受托人有权将其视为存在。[22]

(h)可根据遗嘱行使权力(倘若立遗嘱人在死亡时仍为保护人身份)；

(i)可就权力的行使提出上诉以确保其权力的实施。

b. 保护人在行使其权力前【应该/不必】与受益人商议。

c. 保护人若违反其信义义务、谨慎义务和技术服务义务,应对受托人和受益人负责(但只在保护人自身出现疏忽、重大过失、故意违约或欺诈,或者重大过失、故意违约或欺诈,或者故意违约或欺诈的情况下)。[23]

d. 保护人权力(包括撤销权力行使和免除权力的权力)的行使应以书面文书为依据,权力行使只在书面文书传达至相关条文所规定的人之后才能生效。如没有被规定的人选,则在书面文书传达至受托人之后生效。

3. 有限个人权力示范条款

A1.18 a. 保护人权力为个人权力,但只能善意地服务于财产授予的受益人、特定目的。保护人本身:

(a)没有义务考虑其权力行使；

(b)没有义务知晓财产授予的各项内容；

(c)【可以/不可】以谋取自身利益而行使权力；

(d)在行使权力时,对受益人【有/没有】注意和技能服务的义务；

---

〔22〕 依据《信托与财产从业者协会法》(第2版),第14条。

〔23〕 见上文第8.11节。保护人法律责任(如存在)的免除程度应由委托人与其顾问共同探讨。

(e)不必与受益人就权力行使问题进行商议;

(f)个人权力与信托利益冲突时可作出相应措施;

(g)不得【授权】或【出让】其权力,可通过向受托人提交书面文书将其权力的任何功能授权【或出让】给除受托人之外的其他人,同时:

(i)条款第【】条中的授权限制条款均不适用; 229

(ii)权力授权【或出让】可撤销或依据下列第(iii)条不可撤销,且应将书面文书传达至受托人;

(iii)如授权人或转让人不再是保护人,授权【或转让】立即被撤销;

(iv)在不知道权力授权【或出让】已被撤销的情况下,受托人有权将其视为存在;〔24〕

(h)不对受托人或受益人权力行使负责;

(i)可就权力的行使向法庭提出申请以确保其权力的实施。

b. 行使保护人权力(包括撤销权力行使的权力和免除权力的权力)应以书面文书为依据,权力行使只在书面文书传达至相关条文所规定的人之后生效,如没有被规定的人选,则在书面文书传达至受托人后生效。

(F)个人权力

1. 示范条款:指定和罢免受托人的权力

A1.19　保护人有:

a. 依据条款第【】条指定新受托人的法定权力;〔25〕

b. 指定受托人的权力(但不是条款第【】条所提到的指定受托人的法定权力),且该权力可在受托人死亡、希望被解雇、拒绝履行义务、无法履行义务或者已被罢免的情况下指定另外的受托人的情况下行

〔24〕 参见《信托与财产从业者协会法》(第2版),第14条。

〔25〕 拥有的法定权力具有信托特征,所以权力行使人不包括不具信托权力的保护人。

使;依据该权力而被指定的新受托人与信托文书最初指定的受托人一样,具备同等权力、权威和自由裁量权;[26]

c. 罢免受托人的权力,同时该权力的行使可能会造成无受托人或者一个持续的受托人(不得为信托公司),保护人应该指定足够的受托人以确保至少有一名受托人在任。

2. 示范条款:修订信托文书的权力

A1.20　保护人可修订信托文书(适当受限制)。

3. 示范条款:增加或排除受益人的权力

A1.21　保护人可以:

a. 添加某人为受益人;

b. 可撤销地,或在信托的一段时期或不可撤销地排除无论当前是否为受益人的人,使其不能获取财产授予的任何利益。

4. 示范条款:改变准据法和管理法院的权力

A1.22　保护人可以改变财产授予的准据法以及管理法院。

5. 示范条款:指示投资的权力[27]

A1.23　保护人可指示受托人行使条款第【 】条所含的投资权力,受托人应遵守该指示,如果:

230 a. 每个指示均包含允许受托人行使有关权力(或不采取行动)所必需的全部信息,而无任何裁量权的行使;

b. 受托人有足够的能力按照条款遵守指示;

c. 指示不要求行使任何处置性权力的行使。[28]

当受托人需要遵循保护人的指示时,受托人不对指示相关的决议负有注意和技能服务义务。

6. 示范条款:同意受托人行使权力的权力

A1.24　保护人有权依据条款第【 】条给予或撤销同意。

---

〔26〕 该项可或不可代替最后一项。

〔27〕 参见《1998 年受托人法》第 81A 条(巴哈马)。

〔28〕 例如,受益人打算进行商业投资的情况。

A1.25 通常应将相应的措辞写入受限于保护人权力的受托人的各项权力中,例如:

事先经保护人同意,受托人可以……

7. 示范条款:获取信息的权力

A1.26 为确保在财产授予下行使其他权力,保护人可以向受托人了解所有必要的信息,包括:

a. 受益人有权获得的所有信息;以及

b. 以下信息:(根据需要进行补充)。

保护人管理下的财产授予的所有相关信息应当保密,不可泄露给未向保护人提供信息的任何一方(包括受托人在内)。

(G)利益冲突

1. 引言

A1.27 以下示范条款[29]适用于拥有信义类型权力的保护人和受托人交易的情况,起码至少有一名受托人独立于保护人,否则会引起利益冲突。

2. 示范条款

A1.28 a. 在该条款中,"独立人"指非下列情况的受托人:

(a)保护人本身;

(b)保护人的兄弟姐妹、长辈后代或家属;

(c)上述(a)或(b)项提到的人的配偶或同伴;

(d)或者当保护人为一家公司时:

(i)公司主管、雇员或者公司代理人;

(ii)公司管理下的人;

(iii)和保护人受同一方支配的人;

(e)受上述(a)项至(d)项列举的一人或多人管理的公司;

---

〔29〕 依据《信托与财产从业者协会法》(第2版),第9条。

b. 保护人可以：

(a)与受托人进行交易;或

(b)关注受托人正关注或可能关注的协议;或

(c)即使其信义义务与其他职责或与其个人利益相冲突,在任何情况下可作为(或不行为)。

c. 条款第 b 条只在涉及行政类问题而非处置性事项时生效,适用情况如下：

(a)保护人首次向受托人公开与其信义义务相冲突的物质利益的本质和范围,以及

231 (b)有不存在利益冲突的独立人,并且此人认为交易安排或行动与财产授予的总体利益不矛盾。

(H)示范条款:权力的免除

A1.29 保护人可以免除未来保护人全部或部分权力来约束未来保护人。[30]

(I)示范条款:薪酬

A1.30 保护人(如具备专业能力)有权以其提供的服务从信托基金中获取合理的薪酬。

(J)示范条款:赔偿

A1.31 a. 保护人有权获得赔偿的情况如下：

(a)在管理本财产授予时产生的相应合理费用,包括其不再担任保护人后产生的正当费用;以及

(b)在担任保护人期间或卸任之后,因管理本财产授予所欠下的债务,其个人造成的债务(保护人自身出现疏忽、重大过失、故意违约

---

〔30〕 参见《信托与财产从业者协会法》(第 2 版),第 4.17 条。

或欺诈，或者重大过失、故意违约或欺诈，或者故意违约或欺诈）除外。

b. 保护人同样对信托基金持有留置权，并享有与受托人的留置权相同的优先权以及受托人对信托基金享有的所有此类权利，以确保和执行由条款第【 】条赋予的赔偿权和薪酬权。

c. 根据条款第【 】条[31]以及本条款，受托人有权从信托基金中获取赔偿，以支付保护人产生的费用。

---

〔31〕 例如，依据薪酬条款。

附录 2　制定法摘录

(经修订的所有制定法)

安圭拉

《2000 年信托法》,第 70 章

第 1 条【部分】,第 14 条,第 15 条,第 18 条第(1)款【部分】,第 21 条第(2)款第(c)项,第 22 条,第 48 条及第 56 条【部分】

说明

1.

(1)在本法中——

……

"保护人"是指信托条款指定为保护人并能实施保护人权力的人,且无论其是否具有与该信托相关的其他职能;

……

非慈善目的的信托

14.

(1)信托可以被建立用于商业或其他非慈

善,如果——

(a)目的明确具体、合情合理、具有实现可能;

(b)目的符合道德规范,合乎法律,符合国家政策;以及

(c)信托条款用于指定有能力保证信托实施的保护人和上述保护 233
人的继任人。

(2)如果总检察长有理由相信非慈善目的信托没有保护人或者保护人不愿或不能作为,他可以向法院申请指定信托的保护人;除非法院认为该人选不合适,否则法院可按照法令宣布其被指定为确保信托执行的保护人。

(3)法院依照第(2)款的法令是指定信托保护人的决定性证据,指定从法令下发时开始生效。

(4)如总检察长因有关第(2)款提出的申请而产生任何费用,法庭可制定法令,从信托财产中获取用于支付的费用。

信托保护人

15.

(1)信托条款可以规定信托保护人的职能。

(2)保护人拥有下列权力——

(a)除非信托条款另有规定,罢免受托人和指定新的或额外受托人的权力;

(b)执行信托的权力;

(c)信托条款或本法律相关条款授予保护人的其他权力。

(3)信托保护人也可以是信托的委托人、受托人或受益人。

(4)在行使职能时,保护人不可算作或被视为受托人。

(5)在依据信托条款行使职能时,保护人应对信托受益人或者信托成立的目的负有信义责任。

(6)如存在一名以上信托保护人,依据信托条款,授予保护人的任何职能均需在超一半的保护人同意后才可行使。

(7)如针对大部分保护人做出的决策存在异议,保护人可以要求将其异议记录在册。

指定新受托人或额外信托人

18.

(1)信托条款中不含指定新的或者额外受托人的相关规定时——

(a)由保护人(如存在)担当;

(b)由当前的受托人担当(但受托人不必参加代替指定);

(c)最后剩余的一名受托人;

(d)最后剩余的受托人的遗产代理人或者清算人;或

(e)如上述人员不存在或是不愿作为,法院可以指定新受托人或者额外受托人。

受托人辞任或者罢免

21.

……

(2)受托人应立即停止担当受托人的情况如下——

……

(c)信托保护人罢免其职权。

受托人和保护人利益的本质

22.

(1)依据第(2)款——

(a)受托人或保护人在信托财产中的利益仅限于信托妥善履行所需的利益;同时

(b)信托财产不是受托人或保护人财产的一部分。

234 (2)当信托受托人或保护人为信托受益人时,第(1)款不适用于保障其作为受益人的利益。

(3)如受托人或保护人破产或其财产可能被扣押、没收、查封或类似的法律程序,其债权人对信托财产没有追索权,除非受托人或保护人对信托财产提出索赔或享有受益权。

法院对信托的变更

48.

(1)针对信托受益人、受托人、委托人或其个人代表、保护人提出的申请,法院可以代表以下人选批准——

(a)直接或间接拥有信托授予的或者或有利益的未成年人或法定无行为能力的人;

(b)未出生者;

(c)任何目前尚未被确认但可能直接或间接获得信托利益的人,即未来约定或未来事件中的任何指明人士或任何指明类别的成员;或者

(d)在保护信托或禁止挥霍信托中,通过行使自由裁量权来损害或影响利益而获取利益的任何人。

任何变更(或废除)信托条款或扩大(或修改)任何受托人管理和行政权力的协议,不论是否存在能够从中受益又能够批准该协议的其他人。但是法院不得代表第(a)、(b)或(c)项所列人员批准该协议,除非该协议符合上述人员的利益。

法院的一般权力

56.

(1)针对慈善目的信托受托人、受益人、委托人或其遗嘱执行人、保护人、总检察长或者经法院许可的任何人提出的申请,法院会——

(a)在以下方面制定法令——

(i)信托的实行、管理或执行,

(ii)受托人,包括受托人职能行使、受托人的罢免、受托人指定、薪

酬或表现、账目的保管和呈交,以及无论是否在法院有记录的款项明细,

(iii)保护人,包括指定保护人的法令,

(iv)受益人或与信托相关的任何人,或者

(v)信托财产,包括其授予、保管、申请、放弃或重获的法令;

(b)声明信托的效力或者强制执行力;

(c)指示受托人分配或不分配信托财产;

(d)针对信托终止和财产如何分配合理制定法令;或

(e)在本法框架内,撤销或更改相关法令或声明,或者重新制定全新的或后续法令或声明……

安提瓜和巴布达

《2007 年国际信托法》

第 2 条【部分】,第 55 条至第 57 条以及第 59 条至第 65 条

2. 定义

235 除非另有要求,本法要求……与信托相关的"保护人"是指一个人或者一个实体,此人

(a)有权力指定或罢免受益人或者赞成或反对受托人的作为、决策或交易;同时

(b)可在财产授予的信托契据条款所规定的范围内,指示受托人处理与信托有关的事宜。

55. 保护人的指定

财产授予的信托契据可以指定信托保护人,同时保护人应拥有该财产授予的信托契据中规定的权力、义务和责任。

56. 保护人的信义义务

在行使权力时，保护人不得是受托人，但是对信托、委托人和信托受益人都负有信义义务。

57. 违背信托——责任

(1)根据第(7)款，有受托人或保护人命令、指示、参与或合作的有意和故意的欺诈性行为或疏忽，给信托、委托人或受益人造成实际性损害则为违反信托。

(2)违反信托的行为可由信托的委托人、受托人、保护人或受益人提交至法院。

(3)但凡受托人或保护人被认定需对违反信托承担责任，应当承担共同责任和各自的责任。

(4)造成信托违反的受托人或保护人或者为违反信托的一方或当事人的受托人或保护人，应承担以下责任：

(a)由违反信托而导致信托投资或财产出现的破产、贬值或亏损；以及

(b)在合理可确定的范围内，倘若无信托违反的情况下信托可能会产生的任何利润或利益。

(5)受托人应分隔信托财产，而不应分隔整个信托产生的利益，以防因违反信托造成其他信托财产亏损或贬值。

(6)但凡出现受托人或保护人在教唆、要求、指示或者有受益人参与或与受益人合作的情况，法院可扣押全部或部分受益人的收益，通过赔偿的方式归还给其他受托人、信托本身、保护人、委托人、其他受益人，或任何要求索赔的其他人。

(7)倘若责任标准不如第(1)款所述标准严格，信托委托人和受托人可在财产授予的信托契据中确立一项不同于但是严格性低于第(1)款所述的责任标准。

59. 追回信托财产

(1)在不损害受托人或保护人的个人责任的前提下,由于违反信托而被控告或处理的信托财产或者被改造的财产,均可被追踪和恢复,除非

(a)该信托财产不再作为信托财产或者信托财产产生的收入;或者

(b)该信托财产隶属于对违反信托不知情、推定知情或者默认知情的善意买方。

(2)在第(1)款第(a)项所提及的案例中,合法销售取得的收入可被恢复,并纳入信托财产中。

60. 无罪申明

(1)除非财产授予的信托契据有相关规定,否则受托人或保护人不对任何违反信托的行为负责,除非该行为是受托人或保护人自身有意和故意的欺诈性行为或不作为造成的,或者受托人或保护人有意和故意参与共同受托人或共同保护人有意和故意的欺诈性行为或不作为。

(2)为更好地确定,作为和不作为不构成欺诈行为和疏忽包括以下例子:

(a)任何投资或其他信托财产出现破产、贬值或亏损情况;

236 (b)行使和未能行使自由裁量权或权力,或者自由裁量权或权力行使遭到拒绝或未获得同意;

(c)未能参与、干涉或询问对构成信托财产部分的实体、股份或其他所有权人权益的管理,包括

(i)依赖相关实体管理层或者代理人提供的信息;

(ii)未针对询问相关实体的管理或运作所获得的信息有所作为,以及

(iii)未要求相关实体的管理层与受托人或保护人协商和通知;

(d)善意听取共同受托人、共同保护人、顾问或法院对解读财产授予的信托契据条款各方面或者可能出现的事件的看法或意见;

(e)针对专业领域里的专业问题,认真听取任何具备该领域的专门技能的其他专业人士的看法或意见;以及

(f)就以下方面给委托人意见;

(i)信托的设立、管理、维护、业务经营、事务、投资及其财产;

(ii)信托与法律相关的、会计和税务方面的内容,或者

(iii)受托人或保护人执行的任何协议,以及协议中提到的关于信托的任何陈述将达到意图的目标或效果。

61. 共同受托人或共同保护人违反信托

受托人或保护人均不应为共同受托人或共同保护人、前任或继任受托人或委托人违反信托的行为负责,除非

(a)受托人或保护人知晓或本该知晓该违反行为;和

(b)受托人或保护人未在相应时间内做出合理的对策来补救、减轻违反信托造成的影响、保护或恢复受影响的信托财产,或阻止违反行为的蔓延。

62. 受托人或保护人的辞任、退休或罢免

如果受托人或保护人辞任、退休、被罢免或不能继续担任受托人或保护人,受托人或保护人除违反信托外可免受索赔、要求、行动、诉讼程序和账目相关的责任。

63. 责任免除

委托人或受益人可以免除受托人或保护人违反信托的责任,但是只在委托人或受益人利益方面,除非法院发现委托人或受益人:

(a)为未成年或无法定行为能力者;

(b)不完全知晓违反信托相关的所有重要事实;或者

(c)受其他人不正当诱导。

64. 前任受托人或保护人的责任

本法规定的所有赔偿、保护和无罪申明的相关内容适用于当前和前任受托人和保护人以及受托人或保护人的主管、公务人员或雇员。

65. 第三方责任

尽管本法有其他规定,信托本身及其受托人、委托人、保护人或受益人均不对除信托、其委托人或者受益人以外的违反信托的第三方负有个人责任或连带责任。

237 巴哈马

《1998 年受托人法》

第 2 条【部分】,第 3 条【部分】,第 81 条,第 81A 条,第 90 条【部分】及附件第 10 条【部分】

说明

2.

本法中——

……

"保护人"指依据信托文书指定的人,包括指定为顾问、代理、提名人的人,或者具有涉及指定的信托文书、契据或文件规定的职能和义务的委员会或其他名称的人,但不包括持有信托财产的人;

……

委托人权力的保留、占有或获得

3.

……

(3)依据信托文书中的相反意图以及其他条款,信托文书中可以修订、更改或变更信托的权力应当包括(但不限于)指定任何人(包括委托人及任何私人或慈善信托或基金会)为受益人和罢免任何受益人的权力,以及延长信托文书规定的有效期限改为任意期限的权力,但自信托文书发布日期起,信托期限不得超过一百五十年。

信托保护人

81.

(1)信托文件可能包含规定,受托人在依据上述规定行使其任何权力及裁量权时,应事先获得委托人或保护人的同意。如果信托文书有此规定,受托人若事先已经获得同意且善意行事,则不对其行为所造成的损失承担责任。

(2)信托文书可授予委托人或任一保护人权力,包括(但不限于)可以进行以下任何一项或多项内容的权力——(仍与本法其他条款保持一致)

(a)确定司法管辖权适用的信托准据法;

(b)变更管理信托的法院;

(c)罢免受托人;

(d)指定新的或额外受托人;

(e)撤销信托受益人;

(f)增加其他人员(包括委托人以及私人或慈善信托或者基金会)作为除现有受益人外的信托受益人;

(g)有条件或无条件地同意或否定受托人的指定行为;以及

(h)免除保护人的任一权力。

(3)行使第(2)款第(a)项至第(h)项规定的一项或多项权力的人不应只因为该权力行使而被视为受托人,除非是信托文书规定的特殊情况,否则权力行使人不为受益人的合法行使权力承担责任。

(4)除非信托文书另有规定,否则任何人不得为其作为保护人所提供的服务收取任何薪酬。

81A.

受指导信托。

(1)但凡信托文书规定以下内容,本条适用——

(a)(除其他情况或规定外)受托人应在其他人(本条所指为“权力所有权人”)的指示下行使投资权,反之没有相关指示不得行使上述权利;以及

238 (b)本条款适用于投资权力相关内容。

(2)但凡本条适用,受托人不应为下列情况下受托人造成的损失承担责任——

(a)按照指示行事;

(b)受托人除遵照指示行动外,未有其他作为;或者

(c)因未获指示无所作为,且受托人没有承担相应责任而产生的义务。

(3)第(2)款不适用于违背法院命令的任何作为或无作为。

(4)本条中,“投资权力”是指授予给受托人用于管理或投资信托财产或任意部分信托财产,且不损害上述内容的权力,该项权力包括——

(a)获得或借入财产;

(b)让与或出借信托财产;

(c)雇用或指定监护人、投资顾问和投资经理,以及解除指定;

(d)行使依附于信托财产的权利或权力(包括作为公司成员、公司证券持有人或者合作伙伴参与投票或通过决议的任何权力);以及

(e)授权上述权利。

(5)在第(2)款中——

(a)依据第(b)项,“指示”是对受托人行使投资权力的一种引导——

(i)以信托文书规定的形式;以及

(ii)在受托人眼中被视作权力所有权人给予的权力(或存在两名或以上权力所有权人,其中之一或以上按照信托文书规定给予的权力);

(b)第(a)项规定的指示不应用于引导第(2)款所述目的,在指示发布时,受托人已实际知悉(不需要询问或调查)指示是不正当的。

参引合并

90.

信托文书可参照附件设立的规定进行合并……

附件(第 90 条)

……

剥夺委托人或受益人资格

10.

(1)如果委托人资格被剥夺,在此期间,其拥有的权利或权力(如存在)由保护人(如被指定)暂代行使或者由宣布其资格被剥夺的法院基于此目的而指定的任何人行使。

……

(3)基于本条规定目的,如果具有司法管辖权的法院宣布某人神志不清,那么该人应被视为资格被剥夺,或者如有两位有检验资格的医生宣布某人神志不清或者身体残疾以至于无法负责任地、谨慎地或有效地有所作为,那么该人也应被视为资格被剥夺,直到相关法院或医生重新发表声明。

(4)受托人在其认为某人无论因何种原因都不能自由地行使相关权利或权力,或者因国家政治事件或环境、其他人施加的外部压力、胁迫或不利影响导致无法履行其义务或责任时,可以随时宣布该人资格缺失。

239 ## 巴巴多斯

《1995 年国际信托法》,第 245 章

第 9 条,第 10 条,第 11 条,第 12 条,第 13 条【部分】,第 26 条

目的信托

9.

在本部分中,“目的信托”是指:

(a)除有利于特定人员的信托外,一个信托无论是否立即确定,或

(b)参照一些身份关系而有利于特定群体的信托。

10.(1)尽管有法律另有相关规定但遵循该条款,一个有效的国际信托可以被设立用于慈善目的,如果

(a)该目的明确、合情合理、具有可实现性;

(b)目的符合道德规范、合乎法律、符合国家政策;

(c)信托条款是用于指定保证信托执行的保护人和上述保护人的继任人;以及

(d)信托条款明确规定导致信托终止的情况,并规定在信托终止时如何处置剩余资产。

11.

国际非慈善目的信托的保护人不得为信托受托人。

12.

(1)但凡国际信托法受托人有理由认为:

(a)信托保护人死亡、不情愿、拒绝、不采取行动或无能力行动;

(b)不存在其他的信托保护人；

(c)依据信托条款,无人被指定为第(a)项规定的保护人的继任人,受托人应该尽快向法院申请指定信托保护人。

(2)法院依照第(1)款发出的法令是指定信托保护人执行信托的有力证据,且指定从法令下发时日开始生效。

(3)不遵守第(1)款的受托人视作违法犯罪,且须依据简易程序定罪处以罚金 $10,000。

(4)除第(3)款规定的罚金外,法院可以要求上述条款所述受托人停止担当非慈善目的信托受托人两年。

(5)作为第(3)款提出的指控的辩护,可证明受托人已采取一切合理对策以及尽职尽责遵从第(1)款。

13.

(1)依据第 10 条指定的国际信托受托人在巴巴多斯应持有：

(a)信托设立的文书复印件以及对文书进行修订或补充的其他文书的复印件；

(b)包含以下信息的备案登记册：

(i)委托人姓名；

(ii)简要的信托目的总结；

(iii)信托保护人的姓名；以及

(iv)证实信托金融地位真实性的必要文件。

(1A)尽管本法有其他规定,国际信托受托人应该在支付规定费用后,向主管提交关于第(1)款第(b)项第(i)(ii)(iii)目规定信息的文件,同时主管按照规定的格式签发登记证明。

……

(2)第(1)项规定的文书、登记册、文件必须保密,不得公开,但受 240
托人应允许保护人或经保护人授权的人员检查上述材料。

(3)当依照第 10 条指定的国际信托受托人：

(a)未遵守第(1)条或者第(2)条；

(b)拒绝第(2)条指定的人员检查该条款规定的相关文书、登记册或文件;或者

(c)在第(2)条规定的契据、登记册或文件中,提交或授权提交已知为假或不认为为真的材料时,构成犯罪行为,并且依据简易程序定罪处以 $10,000 的罚款。除此之外,法院还可要求受托人停止担当国际非慈善目的信托受托人两年。

26.

(1)信托条款要提供指定信托保护人的规定,无论被称为保护人、顾问或者其他名称。

(2)排除其他因素,以下内容或者部分内容都是通过信托条款被授予给保护人:

(a)指定和罢免受托人的权力;

(b)修改准据法的权力;

(c)提前收到受托人详细作为的通知的权力;

(d)接收与信托账目相关或者构成部分信托账目信息的权力。

(3)第(2)款中的任何规定不得解释为将受托人资格授予保护人。

(4)依据信托条款,但凡信托存在不止一名保护人,授予保护人的职能应该经由大部分保护人同意才得以行使。

(5)如对于大部分保护人做出的决策存在异议,保护人可以要求将其异议记录在册。

伯利兹

《1992 年信托法》(修订)

第 9 条第(2)款,第 15 条,第 16 条,第 17 条第(2)款,第 19 条第(1)款,第 22 条第(2)款第(c)项,第 23 条,第 28 条第(1)款【部分】,第 36 条第(2)款,第 48 条,第 58 条,第 64 条至第 65 条

谁会是信托委托人

9.

……

(2)委托人可以是信托受托人、受益人或者保护人。

……

非慈善目的信托

15.

(1)信托可以被设立用于非慈善目的,条件是——

(a)目的明确具体、合情合理、具有可实现性;

(b)目的符合道德规范、合乎法律、符合国家政策;同时

(c)信托条款是用于指定保证信托执行的保护人和任意保护人的继任人。

(2)如果总检察长有理由相信非慈善目的的信托没有保护人或者保护人不愿或不能作为,他可以指定一位人员为信托保护人,该人员自指定之日起则可行使信托保护人职能。

信托保护人

16.

(1)信托条款可以规定信托保护人的职能。

(2)保护人应有以下权力—— 241

(a)(除非信托条款另有规定)罢免受托人的权力和指定新的或额外受托人的权力;

(b)信托条款或本法规定的授予保护人的其他权力。

(3)信托保护人也可以是信托的委托人、受托人或受益人。

(4)在行使职权时,保护人不可算作或被视为受托人。

(5)在依据信托条款行使职权时,保护人应对信托受益人或者信

托成立的目的负有信义义务。

(6)如存在一名以上信托保护人,依据信托条款授予保护人的任何权力均需在超一半的保护人同意后方可行使。

(7)如对于大部分保护人做出的决策存在异议,保护人可以要求将其异议记录在册。

谁会是信托的受托人

17.

……

(2)受托人也可以是信托的委托人、受益人或者保护人。

指定新受托人或额外信托人

19.

(1)倘若信托条款中不含指定新的或者额外受托人的相关规定时,则为——

(a)保护人(如存在);或

(b)当前的受托人(但受托人不必参加代替指定);或者

(c)最后剩余的一名受托人;或者

(d)最后剩余的受托人的个人代表或者清算人;或者

(e)如不存在上述人员(或者上述人员不愿作为),法院可以指定新的或额外受托人。

……

受托人辞任或者罢免

22.

……

(2)受托人应立即停止担当受托人的情况如下——

……

(c)信托保护人罢免其职权;

……

受托人和保护人利益的本质

23.

(1)依据第(2)款——

(a)受托人或保护人在信托财产中的利益仅限于信托妥善履行所需的利益;同时

(b)信托财产不是受托人或保护人财产的一部分。

(2)当信托受托人或保护人为受益人时,第(1)款不适用于其作为受益人的利益。

(3)如受托人或保护人破产或其财产可能被扣押、没收、查封或类似的法律程序,其债权人对信托财产没有追索权,除非受托人或保护人对信托财产提出索赔或从信托财产中受益。

提供信息义务和保密义务 242

28.

(1)受托人在收到合理书面要求后合理期限内,应提交与信托财产状况和数额、信托管理实施相关的完整、准确的信息给——

……

(b)信托的委托人或保护人;

……

受托人薪酬

36.

……

(2)根据信托条款,法人受托人有权获取薪酬,应得薪酬以公司与委托人或保护人之间的书面协议或者(如无相关协议)信托管理相关的标准条款和条件为依据。

……

信托变更

48.

法院在接到信托受益人、受托人、委托人或其遗嘱执行人，或者保护人提出的申请，可以代表以下人选进行批准——

(a)直接或间接拥有信托既定利益或者或有利益的未成年人或法定无行为能力者；

(b)未出生者；

(c)目前尚未确定，但可能直接或间接获得信托利益的人，也就是在未来或未来事件发生时，任何具体说明描述的人或属于特定类别的成员；或者

(d)在保护信托或禁止挥霍信托中，通过行使自由裁量权来损害或影响利益而获取利益的任何人；任何变更(或废除)信托条款或扩大(或修改)任何受托人管理和行政权力的协议，无论是否存在能够从中受益又能够批准该协议的其他人。

法院不应代表第(a)(b)(c)项规定的人同意协议，除非上述协议符合此人的利益。

法院的一般权力

58.

(1)针对慈善目的信托受托人、受益人、委托人或其遗嘱执行人、保护人、总检察长或者经法院许可的任何人提出的申请，法院可以——

(a)在以下方面作出裁定——

(i)信托的实行、管理或执行；

(ii)受托人，包括受托人职能行使、受托人的罢免、受托人指定、薪酬或表现、账目的保管和呈交，以及无论是否在法院有记录的款项明

细的法令；

(iii)保护人,包括指定保护人的法令；

(iv)受益人或与信托相关的任何人；

(v)信托财产,包括规定其授予、保管、申请、放弃或重获的法令；

(b)声明信托的效力或者强制执行力；

(c)指示受托人分配或不分配信托财产；

(d)针对信托终止和财产如何分配合理来制定法令； 243

(e)在本法框架内,撤销或更改相关法令和声明,或者制定全新的或后续的法令或声明。

(2)法院在依据本条款指定或罢免受托人时——

(a)法院可以施加其认为合适的要求和条件,包括涉及薪酬的规定以及涉及信托财产授予的要求或条件；

(b)根据法院的法令,由法院指定的受托人具有相同的职能,与最初指定的受托人一样,可在各方面行事。

(3)如果某人不遵守法院根据本法作出的、让其作出行动的法令,法院可以依照其认为合适的条款和条件命令由法院据此目的提名的其他人处理事务,费用由违约者支付(或者在法院的指导下进行其他安排),该被指定人员所处理事务的各方面效力与违约者相同。

国际信托

64.

(1)在本部分中,除非另有要求

……

“国际信托”或者“离岸信托”是指在本信托中——

(a)委托人不是伯利兹居民；

(b)所有受益人均不是伯利兹居民；

(c)信托财产不包括伯利兹境内土地；

(d)伯利兹法律为信托准据法；以及

(e)如果是目的信托,信托的目的或对象是在伯利兹外执行或进行。

国际信托登记簿

65A.

……

(4)登记册管理者保管的国际信托登记册应包含以下信息:——

……

(v)保护人(如存在)的姓名。

……

(5)每个信托代理人保管的国际信托档案应包含以下信息:

……

(vi)保护人(如存在)的姓名。

……

(xi)保护人改变。

……

国际信托强制性登记

65B.

……

(4)收到登记申请、信托代理递交的第65B条第(3)款第(a)项规定的书面证书、以及规定的费用时,登记册保管者应该——

(a)将信托名称、受托人姓名、保护人(如存在)姓名录入登记册……

244 ### 信托登记册的保密性

65C.

……

(3)登记册管理员可以书面通知受托人、信托代理或保护人(如存在),要求上述人员在规定的时间提交相关信息或文件至登记册管理员。上述材料的提交是管理者确保信托符合本法或其他准据法规定的合理要求。

(4)依据第(3)款授予的要求受托人或信托代理或保护人(如存在)提交文件或信息的任何权力,应该包含对上述材料进行复印件或者摘录的权力。

(5)但凡受托人或信托代理或保护人(如存在)未能提供登记册管理员要求的信息或文件,管理员可以依据第 65B 条第(8)款取消信托的登记资格。

信托代理人

65E.

(1)国际信托应始终有一名信托代理人居住在伯利兹境内,该代理应被指定为信托的受托人。

(2)信托代理人应该代表受托人和保护人(如存在)从事所有合法程序服务,且应负责确保信托总是依照本法律涉及登记的相关准则或规定实施。

……

信托代理人的辞任或变更及其效力

65G.

(1)但凡信托代理人希望不再担当信托代理人,且信托代理人不能和信托受托人就身份更替达成协议,以下规定应适用:

(a)信托代理人应提前不少于 90 天将书面通知递交至其任何该信托的受托人或者保护人的最近地址,或者如果信托代理人不知晓任一受托人或保护人的身份,那么递交至最后一位因信托事务联系信托代理人的人,阐明信托代理人想要辞任的心愿,同时还应附上所有伯利兹境内所有代理人的姓名和地址;

……

英属维尔京群岛

《1961 年受托人法》(已修订)

第 86 条

信托保护人

86.

(1)成立信托的文书应纳入与权力行使相关的规定,自由裁量权行使前应事先获得委托人的同意或者其他被称为保护人、被提名人、委员或者其他名称的人的同意;如果成立信托的文书如此规定,已事先征得同意的行为造成损失时,受托人不必承担责任。

(2)信托文书可授予权力给委托人或者被称为保护人、提名人、委员或者其他名称的人。上述任何权力可被无限制地授予此人用于进行以下任何一项或多项活动:

245 (a)确定管辖权适用的准据法;

(b)变更管理信托的法庭;

(c)罢免受托人;

(d)指定新的或额外受托人;

(e)撤销信托受益人;

(f)指定某人为信托受益人来替代当前受益人或指定其为额外的受益人;同时

(g)有条件或无条件地反对受托人的特定行为。

(3)行使上述条款第(2)款第(a)项至第(d)项和第(g)项规定的权力的人不应仅因为权力的行使而被视为受托人;除非信托文书另有规定,权力行使人正确行使权力时不对受益人负责。

文莱达鲁萨兰国

《2000 年国际豁免信托法令》

第 2 条【部分】，第 4 条【部分】，第 7 条，第 88 条，第 97 条第（1）款及附件二第 22 条至第 23 条

说明

2. 在本法中，除非另有要求——

“保护人”指依据信托文书条款指定的人，也包括经正式指定的最初保护人的继任人；

……

委托人权利的保留

4.

（1）委托人明示或默认保留、占有、取得或行使第（2）款所述的任何一项或多项权力、职能或利益时，不得废除信托或信托文书，或者将生者设立的信托变成遗嘱信托或当作遗嘱信托处理，或将其信托文书变成遗嘱文书。倘若没有明文规定，本条中的任何内容均不得用以暗指纳入信托或信托文书条款中的上述权力、职能和利益。

（2）第（1）款所述权利、职能和利益是指——

（a）废除信托或信托文书或信托授予的权力，或者收回信托中财产的权利；

（b）任何指定或处置信托财产的权力；

（c）修订信托或信托文书的权力；

（d）指定、增加或罢免任何受托人、保护人或受益人的权力；

（e）就权力或自由裁量权的行使命令受托人的权力；

(f)委托人同意相关做法或受托人弃权的规定;

(g)第88条规定的其他权力;

(h)指定委托人为信托保护人;

……

投资建议

7.

(1)在行使任何投资权之前,就拟投资对信托是否合适的问题,受托人可以但不是必须获取和考虑合理意见。

(2)投资的受托人,在考虑投资的本质和其他情况的适当时间间隔里,可以但不是必须获取和考虑关于继续投资或者投资搁置是否合适的问题的合理意见。

246 (3)为达到本条目的,合理意见为书面形式,由下列人撰写:信托文书指定的或依照信托条款正式指定的投资顾问,或者包括委托人、执行人或保护人在内的受托人依据能力和投资决议相关的实践经验认为其有资格给予建议的任何人,尽管该人员可能被雇用为公司或其他机构的公务人员或雇员。

(4)尽管第6条有相关规定,如果依照相关合理意见,因进行投资、投资变更、保留、处置而造成的损失,受托人不承担责任。

(5)本条授予的权力和豁免不包含信托文书和包括本命令在内的相关法律所授予的权力和豁免。

信托保护人

88.

(1)信托文书可能载有规定,受托人在依据上述规定行使其任何权力及裁量权时,应事先获得委托人或保护人的同意。如果信托文书如此规定,受托人若事先已经获得同意且善意行事,则不对其行为所造成的损失承担责任。

(2)除信托文书另有规定,保护人可以就其提供的服务获取合理薪酬。

参引合并

97.

(1)信托文书可以将附件二所列条款进行参引合并或撤销,无论是否有修正。

附件二

22.保护人指定

信托文书指定信托保护人职权相关的规定时,本条适用。

22.1 如果信托文书没有指定保护人,那么,依据第22.2款的规定,第一保护人应是当时有权指定新保护人的人(如果有的话),或其所提名的人。

22.2 如果最初的或替任的保护人死亡(或者公司倒闭),或者希望退任,或者被罢免,或者不能或不愿意作为,依照信托文书限制保护人数目或身份——

(a)信托文书为指定新的保护人而提名的一人或多人;或

(b)如没有上述人员或上述人员不愿和不能作为,则为余下的或留任的、一位或多位保护人;或

(c)如果余下的或留任的保护人不愿和不能作为,则受托人可依据书面文书或者遗嘱或者遗嘱附录指定一名或者多名人员作为保护人,以替代死亡的、被解雇的、希望辞任的或者不能作为或不愿作为的保护人。

22.3 倘若一家担任保护人身份的公司处于清算程序,或者被解散,或者从企业登记册中除名,或者不再为合法公司,根据本条款,自其清算、解散、除名或不合法之日起,不可再担任保护人。

22.4 除非信托文书规定不能有一个以上保护人,否则——

(a)信托文书为指定新的保护人而提名的一人或多人;或

(b)如不存在上述人员或者上述人员不愿和不能作为,保护人或
247 当前的保护人可依据书面文书指定一名或多名人员为额外保护人,除非信托条款有相反规定,否则额外保护人的指定不是强制的。

22.5　如果保护人希望辞任,该保护人可以通过书面文书声明希望被解雇。如果其共同保护人以及指定新保护人的权力优先于书面文书所述辞任权的其他人(如存在)同意解雇保护人,信托文书应当视希望被解雇的保护人为辞任,同时信托文书不得指定新保护人。

23. 保护人相关的其他规定

23.1　信托基金的任何部分都可以单独指定保护人,而信托基金与信托基金之间有所不同,尽管没有新的保护人被指定为负责某部分信托基金,任何现有保护人均可被指定或者继续担任互相独立的保护人。

23.2　从事任何行业或生意的保护人有权[虽然本法第89条第(4)项有规定]就本人和其公司在信托上的商业来往、时间花费和所作服务进行收费并且可针对一般服务、专业服务和其他获得补偿,无论是否是其职业或生意的正常贸易,以及虽不属于聘用专业人士或商业人士的种类。

23.3　公司可以依据薪酬相关的条款而被指定为保护人。否则,由指定权行使一人或多人批准或规定。

23.4　需获得保护人的同意或者协议才可行使的任何权力或自由裁量权,在如果没有保护人的情况下或在没有保护人期间,可以免除上述要求而行使。

23.5　保护人可以随时书面通知受托人,通知声明(通知应明确指出是整体协议还是任一特定行为,是永久性的还是周期性的)信托文书中规定要求获得保护人同意的任何行为不用获取上述同意,该通知应根据其条款生效。

23.6　特此声明——

(a)可能存在多于一名的保护人,只要保护人超过一人,保护人应共同作为且信托文书关于保护人的内容应该(上下文允许的情况下)适用于所有保护人;

(b)但凡指定新的或额外一名或多名保护人的权力被授权给受托人,上述权利可能只能由受托人行使,以便指定独立于受托人的人员或者公司。

开曼群岛

《2011 年信托法》(修订)
第 14 条,第 15 条

保留权力

14.

(1)信托委托人保留或授予——

(a)废除、变更或修订信托文书或任何信托的权力,或者据此产生的全部或部分权力;

(b)分配信托财产收入或资本的一般的或特殊的权力;

(c)信托财产的任何有限受益;

(d)在信托完全或部分拥有的任何公司里担任主管或公务人员从事相关活动的权力;

(e)就信托财产购买、持有或出售对受托人进行约束的权力;

(f)指定、增加或罢免任何委托人、保护人或受益人的权力;

(g)变更信托准据法和管理法院的权力;或者 248

(h)限制受托人行使权力或自由裁量权的权力,要求权力行使人必须征得委托人或信托文书指定的人的同意,依据第 13 条第(1)款,不得废除信托或影响推定。

受托人赔偿

15.

受托人依据第14条第(1)款所述任何权力而行事或者因为依据条款行事而导致权力行使无效,受托人的行为不构成违反信托。

库克群岛

《1984年国际信托法》

第2条【部分】,第20条,第21条

2. 说明

除非另有要求,在本法中:

……

"利害关系方"是指任何信托、委托人、授权人、受托人、保护人、受益人以及通过上述任何一方提出索赔的任何人;

无论有什么名称或称谓,国际信托法中的"保护人"——

(a)有权指定或罢免受托人,或者

(b)无论反对或赞成,可以直接或间接控制受托人依据信托行使一项或多项权力、职能或自由裁量权,或者

(c)依据第20条第(1)款担任保护人职位;

……

20. 信托保护人——

(1)信托文书条款可以规定信托保护人担任职位的内容。

(2)保护人应有信托文书或本法授予或规定的授予保护人的权

力、授权或职能。

(3)信托保护人也可以是信托委托人、受托人或受益人。

(4)根据信托文书,信托保护人依据信托文书行使职能时,若受托人或者对他人有信义义务的人从事相关活动或不作为,保护人不承担责任。

(5)如果信托存在超一名保护人,在行使信托文书授予的任何权力或职能前,应该征得大部分保护人的同意。

(6)如果对于大部分保护人的作出的决策不赞同,保护人可以要求将其异议以书面形式记录在册,并提交至信托登记部门。依据信托文书,若按照大部分保护人所作决策进行实施,该保护人不对上述决策承担责任。

(7)本法授予保护人的任何权力或职能均应受信托文书的约束。

21. 受益人的同意

(1)信托文书允许保护人或者其他任何一人或多人(本条款所述"被提名人")代表所有或任何受益人,包括未成年的,或未确定的,或没有法定资格的,或受托人尽全力仍未联系上的受益人(本条提到的受益人被称为"被代表受益人")。

(2)被提名的人可代表被代表受益人同意或批准受托人的任何作为或疏忽。任何被提名人的同意或批准应被视为被代表受益人的同意或批准,并且每个法院都应将其视为被代表受益人对此作为或疏忽的同意或批准。

塞浦路斯 249

《1991 年国际信托法》[1]

---

[1] 经《2012 年国际信托法(修订版)》修订。

第2条【部分】,第2A条,第3条第(4)款,第4A条,第11条,第11A条

2. 说明

除非另有要求,在本法中——

……

"保护人"是指非受托人的人,此人被设立或证实信托的文书授予各种权力,包括在受托人行使权力,或赞成权或反对权时提出意见的权力,以及指定或罢免受托人的权力。

2A. 信托条款规定的权力

本法的规定授予受托人、保护人、委托人和执行人各自的权力和职能,是附加于国际信托条款授予的权力和职能的。本法规定的权力和职能仅在信托条款不做相反规定时适用,且本法遵从信托条款及条款的相关规定。

3. 国际信托的有效期

……

(4)任何国际信托和对该信托财产的任何处置均不得为无效、可撤销、被搁置或以任何默示条款为依据,不得质疑委托人、受托人、执行人、保护人的职能,如委托人、受托人、执行人、保护人、受益人或第三方未履行职责和义务,其权利、主张和利益会因下列原因被剥夺:

(a)管辖权适用的法律规定禁止或不承认信托相关概念;或者

(b)信托或处置办法

(i)已经或者可能取消或挫败的权利、索赔、利益、管辖权适用的法律规定授予或施加的义务或职责:

——由于和委托人、受益人或者自由裁量信托对象或者其他权力所有权人有私人关系;或者

——由于继承权；或者

(ii)违反或者可能违反其他法域的法律、判决或者行政决策、命令或活动，其意图是承认、保护、执行或实行相关权力、主张、权益、责任或义务，无论是否试图使信托或处置无效，委托人、受托人、执行人、保护人、受益人或第三方还需履行相关责任、义务或者其他规定。

4A. 委托人的权力

(1)无论其他法律或法规如何规定，保留或授予信托委托人任何信托财产的权利或利益或者本条第(2)款所规定任何权力时，不管是指定委托人为信托保护人或执行人或者其他，不得影响信托的有效性，也不得拖延信托的执行。

(2)本条第(1)款规定的权力包括： 250

(a)可废除、变更信托条款或任何信托或者因信托而产生的全部或部分权力；

(b)可预支、分配、支付或者以其他方式处理信托财产产生的收入或资金，或者制定与上述相关的指示；

(c)可行使主管或者公务人员的权力，或者就指定或罢免完全或部分归属于信托的公司主管或公务人员制定约束性指示；

(d)就信托财产的购买、出售、管理、放贷、抵押或收费，或者在行使因此财产产生的权力或权利，制定约束性法令；

(e)可指定或罢免任何受托人、执行人、保护人或受益人；

(f)可指定或罢免任何投资经理或投资顾问；

(g)变更管理信托的准据法或者管理法院；

(h)可要求受托人在行使任何权力或自由裁量权前必须征得委托人或者信托条款指定的任何人的同意，从而限制受托人相关权力或自由裁量权的行使。

(3)倘若委托人保留或被授权第(2)款规定的权力，无论是以其初始身份还是以保护人或执行人或受托人的身份行使其权力行事，其行为不应被视为违反信托。

(4)倘若委托人保留第(2)款规定的权力或者该权力是在其担任保护人或执行人时被授予的,为施行第3条第(2)款,不得将任何欺诈意图归罪于委托人。

……

11.国际信托的保密性

(1)依据设立国际信托的文书条款,如果法院并未就根据第(2)款公开信息制定法令,那么受托人、保护人、信托执行人或者任何其他人均不可向无权知晓文件或信息内容的任何人泄露相关内容:

(a)透露含委托人或任一受益人的姓名;

(b)透露受托人对于权力或自由裁量权如何行使,或者法律或国际信托条款施加的义务如何履行所作的考虑;

(c)透露特定情况下需行使权力或自由裁量权,或履行义务的原因或基于上述原因所使用的相关材料;

(d)与相关权力或自由裁量权的行使或拟行使有关的,或者与相关义务的履行或拟旅行有关的文件或信息;

(e)有关或构成国际信托账目的文件或信息:

如果受益人要求受托人公开国际信托账目,或者纳入该账目的收付款相关的文件或信息,受托人如认为公开上述文件有必要且确保是利于信托权益时,有权向受益人公开上述账目、文件或信息。

(2)尽管其他法律有规定,依据本条第(3)款相关规定,有民事或刑事诉讼待审理的法庭可通过法令允许当事人在上述民事或刑事诉讼中公开第(1)款规定的文件或资料(视情况而定)。

(3)如果公开的第(1)款规定的文件对诉讼结果至关重要,法院需根据第(2)款制定法令。

(4)本条规定的"文件或信息"包含各类文本或存入电脑的信息,上述关于公开信息的法令以公开形式,或者以可见的、可阅读的和便携的信息或文件的形式实施。

11A. 法院的权力 251

(1)受托人可就受托人依照国际信托内容行事方式的相关指示，向法院提交申请，法院根据第(2)款的规定制定相关法令：

法令申请必须提交至地区法院主席。

(2)法院可以：

(a)就以下内容制定法令：

(i)任何信托的执行或管理，

(ii)国际信托的受托人或保护人，包括受托人和保护人关于任何权力的行使、自由裁量权行使和义务履行，受托人或保护人的指定或罢免、薪酬、账目提交、受托人或保护人行为表现以及支付法院的款项或者其他等内容相关的法令，

(iii)受益人或者和信托相关的任何人，或者

(iv)信托非慈善目标相关的执行人的指定或罢免；

(b)就信托有效性或强制执行力制定判决或发表声明；

(c)废除或者修订依据本法的规定制定的任何法令或声明，或者制定全新的或后续法令或判决。

(3)(a)向法院提交制定法令或判决的申请时，应依据第(2)款所述内容，申请必须由受托人，或受益人，或保护人，或经法院批准的任何人提交；

(b)法院依据第(2)款内容所提交的关于制定法令或判决的申请，应征得受托人、委托人或其个人代表，或执行人以及经法院批准的任何其他人的同意。

(4)在法院就受托人的指定制定法令时，可采纳其认为合适的条款，包括与信托财产授予相关的条款。

(5)根据法院的法令，依据本条指定的受托人、保护人或执行人，与最初指定的受托人、保护人或执行人一样，拥有相同的权力、自由裁

量权和义务,可以以相同方式行事。

多米尼加

《1997 年国际豁免信托条例》

第 2 条【部分】,第 8 条,第 9 条,第 21 条第(1)款,第 34 条第(1)款第(a)项,第 46 条【部分】

2. 说明

除非另有要求,在本法中:

“国际信托”是指依据本法登记的信托,涉及:

(a)至少一名受托人是以下之一——

(i)依据《1994 年公司法》成立的公司;或

(ii)依据《1996 年国际商业公司法》成立的公司,

(iii)《1996 年离岸金融法》许可的银行,

(iv)多米尼加境内营业的信托公司;

(b)委托人和受益人一直以来均不是多米尼加居民;同时

(c)信托财产不包括多米尼加境内的任何土地;

……

信托“保护人”是指有权能在信托事务以及受托人享有裁量权的相关事务中指示受托人的人,包括有权指定和撤销受托人的人;

……

252 **8. 非慈善目的信托**

(1)满足下列条件,国际信托可被设立用于非慈善目的——

(a)目的明确具体、合情合理、具有可实现性;

(b)目的遵守道德规范、合乎法律、符合多米尼加的国家政

策；以及

(c)信托条款应纳入保证信托执行的保护人和任意保护人的继任人的指定相关的内容。

(2)如果总检察长有理由相信非慈善目的国际信托没有保护人或者保护人不愿或不能作为，总检察长可以指定一位人员为信托保护人，该人员自指定之日起则可行使信托保护人职能。

9. 信托保护人

(1)国际信托条款应纳入信托保护人职权相关的规定。

(2)保护人应有以下权力——

(a)(除非信托条款另有规定)罢免受托人的权力和指定新的或额外受托人的权力；

(b)信托条款或本法相关规定授予保护人的其他权力。

(3)信托保护人也可以是信托的委托人、受托人或受益人。

(4)在行使职权时，保护人不可算作或被视为受托人。

(5)在依据信托条款行使职权时，保护人应对信托受益人或者信托成立的目的负有信义义务。

(6)如存在一名以上信托保护人，依据信托条款授予保护人的任何权力均需在超一半的保护人同意后才可行使。

(7)如对于大部分保护人做出的决策存在异议，保护人可以要求将其异议记录在册。

21. 法院的一般权力

(1)对受托人、受益人、委托人或其遗嘱执行人、保护人或者法院认可的任何人等提交的申请，法院可——

(a)在以下方面制定法令——

(i)信托的实行、管理或执行；

(ii)受托人，包括受托人职能行使、受托人的指定、表现或薪酬、账

目的保管和呈交,以及无论是否在法院有记录的款项明细的法令;

(iii)保护人,包括指定保护人的法令;

(iv)受益人或与信托相关的任何人;

(v)信托财产,包括规定其授予、保管、申请、放弃或重获的法令;

(b)声明信托的效力或者强制执行力;

(c)指示受托人分配或不分配信托财产;

(d)针对信托终止和财产如何合理分配制定法令;

(e)撤销或变更依据本法制定的法令或声明,或者制定全新的或后续法令或声明。

34. 指定新的或额外受托人

(1)倘若信托条款中不含指定新的或者额外受托人的相关规定时,则——

(a)保护人(如存在);

……

253 可指定新受托人或者额外受托人。

……

46. 委托人的控制保留

国际信托不应以任何形式被宣布无效或被干涉,如果一位或多位委托人;

……

(a)保留、拥有或获得罢免或指定受托人或保护人的权力;

(b)保留、拥有或获得在任何事务中指示受托人的权力;

……

迪拜国际金融中心

《2005 年信托法》
第 68 条

68. 保护人

(1)信托文书可能载有规定,受托人在依据上述规定行使其任何权力及裁量权时,应事先获得委托人或保护人的同意。如果信托文书如此规定,受托人若事先已经获得同意且善意行事,则不对其行为所造成的损失承担责任。

(2)信托文书可以授予委托人或保护人任何权力,包括但不限于:

(a)确定司法管辖权适用的信托准据法;

(b)变更信托的管理法院;

(c)罢免受托人;

(d)指定新的或额外受托人;

(e)撤销任何信托受益人;

(f)增加除当前信托受益人外的人员为受益人;

(g)有条件或无条件地同意或否定受托人的特定行为;或

(h)免除保护人的任何权力。

(3)行使第 68 条第(2)款所规定的任何一项或多项权力的人,不应仅因为该权力的行使而被视为受托人。

(4)除非信托文书另有规定,保护人可以就其提供的服务获取薪酬。

根西岛

《2007 年信托法》

第 15 条,第 26 条,第 80 条【部分】

特定权利保留或让与均不能使信托无效

15.

(1)信托不会因委托人保留或让与(无论是委托人本人或者其他人)以下所有或者部分权利或利益而失效,包括——

(a)废除、变更或修订信托条款、任何信托或者据此产生的所有或【部分】职能的权力,

(b)预付、指定、支付或申请信托财产所产生的收入或资金的权力,或者针对上述预付、指定、支付或申请等相关内容给予指示的权力,

(c)在完全或部分归属于信托财产的公司中担任主管或其他公务人员的权力,以及就上述人员的指定或罢免给予指示的权力,

(d)针对信托财产的购买、保留、出售、管理、放贷或收费,以及就
254 行使信托财产所产生的职能等方面给予受托人指示的权力,

(e)指定和罢免任何受托人、执行人、信托官员或受益人的权力,

(f)指定或罢免任何投资经理或投资顾问或其他涉及信托事务或者拥有信托财产的专业人士的权力,

(g)更改信托准据法和信托管理法院的权力,

(h)通过要求受托人在行使任何职能前必须征得委托人或者信托条款指定的任何人的同意的权力,以此限制受托人职能的权力,

(i)从受托财产中受益。

(2)本条第(1)款规定的权力或利益的保留、让予和行使——

(a)不构成权力的持有人或者使受托者受益，

(b)遵从信托条款，不向持有人施加任何信义义务，或

(c)不就信托财产损失让任何受托人承担责任。

(3)受托人在有效行使第(1)款所规定的任何权力时，不会因为遵守条款的行为被视为违反信托。

提供信息的义务

26.

(1)受托人应该在任何合理的时间，就以下人员的书面要求——

(a)任何执行人，或

(b)依据信托条款产生的——

(i)任何受益人(包括信托指明的任何慈善组织)，

(ii)委托人，或者

(iii)任何信托官员，提供与信托财产状况和数额相关的完整且准确无误的信息。

(2)如果信托条款有禁止或限制第(1)款所述信息的规定，受托人、受益人、信托官员或者委托人可以向皇家法庭申请授权或获取信息的法令。

(3)如第(2)款所述情况，向皇家法庭申请法令的人员必须表示信息条文对于以下情况是必要的或有利的——

(a)为妥善处理法庭上的任何事务；

(b)为保护受益人的权益，以及

(c)为妥善管理或执行信托。

(4)在对 1989 年 4 月 18 日前实行或生效的文件或处置所产生的信托的申请中，第(1)款只为保护在该日期前获得信托财产的受益人的利益，但本款不损害受益人根据信托条款可能拥有的任何权利。

说明

80.

(1)除非另有要求,在本法中——

……

“执行人”:详见第12条,

……

“目的”是指无论是否涉及向其他人授予任何利益的任何目的,包括但不限于持有或所有财产和职能行使,

……

“第三方”是指除委托人、受托人、执行人、信托官员或受益人外的人员,

……

“信托官员”是指对信托有职责或者有职权的人员,且非信托委托人、受托人、执行人或受益人。

……

255 英国泽西

《1984年信托法》

第9A条,第24条第(3)款、第(4)款

9A. 委托人权力

(1)信托委托人关于以下方面的保留或让与——

(a)信托财产中的任何收益;以及

(b)第(2)款规定的权力时,不应影响信托的有效性或延迟其生效。

(2)权力包括——

(a)有权废除、变更、修订信托条款、任何信托或者据此产生的全部或【部分】权力;

(b)有权预付、指定、支付或申请信托财产所产生的收入或资金，或者针对上述预付、指定、支付或申请等相关内容给予指示；

(c)有权在完全或【部分】归属于信托的公司中担任主管或公务人员，有权就上述人员的指定或罢免给予约束性指示；

(d)有权针对信托财产的购买、保留、出售、管理、放贷或收费，以及行使信托财产所产生的任何权力或权利等内容，给予受托人约束性指示；

(e)有权指定或罢免任何受托人、执行人、受益人或者任何拥有信托相关、信托财产相关的权力、自由裁量权、权利的任何人；[2]

(f)有权指定或罢免投资经理或投资顾问；

(g)有权变更信托的准据法；

(h)有权要求受托人在行使任何权力或自由裁量权前征得委托人或者信托条款指定的任何人的同意，以此来限制受托人行使权力。

(3)如果委托人保留或让与第(2)款规定的权力，受托人依据权力行使而行事，不视为违反信托。

(4)国家可制定条文修订第(2)款。

24. 受托人权力

……

(3)信托条款可要求受托人需征得其他人的同意才可行使权力或者自由裁量权。

(4)依据第(3)款规定给予同意的人不应仅因为给予同意而被视为受托人。

---

〔2〕“拥有与信托或信托财产相关的权力、自由裁量权以及权利的其他任何人”代替“保护人”一词；见自 2012 年 11 月 15 日生效的《2012 年信托法》(修订版第 5 版)(泽西)。

纳闽岛

《1996 年离岸信托法》[3]

第 2 条【部分】,第 35 条,第 47 条

阐述

2.

(1)除非另有要求,在本法中——

……

“保护人”是指依据第 35 条指定的人;

……

256 **保护人的指定**

35.

(1)信托条款应包含指定信托保护人的明确规定,受托人在行使信托条款规定的所有权力或【部分】特定权力时,必须咨询保护人。但如果无法找到信托保护人,受托人可以就行使权力向法院提出申请,法院根据其申请来免除。

(1A)达到合法年龄且精神正常的任何人,以及运作公司、合伙企业或群体的任何人,不管是法人还是非法人,均可被指定为保护人。

(2)倘若信托条款要求受托人在行使一项权力或自由裁量权之前,必须征得保护人的同意,给予同意的保护人不应仅因为给予同意而被视为受托人,且除非信托条款另有规定,保护人只要善意行使权力,则不为受益人或受托人承担责任。

---

[3] 经《2010 年纳闽岛离岸信托法(修订版)》修订。

(3)依据信托条款,保护人有权——

(a)罢免当前受托人并指定新的或额外受托人,但是如果保护人罢免作为受托人的信托公司时,保护人应该指定另一信托公司作为新的受托人;

(b)如信托契据或委托人未明确规定,保护人有权确定司法管辖权适用的准据法;

(c)变更管理信托的地方;以及

(d)有条件或无条件撤回对受托人特定行为的同意。

(4)信托保护人也可以是信托的委托人、受托人或受益人。

(5)如果存在不止一名信托保护人,授予保护人的职权应根据信托条款,由多数保护人共同行使。

(6)如对于大部分保护人做出的决策存在异议,保护人可以要求将其异议记录在册。

(7)保护人在行使信托条款授予的一项或多项权力时,不应仅因为该权力的行使而被视为受托人。

(8)除非信托文书另有规定,否则保护人可以就其提供的服务获取薪酬。

代表未成年人等变更信托条款

47.

(1)根据第(2)款,针对信托委托人或其个人代表、信托保护人、受托人或受益人提交的申请,法院可以代表——

(a)任何未成年人、不具法律资格但直接或间接拥有信托既定利益或者或有利益的任何人;

(b)无论目前是否确定,任何可能有权在未来或者未来事件发生时直接或间接获得信托利益的人;

(c)特别指明的人或者特别指明的群体内的成员;

(d)未出生者;或

(e)任何通过自由裁量权的行使来损害或影响现有利益来获取利益的人,批准任何变更(或废除)信托条款或扩大(或修改)任何受托人管理和行政权力的协议,不论是否存在能够从中受益又能够批准该协议的其他人。

(2)法院不应代表第(1)款第(a)项、第(b)项及第(c)项所述人员同意相关协议,除非该协议的执行符合上述人员的利益。

257 马耳他

《1989 年信托和受托人法》

第 24A 条,第 29 条第(1)款【部分】,第 37 条

24A.

(1)信托条款应纳入信托保护人职能相关的内容。

(2)根据信托条款,保护人应有以下权力:

(a)指定新的或额外受托人;

(b)罢免受托人;

(c)要求受托人具有自由裁量权。

(3)在行使职权时,保护人不应被视为受托人。

29.

(1)受托人须在收到合理的书面要求的合理期限内,就信托财产的状况及数额(包括信托账目在内)和依据第(2)款的信托管理部门的管理要求,提供完整且准确的资料给:

……

(c)信托保护人;

……

37.

(1)受托人可就信托相关事务的处理方式,向法院申请给予指示;

如法院认为合适，可制定相关法令。

(2) 如果法院认为合适，可以——

(a) 就以下内容制定法令——

(i) 任何信托的实行或管理；或者

(ii) 信托受托人，包括规定受托人权力、自由裁量权的行使以及义务履行、受托人指定或罢免、获取薪酬、账目提交、受托人表现以及提交至法院的款项等内容的法令；或者

(iii) 任何受益人或者与信托相关的任何人；

(b) 就信托的效力和强制执行力、归复信托或推定信托、违反信托或者损害信托等内容发表声明；

(c) 撤销或变更依据本法产生的法令或声明，或制定全新的或后续法令或者声明。

(3) 向法院申请依据第(2)款制定的法令或声明，该申请由受托人或者受益人，或总检察长，或其他拥有合法权益的任何人制定：

如果按照第 29 条的规定告知受益人其信托利益的义务已中止，并且在该中止生效之前，没有信托保护人的情况下，信托委托人可以根据本条款向法院提出申请。在处理上述申请时，法院可以决定是否对所有或部分受益人获取上述信息的权力进行全部或部分中止。

毛里求斯

《2001 年信托法》

第 2 条【部分】，第 8 条第(2)款，第 24 条，第 32 条，第 33 条第(1)款【部分】，第 63 条，第 66 条

2. 说明

在本法中——

258 ……

“有利害关系的人”,就向法院提交申请的权力而言,是指信托相关的总检察长、受托人、委托人、执行人、保护人、受益人、以及信托条款授权可提交申请的人,或其他任何获法院许可的人;

……

8. 委托人

……

(2)委托人也可以是受托人、受益人、保护人或执行人,但是不能是担任委托人的信托中唯一的受益人。

24. 信托保护人

(1)信托条款应规定——

(a)信托保护人的职权,使其有权向信托受托人提供建议,还需涉及可能授予的权力;

(b)受托人行使任何一项权力和自由裁量权时,应事先征得保护人的同意。

(2)信托文书可以指定任何成年的且精神正常的人为保护人,包括委托人,或者任何法人、合伙企业或者群体的人(无论是法人或非法人)。

(3)除非信托条款另有规定,保护人应有权——

(a)罢免受托人和指定新的或额外受托人;

(b)确定管辖权适用的信托准据法;

(c)变更管理信托的法院;

(d)有条件或无条件撤回对受托人特定行为的同意。

(4)行使第(3)款规定的任何权力的人,在行使权力时不应仅因为该权力的行使被视为受托人。且除非信托条款另有规定,若该人员善意行使权力则不用为受益人或受托人承担责任。

(5)信托保护人也可以是信托的委托人、受托人或受益人。

(6)如果存在不止一名信托保护人,授予保护人的任何职权应根据信托条款,由多数保护人共同行使。

(7)如对于大部分保护人做出的决策存在异议,保护人可以要求将其异议记录在册。

32. 受托人利益的本质

(1)依据第(2)款——

(a)受托人或保护人在信托财产中的利益仅限于信托妥善履行所需的利益;以及

(b)信托财产不属于受托人或保护人的财产。

(2)当信托受托人或保护人为信托受益人时,第(1)款不适用于保障其作为受益人的权益。

(3)如受托人或保护人破产或其财产可能被扣押、没收、查封或类似的法律程序,其债权人对信托财产没有追索权,除非受托人或保护人对信托财产提出索赔或从中享有受益。

33. 受托人公开相关内容

(1)依照本条其他规定,受托人在接收公开的要求后,应就信托财产的状况和数额以及信托的管理提供准确的信息——

……

(b)给信托委托人、执行人或保护人,除非受托人有理由相信公开 259
信息的申请是在胁迫情况下提交的。

……

63. 法院的一般权力

(1)任何拥有信托利益的人提交申请后,法院应——

(a)在以下方面作出裁定——

(i)信托的实行、管理或执行;

(ii)受托人,包括受托人权力行使、受托人的指定或罢免、薪酬、表现以及账目的保管和提交、计入或未计入法院的款项等内容的法令;

(iii)受托人或与信托相关的任何人;或者

(iv)任何信托财产,包括其授予、保管、申请、放弃或重获的法令;

(b)声明信托的效力或者强制执行力;或者

(c)在本法框架内,撤销或更改相关法令和声明,或者制订新的或后续法令或声明。

(2)法院在依据本条款指定或罢免受托人时——

(a)法院可以施加其认为合适的要求和条件,包括涉及薪酬的规定以及涉及信托财产授予的要求或条件;

(b)依照法院法令被指定的受托人,如最初被指定的受托人一样,拥有相同的职能,可以在各方面行事。

66. 信托变更

(1)任何拥有信托利益的人代表下列任一提交申请后,法院——

(a)直接或间接拥有信托既定利益或者或有利益的未成年人或法定无行为能力者;

(b)未出生者;

(c)无论是否确定,但是任何在未来时间或者未来事件发生时可能有权直接或间接获得信托利益的人;

(d)任何通过自由裁量权的行使来损害或影响现有利益来获取利益的人。

(法院)可根据第(2)款,批准任何变更(或废除)信托条款或扩大(或修改)任何受托人管理和行政权力的协议,不论是否存在能够从中受益又能够批准该协议的其他人。

(2)法院不应代表第(1)款第(a)项,第(b)项,第(c)项规定的人同意协议,除非上述协议符合此人的利益。

蒙特塞拉特

《1998年信托文书》

第10条,第12条,第13条第(1)款【部分】,第16条第(2)款第(c)项,第32条【部分】,第40条第(2)款,第49条

保护人

10.

(1)信托条款应包含信托保护人职能相关的内容。

(2)保护人应有以下权力——

(a)(除非信托条款另有规定)罢免受托人的权力和指定新的或额外受托人的权力;

(b)信托条款或本法相关条款授予保护人的其他权力。

(3)信托保护人可以是委托人、受益人,但不可以是受托人。 260

(4)在依据信托条款行使职权时,保护人应对信托受益人或者信托成立的目的负有信义义务。

(5)如存在一名以上信托保护人,依据信托条款授予保护人的任何权力均需在超一半的保护人同意后才可行使。

(6)如对于大【部分】保护人做出的决策存在异议,保护人可以要求将其异议记录在册。

法院指定的保护人

12.

(1)倘若信托受托人有理由认为——

(a)信托没有其他现任保护人;

(b)依据信托条款,尚无人被指定为第(a)项规定的保护人的继

任人,受托人应该尽快向法院申请指定信托保护人。

(2)法院依照第(2)款制定的法令是指定信托保护人以执行信托的有力证据,指定从法令下发时日开始生效。

(3)不遵守第(1)款的受托人视作违法犯罪,且须依据简易程序定罪处以罚金 $10,000。

(4)作为第(3)款提出的指控的辩护,可证明受托人已采取一切合理对策以及尽职尽责遵从第(1)款。

指定新的或额外受托人

13.

(1)倘若信托条款中不含指定新的或者额外受托人的相关规定时,则为——

(a)保护人(如存在);

……

指定新受托人或者额外受托人。

受托人辞任或者罢免

16.

……

(2)受托人应立即停止担当受托人的情况如下——

……

(c)信托保护人罢免其职权;

……

提供信息和保密的义务

32.

(1)受托人在收到合理书面要求后的合理时间内,应提交与信托财产状况和数额、信托管理实施的相关的完整、准确的信息给——

……

(c)信托委托人或保护人;

……

(3)(根据信托条款和法院制定的法令)受托人没有义务公开包含以下内容的文件——

(a)作为受托人就应怎样履行其职能作出的考虑;

(b)在履行其职能时,所作决策的原因;

(c)所作决策材料依据。

受托人款项 261

40.

……

(2)根据信托法条款,法人受托人有权获取薪酬,应得薪酬以企业与委托人或保护人之间的书面协议或者(如无相关协议)信托管理相关的标准条款和条件为依据。

……

信托变更

49.

针对信托受益人、受托人、委托人或其遗嘱执行人,或者保护人提出的申请,法院可以代表以下——

(a)直接或间接拥有信托既定利益或者或有利益的未成年人或法定无行为能力者;

(b)未出生者;

(c)尚未确定,但任何在未来或者未来事件发生时可能有权直接或间接获得信托利益的人;或者

(d)在保护信托或禁止挥霍信托中,通过行使自由裁量权来损害或影响利益而获取利益的任何人,在遵从第(2)款的前提下,批准任何

变更(或废除)信托条款或扩大(或修改)任何受托人管理和行政权力的协议,无论是否存在能够从中受益又能够批准该协议的其他人。

(2)法院不得代表第(a)(b)(c)项所列人员批准该协议,除非该协议符合上述人员的利益。

尼维斯

《1994年国际豁免信托条例》

第2条【部分】,第8条,第9条,第22条,第35条第(1)款第(a)项,第47条【部分】

2. 说明

除非另有要求,在本条例中——

"国际信托"是指依据本条例登记的信托,涉及:

(a)至少一名受托人是——

(i)一家依据《尼维斯商业公司条例》成立的公司;或

(ii)在尼维斯从事商业活动的信托公司;

(b)委托人和受益人一直以来均不是尼维斯居民;以及

(c)信托财产不包括圣·克里斯托弗和尼维斯境内的任何土地;

……

"信托保护人"是指有权能在信托事务以及受托人享有裁量权的相关事项中指示受托人的人,包括有权指定和撤销受托人的人;

……

8. 非慈善目的信托

(1)国际信托可被设立用于非慈善目的,条件包括——

(a)该目的明确、合情合理、具有可实现性;

(b)目的符合道德规范、合乎法律、符合圣·克里斯托弗和尼维斯的国家政策；以及

(c)信托条款应对能够保证信托执行的保护人的指定和任意保护 262
人的继任人的指定作出规定。

(2)如果总检察长有理由相信非慈善目的国际信托没有保护人或者保护人不愿或不能作为，可以指定一位人员为信托保护人且该人员自指定之日起则可行使信托保护人职能。

9. 信托保护人

(1)国际信托条款应纳入信托保护人职权相关的内容。

(2)保护人应有以下权力——

(a)(除非信托条款另有规定)罢免受托人的权力和指定新的或额外受托人的权力；

(b)信托条款或本法授予保护人的其他权力。

(3)国际信托保护人也可以是信托的委托人、受托人或受益人。

(4)在行使职权时，保护人不可算作或被视为受托人。

(5)在依据国际信托条款行使职权时，保护人应对信托受益人或者信托成立的目的负有信义义务。

(6)如存在一名以上信托保护人，依据信托条款授予保护人的任何权力均需有超一半的保护人同意后才可行使。

(7)如对于大部分保护人做出的决策存在异议，保护人可以要求将其异议记录在册。

22. 法院的一般权力

(1)针对受托人、受益人、委托人或其遗嘱执行人、保护人或者法院认可的任何人等提交的申请，法院可——

(a)在以下方面制定法令——

(i)信托的实行、管理或执行；

(ii)信托保护人,包括受托人行使权力、受托人指定、薪酬、受托人表现、账目保管和提交、无论是否计入法院的款项的法令;

(iii)保护人,包括指定保护人的法令;

(iv)受托人或与信托相关的任何人;

(v)信托财产,包括其授予、保管、申请、放弃或重获的法令;

(b)就信托的有效性和强制执行力发表声明;

(c)指示受托人分配或不分配信托财产;

(d)针对信托终止和财产如何分配合理制定法令;

(e)撤销或变更依据本法制定的法令或声明,或者制定全新的或后续法令或声明。

35. 指定新的或额外受托人

(1)倘若信托条款中不含指定新的或者额外受托人的相关规定,则为——

(a)保护人(如存在);

……

可指定新受托人或者额外受托人。

47. 委托人的控制保留

国际信托不应以任何形式被宣布无效或被干涉,如果一位或多位委托人,

263 ……

(d)保留、拥有或获得罢免或指定受托人或保护人的权力;

(e)保留、拥有或获得在任何事务中命令受托人的权力;

……

圣马力诺

《信托法》第 1 条【部分】,第 39 条【部分】,第 41 条,第 52 条

第 1 条　(定义)

1. 在本法中,下列术语具备下列含义:

……

(k)“保护人”:监管受托人行为的人,或者拥有信托文书所授予的其他权力的人;

……

(n)“受益人信托”:被设立用于保护一个或多个受益人利益的信托; 264

(o)“目的信托”:被设立用于实现一个或多个目的的信托;

……

第 39 条　(受托人辞任)

1. 除信托文书所规定的受托人应停止履行职权的规定外,如有以下情况,受托人也应停止履行其职能:

(a)依据信托文书的相关规定,受托人被罢免;

(b)受托人依据信托文书规定辞任,或者因过错辞任,同时还须就其辞任的确切日期,书面通知其他受托人及保护人(若存在),或者收益信托中拥有既定利益的受益人;

(c)法院命令更换受托人;

(d)受托人处于破产诉讼程序中,或者与其债权人达成自愿协议;

(e)受托人死亡或者因身体健康问题无法继续履行其职能;

(f)如果受托人为处于清算中的公司或者法律实体。

2. 因身体健康原因无法履行职责的情况，必须由信托文书指定(或法院认可的)的专业医疗团队认可。医疗只有在受托人身体缺陷仅非暂时的情况下才应判定受托人无能力，以及判定该状况是否会影响受托人清晰有效行事。

265 3. 若受托人允许或助长其他受托人违反信托，则其辞任应为无效。

第 41 条 (信托财产转让)

1. 受托人如辞任，必须立即执行法令中的相关要求，放弃其头衔，并将所属信托财产转让给其他受托人或剩下的受托人。

2. 如果受托人死亡或者因无能力而停止担任受托人，其继任人、个人代表或者其他协助者应立即执行第 1 条规定的相关要求。

3. 指定新受托人时，即将离职的受托人或者其他受托人可以采取必要措施允许其立即行使权利和权力。

第 52 条 (保护人职能)

1. 目的信托文书应该包含指定保护人的规定，同时还应授权保护人针对受托人违反信托提出诉讼。

2. 受益信托文书应包含指定保护人的规定，但必须在无受益人的情况下执行。

3. 在履行其义务和行使权力时，保护人有善意谨慎行事的义务以及作为家长的注意和技能的义务。[4] 具备专业知识的保护人负有专业的注意和技能的义务。除非信托文书另有规定，否则保护人被授予的权力是信义权力。

4. 信托文书应包含保护人薪酬的规定。除非信托文书另有规定，

〔4〕 圣马力诺法规起草人似乎故意以“一位好的家庭父亲”的身份履行义务，而这在根西岛和泽西的信托法中较为普遍。

保护人有权就其职责免除而产生的开支和花费要求赔偿。

5. 信托文书授予保护人的权力包括：

(a)指定新受托人或额外受托人；

(b)指定新保护人，必要时与其一起行事；

(c)罢免受托人职权；

(d)同意或否决受托人任何权力的行使；

(e)增加或罢免受益人；

(f)更改信托的准据法；

(g)批准信托账目。

6. 第 4 条规定的权力的行使不应将受托人职权授予保护人。

7. 保护人可以是拥有既定利益的信托受益人。

8. 除非信托文书另有规定，否则如果存在多于一名保护人，所作决策应由大多数人进行表决。每个保护人有权参与多数表决或一致表决的决策，且应充分告知保护人每项决策的对象。持有异议的保护人必须立即在信托会议录中记录其异议。

9. 除非法律和信托文书另有规定，在任何情况下保护人都不得向第三方公开因其职权而拥有的信息，同时也不得利用上述信息为自身或他人谋利。

10. 除非信托文书另有规定，否则即将离任的保护人应指定其继任人。如果未能指定，则由法院指定新保护人。

11. 本法律第 39 条和第 41 条视情况适用于保护人。

塞舌尔 266

《1994 年国际信托法》

第 36 条【部分】

36.

(1)国际信托条款可要求受托人在行使任何一项职权前,咨询或征得其他人的同意。

(2)被咨询、给予同意或拒绝同意的人,不应被视为受托人。

圣基茨和尼维斯

《1996 年信托法》

第 2 条第(1)款,第 19 条【部分】,第 25 条,第 27 条第(1)款第(a)项,第 31 条第(2)款【部分】,第 53 条第(1)款第(a)项,第 56 条,第 104 条【部分】

2. 说明

(1)除非另有要求,在本法中——

"信托保护人"是指有权能在信托事务以及受托人享有裁量权的相关事务中指示受托人的人,包括有权指定和罢免受托人的人。

19. 委托人的控制保留及其利益

信托不得以任何方式被宣布无效或被影响,如果一位或多位委托人之一:

……

(c)保留、拥有或获得罢免或指定受托人或保护人的权力;

……

25. 保护人

(1)信托条款可包含指定某人为信托保护人并履行其职能的规定。

(2)以下人员没有资格作为信托保护人持有指定权,包括——

(a)信托受托人;或

(b)在充当信托受托人的公司中占有股份的人、管理层成员或者公务人员、雇员或员工;或

(c)第(a)项或第(b)项规定的人员的关联人、合作人或雇员。

(3)除一般信托的情况外——

(a)除非某人为以下身份,否则不应被指定为信托保护人——

(i)律师;或

(ii)审计师;或

(iii)总检察长依据法令而指定的专业机构中声誉良好的成员,依据第(2)款有资格被指定。

(b)尽管第(a)项有规定,——

(i)法人团体;或

(ii)合伙企业,只在每个主管(针对法人实体)或合伙人(针对合伙企业)符合第(a)项规定的情况下有资格。

(4)根据第(2)款第(3)款规定,信托委托人或受益人可以担任信托保护人。

(5)在知晓其无资格被指定为保护人之时,不应以保护人身份行 267
事;同时,如果信托保护人在其履行职权期间失去资格,应随即离职,并书面通知受托人其由于资格撤销而离职。

(6)以保护人身份行事的人员违反第(5)款,或者无正当理由却未依照上述条款书面通知其离职,会因此获罪,同时会被处以两年以下监禁、罚款或两项兼施。

(7)保护人应有以下权力——

(a)就信托相关的事项给予受托人指示,如信托条款详细规定的事务和受托人有自由裁量权的事项;以及

(b)依据信托条款产生的——

(i)罢免受托人的权力;以及

(ii)指定新的或额外受托人的权力。

(8)在履行其职权时,保护人应——

(a)诚实善意行事,同时对信托受益人和信托目的承担信义义务;同时

(b)与类似情况下谨慎行事的人一样,谨慎、勤勉、有技巧地行事。

(9)依据信托条款,保护人有权就其服务获取薪酬,同时由于在信托外行使职权时合理产生的所有费用和责任,其有权要求赔偿。

(10)倘若信托条款包含指定保护人的规定,但不包含指定新保护人的规定,则——

(a)当前受益人;如不能则

(b)最后剩余的受益人;如不能则

(c)最后剩余受益人的个人代表或其清算人;或

(d)如上述人员不存在或不愿作为,则由法院指定新保护人。

(11)保护人或者任何担任保护人的公务人员、雇员、代理人或代表保护人履行义务的任何人,在依据本法或其他法令保护人职能被免除或即将被免除时,由于行事或疏忽造成的损失,无须承担责任,除非其行事或疏忽并非出于善意。

27. 新受托人或额外受托人

(1)倘若信托条款中不包含指定新的或者额外受托人的相关规定时,则为——

(a)保护人(如存在);

指定新受托人或者额外受托人。

……

31. 保密义务

……

(2)受托人在收到合理书面要求之后在合理期限内,应提交与信

托财产状况和数额、信托管理实施相关的完整、准确的信息——

……

(c)依据信托条款

……

(ii)给信托保护人(如存在)

……

53. 指定拥有居民身份的受托人的权力

(1)倘若信托无拥有居民身份受托人,且信托条款不包含指定拥有居民身份的受托人的规定时,则——

(a)保护人(如存在); 268

……

指定拥有居民身份的受托人。

……

56. 变更信托条款的权力

(1)按照条款或者法院规定的方式,遵循本条款下列规定,信托条款可以被变更。

(2)依据第(3)款,如法院认为合适,可通过法令代表以下人员批准——

(a)未成年人、直接或间接拥有信托既定利益或者或有利益的人员;或者

(b)无论是否确定,任何有权直接或间接在未来或未来事件发生时可获得信托利益的人,符合特定要求的人员或属于特定类别的人员;或者

(c)未出生者;或者

(d)任何通过将自由裁量权给予他人,来损害或影响之前并未受到损害或影响的现有利益,并因此获取利益的人,无论是由谁提出的,

变更(或废除)信托条款或扩大(或修改)任何受托人管理和行政权力的协议,无论是否存在能够从中受益又能够批准该协议的其他人。

(3)法院不应代表第(2)款第(a)项、第(b)项、第(c)项规定的任何人批准相关协议,除非实施相关协议符合上述人员的利益。

(4)依据条款提交至法院的申请,应由总检察长、受托人、保护人(如存在)、受益人或者法院认可的任何人进行提交。

104. 法院的一般权力

(1)如果法院认为合适,可以——

(a)就以下内容制定法令——

(i)信托的实行或管理,

(ii)信托中拥有居民身份的受托人或者其他受托人,包括任何权力或自由裁量权的行使、受托人义务履行、指定或罢免受托人、获取薪酬、保管或提交账目、受托人表现以及不论是否已计入法院的款项的法令,

(iii)保护人,包括指定保护人的法令;

(iv)受益人或与信托相关的任何人;

(b)声明信托的效力或者强制执行力;

(c)撤销或变更依据本法产生的法令或声明,或制定全新的或后续法令或者声明。

(2)依据条款提交至法院的申请,应由总检察长、受托人、保护人(如存在)、受益人或者法院认可的任何人进行提交。

……

(6)依据本法提交申请时所产生的以及附加的费用和开支,法院可以要求用信托财产进行支付,或者以提交人认为合适的方式进行偿还。

圣文森特和格林纳丁斯

《1996 年国际信托法》

第 3 条第(1)款【部分】,第 9 条【部分】,第 12 条,第 13 条,第 14 条【部分】,第 16 条,第 17 条

定义和说明

3.

(1)除非另有要求,本法中:

……

"国际信托"或"信托"是指涉及以下内容的信托—— 269

(i)信托成立、委托人为信托添加新财产期间,委托人没有居民身份,

(ii)信托由委托人或其提名者以及登记受托人书面签字方可生效,

(iii)至少一名受托人依据《登记代理人和受托人注册法》进行注册,

(iv)成立或处理信托时,或者委托人为信托添加新财产时,信托受益人没有居民身份,

(v)信托财产不包含境内的任何不动产或者上述不动产的利益;

……

根据本法第Ⅵ部分,"保护人"定义如下;

根据本法第Ⅴ部分,"目的信托"定义如下;

……

委托人的控制保留

9.

国际信托不得以任何方式被宣布无效或被影响，如果一位或多位委托人之一：

……

(4)保留、拥有或获得罢免或指定受托人、保护人或经理的权力；

(5)保留、拥有或获得在任何事务中命令受托人的权力；

……

(8)打算通过信托和在成立信托时，向受托人递交与国际信托相关的意愿信或者类似陈述或文件，来控制受托人活动。

非慈善目的信托

12.

(1)符合本法规定的与国际信托相关的要求的国际信托，可以被设立用于非慈善目的，条件如下：

(a)该目的明确、合情合理、具有可实现性；

(b)该目的符合道德规范、合乎法律，所述目的符合国家政策；以及

(c)信托条款应含以下内容(i)保护人指定，保护人拥有第Ⅵ部分规定的一项或多项义务且能够确保信托执行，以及(ii)指定上述保护人的继任人；以及

(d)信托条款明确规定导致信托终止的情况，并规定在信托终止时如何处置剩余资产。

保护人可以是受托人

13.

非慈善目的国际信托的保护人可以是信托受托人。

离岸财务督查指定保护人

14.

倘若离岸财务督查有理由相信

(a)依据本【部分】设立的信托的保护人死亡,或不愿、拒绝、不采取行动、无能力行事;

(b)信托不存在其他保护人;或者

(c)依据信托条款或者本法,无人被指定为保护人的继任人;

督查可在相关机构建议下,指定信托保护人,且保护人自指定之日起行使保护人权力。

信托保护人 270

16.

(1)国际信托条款或者依据第五部分所设立的信托,应包含[5]信托保护人职权的规定。

(2)除非信托另有规定,保护人拥有以下权力,

(a)有权罢免受托人并指定新的或额外受托人;

(b)有权修改准据法;

(c)有权提前收到受托人详细作为的通知;

(d)有权接收信托账户相关或者组成信息;以及

(e)信托条款或本法相关准则授予保护人的其他权力。

(3)国际信托保护人也可以是信托的委托人、受托人或受益人。

(4)在行使职权时,保护人不可算作或被视为受托人。

(5)在依据可能会做相反规定的国际信托条款行使职权时,保护人应对信托受益人或者信托成立的目的负有信义义务。

(6)如存在一名以上信托保护人,依据信托条款授予保护人的任何权力均需在超一半的保护人同意后才可行使。

(7)如对于大部分保护人做出的决议存在异议,保护人可以要求将其异议记录在册。

---

〔5〕 例如,一项非慈善目的的信托。

(8)如果国际信托包含指定保护人的规定,但在某一特定时间无人被指定或存在,该项信托并非无效,而应被解释为不包括保护人相关的内容。

其他顾问和代理人

17.

(1)信托文书可指定一名或多名信托顾问,顾问可单独或共同为受托人或保护人提建议,但不应被视为被其中任一义务所约束。

(2)基于第(1)款指定的信托顾问或其他代理人的义务、责任和权利也应在准据法或信托文书中列出,但是不可推定为上述人员拥有委托人、受益人或保护人的能力,除非信托文书另有规定。

特克斯和凯科斯群岛

《1990年信托条例》

第22条【部分】

22. 受托人权力

……

(3)信托条款可要求受托人在行使权力或自由裁量权之前,需征得其他人的同意。

(4)根据信托条款,按照条款(3),需要给予同意的人应当——

(a)不仅仅只是出于上述需要或者仅仅因为给予和拒绝同意或附带条件而被视作受托人;

(b)有权获取薪酬,因同意或否决相关条款、附加条款等服务产生费用,还可要求赔偿。

图书在版编目(CIP)数据

信托保护人 / (英) 马克·哈伯德，(英) 约翰·尼迪诺著；彭晓娟译. -- 北京：法律出版社，2021
(外国信托法经典译丛)
书名原文：Protectors of Trusts
ISBN 978 - 7 - 5197 - 4228 - 7

Ⅰ. ①信… Ⅱ. ①马… ②约… ③彭… Ⅲ. ①信托法—研究 Ⅳ. ①D912.282.04

中国版本图书馆 CIP 数据核字(2020)第 022695 号

信托保护人
XINTUO BAOHUREN

[英]马克·哈伯德 著
[英]约翰·尼迪诺
彭晓娟 译

策划编辑 似 玉
责任编辑 似 玉 李 军
装帧设计 臧晓飞

出版 法律出版社
总发行 中国法律图书有限公司
经销 新华书店
印刷 天津嘉恒印务有限公司
责任校对 朱海波
责任印制 吕亚莉
编辑统筹 法律应用出版分社
开本 710 毫米 × 1000 毫米 1/16
印张 23
字数 300 千
版本 2021 年 6 月第 1 版
印次 2021 年 6 月第 1 次印刷

法律出版社/北京市丰台区莲花池西里 7 号(100073)
网址/www. lawpress. com. cn
投稿邮箱/info@ lawpress. com. cn
举报维权邮箱/jbwq@ lawpress. com. cn
销售热线/400 - 660 - 8393
咨询电话/010 - 63939796

中国法律图书有限公司/北京市丰台区莲花池西里 7 号(100073)
全国各地中法图分、子公司销售电话：
统一销售客服/400 - 660 - 8393/6393
第一法律书店/010 - 83938432/8433 西安分公司/029 - 85330678 重庆分公司/023 - 67453036
上海分公司/021 - 62071639/1636 深圳分公司/0755 - 83072995

书号：ISBN 978 - 7 - 5197 - 4228 - 7
定价：98.00 元
(如有缺页或倒装，中国法律图书有限公司负责退换)